本丛书受文化名家暨“四个一批”人才工程项目资助

电视论丛

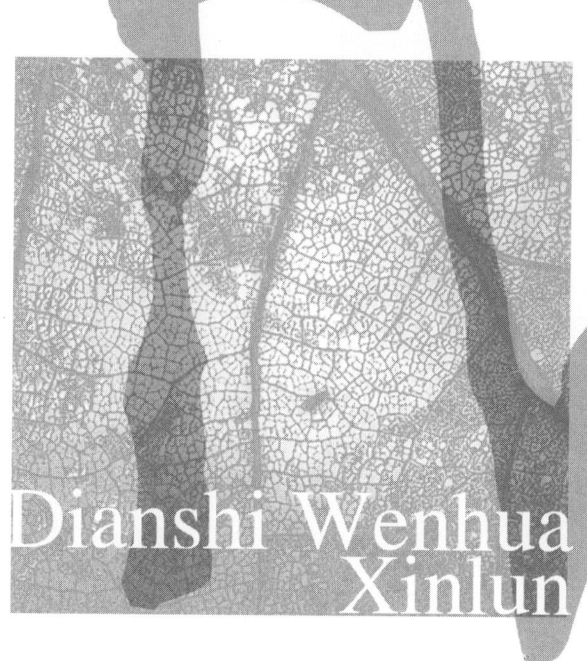

电视文化新论

胡智锋等 著

中国社会科学出版社

图书在版编目(CIP)数据

电视文化新论/胡智锋等著. —北京：中国社会科学出版社，2015.10
(电视论丛)
ISBN 978 -7 -5161 -6756 -4

Ⅰ.①电… Ⅱ.①胡… Ⅲ.①电视文化—研究 Ⅳ.①G220

中国版本图书馆 CIP 数据核字(2015)第 182442 号

出 版 人 赵剑英
选题策划 刘 艳
责任编辑 刘 艳
责任校对 陈 晨
责任印制 戴 宽

出 版 中国社会科学出版社
社 址 北京鼓楼西大街甲 158 号
邮 编 100720
网 址 http://www.csspw.cn
发 行 部 010 -84083685
门 市 部 010 -84029450
经 销 新华书店及其他书店

印刷装订 三河市君旺印务有限公司
版 次 2015 年 10 月第 1 版
印 次 2015 年 10 月第 1 次印刷

开 本 710×1000 1/16
印 张 14.75
插 页 2
字 数 263 千字
定 价 56.00 元

总　序

多年来电视作为傲然群雄的最具影响力的大众传媒与艺术样态，以所向披靡之势引来对于它的各种各样的研究。而近年来，我们却不得不面对这样的情形：全球范围的电视普遍关注度下降，收视率下降，收入收益也在下降，与此同时以互联网为标志的新媒体则以燎原之势迅疾占据了社会的各个领域，成为当之无愧的时代新宠。对此，人们不无感伤乃至绝望地发出“电视将死”的悲鸣！

而就算电视的研究，这些年来研究者们也更多选取热闹的电视产业、市场、运营等领域，关于电视艺术与文化的关注已经相对稀缺，更何况是电视艺术、文化的基础性理论研究，自然就更少人愿意问津了！对此，不少研究者不无奚落地发出“理论无用”的呼声！

在这样的情境下，本人决意编纂推出这套“电视论丛”，似乎显得相当“不合时宜”也“不合时尚”！试想，如果按照“电视将死”的思路，我们应当赶紧拥抱新媒体，何苦回望过气的电视呢！如果按照“理论无用”的判断，我们应当迅速贴近产业市场前沿，何苦纠结传统的艺术文化呢！

诚然，与时俱进地瞄准正在热运行的媒体发展新动向，不仅是无可厚非的也是相当重要的，学术研究不能只顾闭门造车，应当关注时代与现实新的脉动，做“合时宜”“合时尚”的研究。但这并不意味着对于“过气”对象的研究就“不合时宜”，对于非热点的领域的理论探讨就“不合时尚”，恰恰相反，越是“过气”，越能够相对冷静地予以观察；越是“无用”，越能够相对理性的予以深思。正是秉着这样的理念，我和我的研究团队坚持把这套“电视论丛”整理出来！

之所以名之为“电视论丛”，一是聚焦对象为“电视”，二是皆为“理论”性研究，三是按照艺术、文化、发展三个领域方面展开，初步形成了既相互不同又相互呼应的研究状态，成为有内在联系的“丛”书。

编纂本套“电视论丛”的各部著作，我考虑应当体现以下四个结合：

第一，本土化与国际化的结合。作为媒介与艺术形式，电视有全球通行的技术、艺术创作与制作规律与规则，也有相近的形态与方法。但作为植根于特定文化土壤中的传媒与艺术形式，不同国家、地区的电视一定会在各自的环境中，形成特有的体制、机制、内容、功能、价值等。因此，按照欧美发达国家地区的电视模式来衡量评价其他国家地区的电视，或只封闭地按照特定国家地区电视的特殊情形做整体判断而忽略国际发达国家地区成熟的电视经验，都是偏颇乃至偏执的。我历来主张电视研究既要植根深厚的民族文化土壤，立足现实国情，又要打开视野，以全球眼光审视观察，这就是“本土化”与“国际化”的结合，只有这样，我们的研究才能更到位。

第二，理论与实践的结合。电视研究自然应当有理论追求，这就是逻辑性、学理性、系统性的追求，不是简单的点评与表象的描述，而是深入地揭示具有稳定性、独特性、规律性的特征，进而提炼出具有更具概括性的概念、范畴，并形成各概念、范畴相互呼应、符合逻辑与学理要求的系统化演绎与表述。电视研究同时也应当基于鲜活生动的电视实践，应当在这些电视实践的经验基础上进行理性思考与提炼。只有将理论与实践有机结合，这样的理论才更扎实更有效。

第三，宏观与微观的结合。电视研究既关联政治、经济、社会、文化、生态等大的宏观的环境与语境，又关联技术、技艺、方法、手段等微观的细节与状态。只有将二者结合起来，这样的研究才能更具说服力。

第四，传承与创新的结合。我们的电视研究应当基于中外已有的电视及相关研究的历史传承，同时也要依据电视发展实际及未来发展的可能性，做大胆的理论假设与推进。传承当然也包括研究者自身已有研究的充分积累，创新更是离不开传承的前提。只有二者有机结合，电视理论才更具厚度与活力。

沿着这“四个结合”的思路，我和研究团队整理出关于电视艺术、电视文化、电视发展的三部“新论”。之所以说“新”，一是体系新。如关于电视文化，将生态、角色、政策、创新、传播整合在一起，这种表述体系应当是首次。二是概念新。如关于电视艺术，既有真实性等传统概念（当然也有对“真实性”的全新阐释），也有创意性、规制性、连续性、仪式性、戏剧性等全新概念集中推出。三是视角新。如生态、规制等视角以往研究中尚不多见。

我们希望这套“电视论丛”的推出，对于电视理论建设，电视实践运行和与电视相关的学科建设都能有些启发、借鉴或推进作用。电视理论的几个构成部分中，应用研究最活跃，成果也最丰硕，决策研究也始终得到各方重视，相对来说基础理论研究难度大，进展慢，得到关注支持也相对少，期待这套丛书给相对清冷薄弱的电视基础理论研究添砖加瓦。电视理论研究尽管未必可以直接指导电视实践，但这些研究的理念、思路期待能够给电视实践带来理性的滋养与启示。与电视相关的学科不论是新闻传播学还是广播电视艺术学、传媒艺术学等都在不断面临定位、内涵等新的调整与整合中，期待这套丛书的研究内容（不少也是跨学科、跨领域的研究）能给相关学科也能带去有益的参考与帮助。

我们正在面临全球化与媒介融合的新环境与新语境，电视研究也必然会与时俱进地延展前行。从这个意义上讲，这套丛书对于以往可谓是“新论”，而对于未来显然还是阶段性的成果。尽管我相信这个阶段性成果自有的意义与价值，但局限与不足也一定不少，欢迎广大读者特别是专业同行对我们的研究批评指正。

是为序。

胡智锋 2015 年 10 月 21 日凌晨于美国波士顿

写在前面

如果说电视文化研究以往更多着眼于电视内容对于社会的影响，那么新世纪以来随着全球化、媒介融合、公共服务的形势的不断深入，电视文化的外部环境与内部构成等都在发生着深刻变革，因此对于电视文化的研究也就自然面临着全新的命题。

本书从文化生态、文化政策、文化角色、文化传播和文化创意这五个维度与视角，力图对电视文化展开具有时代气质与现实关怀的新的探讨与研究，进而力图建构关于电视文化的新的研究理念、研究范畴和研究方法。

秉持上述思路，本书的研究路径首先是问题导向，即发现问题，分析问题，进而为解决问题探寻方略，同时提炼与建构相关理论与观点。第一章电视文化生态论首次划分了内外两个系统，以低俗化、庸俗化、娱乐化等问题为切入点，提出了建设健康良好电视文化生态系统的方略；第二章电视文化政策论梳理了我国电视文化政策的历史发展脉络，以现存问题和不足为切入点，从中外比较的视角提出未来电视文化政策制定所应遵循的原则；第三章电视文化角色论以电视文化与人，尤其是与国家的角色关系为切入点，从国家形象塑造、国家文化安全等视角提出我国电视文化角色的定位策略；第四章电视文化传播论以电视文化传播的特征为重点，基于中、日、韩电视剧传播的不同理念与效果的对比，探讨电视文化在国际传播中的策略；第五章电视文化创意论以电视文化创意的若干基本问题为重心，对我国电视文化创意的历史发展进行了描述，并从环境、表达和版权等方面提出了提升我国电视文化创新能力的策略。

目　录

第一章　电视文化生态论

电视文化生态，简言之就是电视文化的生存状态，以生态学的视角来研究电视文化，其最大特点和优势就是不会孤立思考电视文化问题，而是将其放置于大的国际、国内宏观背景中，放置于盘根错节的文化因素关系链条中，这样便于全面系统地认识电视文化的发展现状，理解电视文化的发展轨迹，思考电视文化的发展对策，寻求电视文化的发展路径。

第一节　电视文化生态

从生态学角度讲，电视文化生态是文化生态的一个子系统，因此认识电视文化生态首先必须弄清楚生态、文化生态、电视文化等基本概念。电视文化生态既遵循生态学的基本规律，又有其文化学、传播学、艺术学、社会学的一些基本特性。

一　电视文化生态的概念

（一）对生态及生态学的认识

简单地说，“生态就是指一切生物的生存状态，以及它们之间和它与环境之间环环相扣的关系”。生态学研究的基本概念有生态系统、生态位、生态文明、生态伦理等。

生态系统（Ecosystem）指“由生物群落与无机环境构成的统一整体”。生态系统的范围可大可小，相互交错，最大的生态系统是生物圈；人类主要生活在以城市和农村为主的人工生态系统中。生态系统是循环往复的一个整体，为了维系自身的稳定，生态系统需要不断地进行能量的引进与输出，以保持自身的平衡状态。

生态位（Ecological Niche）是指“一个种群在生态系统中，在时间空间上所占据的位置及其与相关种群之间的功能关系与作用”。

生态文明是“物质文明与精神文明在自然与社会生态关系上的具体体现”。我国倡导的生态文明与中华民族传统的文化哲学、文化精神息息相关。

生态伦理即“人类处理自身及其周围的动物、环境和大自然等生态环境的关系的一系列道德规范”。[①] 通常是人类在进行与自然生态有关的活动中所形成的伦理关系及其调节原则。

（二）对文化及文化生态的认识

以上关于生态系统、生态位、生态文明、生态伦理的理解对于我们分析文化生态有很强的指导意义。文化是人类社会特有的现象，由人所创造，为人所特有。有了人类社会才有文化，文化是人们社会实践活动的产物。关于文化的定义丰富多样，可以有多种界定方式，如从人类创造的成果角度界定，从民族生存方式角度界定，从整体性和历史性角度界定，从人类生活的内容与内涵角度界定，从系统构成角度界定，从人类欲望控制角度界定等。总之，笔者认为，文化是相对于自然而言的由人类活动和意向影响、改造、创造了的存在，是人类的精神、意识、心灵的本质外化和内化的历史运动的结果。它是人类生存的样式，即以价值观为核心的观念体系支配下的行为系统。文化生态，简言之就是文化的发展状态，以及文化系统内部要素之间与文化系统内外要素之间的相互关系。文化生态是一个极其复杂的系统，既包括人的思想道德素质，也包括人的科学文化素质；既有几千年历史文化积淀形成的传统，又面临外来文化的冲击，面临文化创新的重要课题；文化生态建设既有文化产品的生产、传播、消费等硬性任务，又有塑造美好心灵、树立崇高理想的软环境建设的目标。

（三）对电视文化生态的认识

电视文化生态，简言之就是电视文化的生存发展状态，即电视文化各种要素因子彼此联系、相互影响而构成的生态关系，以及电视与其相关外部环境相互作用构建的生态关系。因此，对电视文化生态概念的理解至少有这样几个重点。

1. “状态”和“关系”是电视文化生态的两个关键词

“状态”指的是特定历史时期一定空间地域里的电视文化的生存发展

---

① 以上关于生态学的基本概念均参见于百度百科。

状态。“关系”指的是电视内部要素之间，以及电视与其外部环境之间的关系。而状态的好坏又能够在关系上得到充分的体现，好的文化生态一定是好的状态，各种关系一定是良好的；反之，状态不好，关系也就紊乱。良好的状态有利于各种关系的维护，关系的正常又能促进健康状态的维持。二者相互影响、相互促进。

2. 电视文化生态是一个复杂的生态系统

与任何一个文化生态子系统一样，电视文化生态系统具有一个生态系统正常运转的全部生态要素，如环境、生产者、产品、传播者和消费者。所谓环境指的就是电视文化大的外部环境，如政治、经济、社会、文化、科技组成的大的生态环境；生产者指的就是电视行业所有的管理者、生产、制作等相关部门的工作人员；产品指的就是电视产品、作品，电视内容生产的“果实”；传播者类似电视产品、作品的经营者，但往往与生产者重合；消费者指的就是电视节目的大众消费群体，即电视受众。这些生态要素在生态链或者“食物链”上各司其职，处于相应的生态位，承担着相应的生态功能，它们相互影响又不可或缺，共同组成一个完整的电视文化生态系统。

3. 电视文化生态可以分为内外两种文化生态系统

一个是电视外部文化生态，一个是电视内部文化生态。一般来讲，电视外部文化生态环境是电视发展的外部因素，对电视发展的影响和作用应该是辅助的，是发展的外因；而电视内部文化生态环境是电视发展的内部因素，对电视发展的影响和作用是主要的、决定性的，是发展的内因。电视外部文化生态指的是电视外部生存环境，是特定时期的政治、经济、社会、文化、科技等各种力量相互交织形成的宏观形势。它对电视的影响虽然是外在的，但是对电视生产传播的体制、机制、方向、趋势等诸多环节产生的影响却是显著的，有时这种影响甚至起到至关重要的作用，直接关系电视发展的兴衰成败。因此，电视外部文化生态可以分为电视政治生态、电视经济生态、电视社会生态、电视科技生态，由于电视文化属于大的社会文化环境中的一个领域或者是支流，一个时期的文化观、文化形态发展都会深深影响电视文化发展，因此，电视外部文化生态研究还需要考虑整个社会大的文化背景。也就是说，在考察电视外部文化生态上我们常常需要以政治、经济、社会、科技、文化这五种视角，去全面衡量考核，才能得出科学的结论。

电视内部文化生态指的是电视内容的生产、传播、运行和营销构成的生态链条，以及相关各要素相互作用形成的生态系统，这种竞争形成了一股潮流趋势，直接影响电视节目价值观、审美观以及节目最终呈现的主题、内容与形式。电视内部文化生态依据不同的角度可以有不同的分类，从动态的电视节目生产环节与流程来看，可以分为电视生产创作环境、电视传播环境、电视接受环境。当然也可以按照不同电视节目类型来将其分为不同的电视内部文化生态。

当然，两者之间又非严格绝对意义上的区分，在特殊情况下，二者可以相互转化，相互影响，电视外部文化生态环境甚至可以成为决定电视发展的关键因素。例如，在我国"文革"时期，一切文化皆让位于政治斗争，一切文艺形式皆服务于政治宣传，在这种文化宣传达到了极端的单一化、垄断化的状态下，政治需求无疑成为电视发展最大的追求，也是电视发展的禁锢。但是，这是在极其特殊的历史时期出现的产物，对于电视发展来讲，最终还是需要寻求本体的缘由、动力和方向，尽管外部文化生态环境常常会为其发展营造或健康或糟糕的环境，但是电视发展终归要依靠电视本身，电视行业主管部门需要做的是在全面考虑电视外部文化生态环境的前提下，为电视发展营造良好的内部环境。

4. 电视文化生态系统有其自身的生态文明和生态伦理

一个电视文化生态系统里包含了如此多的电视文化生态要素，健康的生态需要发挥各个生态要素的积极性，但又要保证各个要素在自己的"工作岗位"上尽职尽责，否则就会出现关系错乱，导致系统出现问题。如何保证生态要素各司其职而不相互僭越，电视文化生态系统有其固有的"法则"，也就是自身的调剂系统，但很显然这是被动的、有滞后性的，对于电视文化生态系统的建设而言，需要明确而又严格的电视文化生态文明和电视文化生态伦理，即共同遵守的电视行业法律、法则和规范等。

二 电视文化的概念及其属性

（一）电视文化的定义及内涵

不同的学者对电视文化有不同的理解和阐述。有些学者将电视文化等同于电视艺术文化，从艺术的角度对电视文化进行了阐述。"所谓'电视文艺'，主要是指运用艺术的审美思维，把握和表现主客观世界，通过电视声画语言，发挥电视本体特性，塑造鲜明的屏幕艺术形象，给电视观众以认知、娱乐、教育、审美四位一体的综合艺术享受的电视节目类型。”①“电视艺术就是作为当代一门全新的艺术形态，它以数字电子视听技术为依托，把声像动态地结合为一体，借助电视系统对人的精神、情感、理念进行艺术化的显现和演绎——凡是能给观众带来审美愉悦的电视节目就是电视艺术。”②“对于那些正待被我们指称为‘电视艺术’的电视节目来说——我暂时只把它们限于电视剧、动画片和电视纪录片，认为它们完全具备了‘艺术’的基本特性，无论是从外部形态上（跟其他形式的意识形态相比）还是从内部特征上（艺术内部各种艺术形式之间相比）。艺术的基本属性如反讽基调、非功利性、审美性、形式化、形象性、情感性、虚拟性、想象性、细节性等，在电视剧、动画片和电视纪录片里都得到了集中明确的体现。在这个严格意义上，我们才把它们归结为一种艺术样式。”③

依据屏幕上涌现的电视艺术作品的客观实际，电视艺术分为五类：电视文学类，指通过特殊的屏幕造型手段，运用文学创作的一般规律，形象地反映生活，塑造人物，抒发感情，充满了文学的氛围，给观众以文学审美情趣的电视艺术作品，如电视小说、电视散文、电视诗歌、电视文学报告等；电视艺术片，主要是指遵循电视艺术的创作规律，利用电视的技术和艺术手段，将文学、戏剧、音乐、舞蹈、绘画、摄影等多种艺术样式兼容在一起，创造一种诗的意境，以期达到以情感人之目的的特殊屏幕艺术样式，其中包括电视音乐艺术片、电视歌舞艺术片、电视风光艺术片、电视风情艺术片、电视民俗艺术片、电视专题艺术片、电视文献艺术片等；电视戏剧类，指依据戏剧的构成方式，或电影的时空转换，采用电视的传播方式、制作方式和创作手段，独立制作的、充分电视化的屏幕艺术作品，其中包括电视小品、电视短剧、电视单本剧、电视连续剧、电视系列剧等；电视综艺类，指以文艺演出为基本构成形态，但经过电视艺术的二度创作，其总体结构、表现方式和艺术手法具有电视艺术独特的审美形态，具有电视艺术形式美的电视综艺节目，其中包括电视综艺晚会、电视

① 张凤铸：《中国电视文艺学》，北京广播学院出版社 1999 年版，第 11 页。

② 高鑫：《电视艺术美学》，北京广播学院出版社 2002 年版，第 34 页。

③ 杨世真：《电视艺术原理》，浙江大学出版社 2003 年版，第 78 页。

文艺节目、电视综艺栏目等；电视纪实纪录片，指纪录型的电视专题报道类节目，是运用电子采录设备和手段，对政治、经济、文化等新闻题材，作比较系统完整的纪实报道，它运用新闻镜头，客观真实地记录社会生活，客观地反映生活中的真人、真事、真情、真景，着重展现生活原生形态的完整过程，排斥虚构和扮演的新闻性电视节目形态。

关于电视艺术的定义的认识，对我们对电视文化的认识具有很大的启发作用，但是电视艺术不等同于电视文化，艺术性只是电视文化的一个属性。电视文化是一个包罗万象的概念，广泛的电视文化可以包含电视媒介播放的任何东西。狭义的电视文化，则针对电视剧、纪录片电视文艺、电视新闻等电视作品。我们认为：电视文化是以电子视听技术为依托，主要通过电视剧、纪录片等具体的电视节目形式，形成的电视文化现象、文化景观、文化潮流等，并因此实现政治价值、社会价值和艺术价值的有机结合，对人们的精神生活乃至物质生活产生深远影响的文化样态。

（二）电视文化的属性

电视文化，作为渗透在社会生活各个领域的艺术文化，在铅字文化陷于窘境，戏剧艺术濒于危机的今天，却日益显示出无与伦比的优势，奇迹般地成为“20 世纪文化的象征”。

首先，作为政治“宣传品”，承担信息传播和宣传教化的任务。电视是电视文化的物质载体，具有环境监测、舆论引导、社会教育以及提供娱乐的功能。与报纸广播相比较，电视是视听合一的媒体，通过声音与画面的结合，使人们能够亲眼见到并亲耳听到如同在自己身边一样的各种活生生的事物。另外，电视具有较强的冲击力和感染力，电视用忠实的纪录手段再现讯息的形态，即用声波和光波信号直接刺激人们的感官和心理，以取得受众感知经验上的认同，使受众感觉特别真实，对受众的冲击力和感染力特别强。在我国，电视媒体实行的是一元体制，两元化运作，所有的电视台都是党和政府的新闻宣传机关，中国电视是党、政府和人民的喉舌，党性是中国电视事业的根本属性之一，是区别于资本主义国家电视媒体属性的最显著的标志之一。这一界定从根本上说明了中国电视事业的传播属性和新闻组织原则。电视文化作为电视的内容，首先是作为一种媒介文化产品，承担政治宣传的责任。电视文化作品要以明确的目的和自觉的意图反映和引导社会舆论，贯彻传达中央的各项方针、路线、政策，为社会主义现代化建设服务，坚持以正面宣传为主，把社会主义放在电视传播的首位，“不断以科学的理论武装人、以正确的舆论引导人、以高尚的精神塑造人、以优秀的作品鼓舞人”，为构建和谐社会氛围和生活环境服务。

其次，作为商业“产品”，要实现经济效应。在工业化和城市化的双重推动下，人类进入了消费社会。随着市场经济的发展，国家对电视媒体体制进行了改革，从以前的国家财政支持改为在市场经济下自主经营，自负盈亏。因此，电视文化产品不得不遵从市场机制的导向，按照商品属性规律和法则行事。目前，我国电视文化产业的投资主体已经由单一的国家投资到投资主体的多元化，主要的资金制作费有制作方自有资金、业外资金、电视台参与投资等。电视文化制作机构发展迅速，民营电视文化制作机构迅速崛起。电视文化产业形成了包括投资、制作、交易、播出和广告经营五大环节在内的基本完整的产业链。从这个层面上来说，电视文化作品俨然已经成为了一种商品，它必须生产节目、吸引消费者，才能在激烈的市场竞争中生存下来。作为商品，电视文化产品也必须按照市场规则运营，必须去追求发行量与收听收视率，必须去追求广告利润与整体经济效益。

最后，作为一种“艺术品”，要具备艺术性和美学特征。电视文化除了作为宣传品和商品，同时它还是一种艺术品，电视文化的艺术特征集中体现在电视艺术上。电视艺术在当代社会中的传播之广、普及之快、感人之深、影响之大都是其他艺术形式难以企及的。当年，列宁曾经指出：“在所有的艺术中，电影对于我们是最重要的。”而今天，我们可以毫不夸张地说电视艺术才是“对于我们最重要的”。电视艺术以现代电子技术为传达手段，以画面、声音、色彩、蒙太奇为基本语言，运用视听综合思维对世界进行多样化的把握和表现，在屏幕上创造出的形象具有直观性、具象性、明晰性等特点。第一，在技术物质层面上，随着电视实践的深入和科技的进一步发展，电视技术和技巧日臻完善，电视制作日趋科技化，技术指标和技巧发挥着越来越重要的作用。第二，在叙事结构上，与其他叙事类艺术形式相比，电视剧呈现出一种线性的结构特点，即：横向的叙事结构，指电视剧的连续性特征；扁平的角色矛盾，指电视剧线性结构在人物关系设置上的体现；滚动的冲突铺陈和连环的悬念设置，指故事情节的发展“一波未平一波又起”，人物的矛盾纠葛“高潮迭起”，而每一集都是“请听下回分解”式的“小收煞”。第三，在时空表现方式上，通过连续拍摄的活动画面，可以准确地再现现实中某段时间的流程。一旦通过蒙太奇的组接，它们所形成的屏幕、屏幕时空与现实时空迥然不同。它可以压缩、延长、插叙、倒流、闪前、闪回、定格，也可以加快、放慢、叠化、重复、并列，可以分割画面、借代、变形。综上分析，电视文化是一种艺术品，我们要带着审美的眼光看待电视文化作品，用艺术的眼光发现电视文化的美学价值。

三　电视文化生态的属性

电视文化生态是一个动态复杂的系统，在其发展过程中，总要维持一定的平衡关系，保持能量的正常流动和传输，如果一个生态系统健康、平衡、稳定地发展，那么其生态系统不仅健康运转，而且很明显的表征就是生态系统物种的丰富多样性；一旦这种平衡关系被打破，生态系统就需要自我修复，如果修复不成功就意味着物种的减少甚至是灭亡。因此，电视文化生态系统具有任何一个生态系统都有的基本共性特征，那就是动态平衡性、能量流动性、自我修复性和丰富多样性。同时还兼具文化特性和电视属性，如不可再生性、继承创新性。

1. 动态平衡性

与其他生态系统一样，电视文化生态系统同样遵循着生态系统的基本特性，平衡—破坏—修复—平衡，不断循环往复。在特定的生态系统演变过程中，当其发展到一定稳定阶段时，各种对立因素通过“食物链”的相互制约作用，使其物质循环和能量交换达到一个相对稳定的平衡状态，从而保持了生态环境的稳定和平衡。如果环境负载超过了生态系统所能承受的极限，就可能导致生态系统的弱化或衰竭。电视文化生态系统有其自身的规律，可以适当调节，始终维持平衡发展，一旦这种平衡被破坏就意味着电视文化的生态灾难，其结果要么是这种电视文化样态的消亡，要么是其浴火重生。

2. 能量流动性

能量流动指生态系统中能量输入、传递、转化和丧失的过程。能量流动是生态系统的重要功能，在生态系统中，生物与环境、生物与生物间的密切联系，可以通过能量流动来实现。每个生物有其固定的能量定位，健康良性的生物系统是因为每个生物各司其职，科学合理地发挥自己的功能价值。电视文化外部环境以及内部环境的各大要素之间不是孤立的、静止的存在，而是彼此联系、相互作用，构成整个电视文化能量的此消彼长，从而实现能量流动。

3. 自我修复性

生态系统的稳定性指的是生态系统所具有的保持或恢复自身结构和功能相对稳定的能力，其内在原因是生态系统具备自我调节能力。生态系统自我调节能力的强弱是多方因素共同作用体现的。电视文化生态系统同样具有自我修复性和自我调节性，一般而言，电视文化生态系统的力量有来自政府的宏观调控，也有来自市场的自动调节，还有来自科技的支撑与引导，同样难以逃脱整个社会生态、文化氛围的影响。中国电视剧、综艺节目市场的“你方唱罢我登场”的现象就是例证，以电视剧为例，一种题材电视剧火爆荧屏之后，立即会带动电视剧市场相关题材电视剧大量出现，于是整个电视荧屏都会出现类似题材的剧目，但是观众是有审美疲劳的，市场是有自我判断的，政府也不会视而不见的，因此，很快，这种题材的电视剧数量又会降下来，恢复平静。

4. 丰富多样性

生态系统多样性表现为生态系统结构多样性，以及生态过程的复杂性和多变性。保护生态系统多样性尤为重要，因为无论是物种多样性还是遗传多样性，都寓于生态系统多样性之中，生态系统多样性保护直接影响物种多样性及其基因多样性。电视艺术属于一种综合艺术，电视艺术吸收了自古至今多种多样的艺术形式，并将其电视化地表达在自己的内容当中。当电视与高雅艺术结合在一起的时候，便表现出阳春白雪的一面，如电视新年音乐会、电视戏曲等；而当电视与娱乐文化结合在一起的时候，它又表现得十分通俗。这点似乎是它的强项，也正是因为如此，电视因过度娱乐带来的低俗化、泛娱乐化倾向常常被人诟病。

5. 继承创新性

继承创新性是电视文化生态依托于文化资源而维系的特殊性。伽达默尔曾说：“传统并不是我们继承得来的一宗现成之物，而是我们自己把它生产出来的，因为我们理解着传统的进展并且参与在传统的进展之中，从而也就靠我们自己进一步规定了传统。”① 电视文化生态的维护需要政府、

① ［德］汉斯·伽达默尔：《真理与方法》上册，洪汉鼎译，上海译文出版社 1992 年版，第 380 页。

行业、社会以及受众多方努力营造良好的文化生态环境，在扬弃地继承传统的基础上，在面对未来复杂的国际国内文化环境和大潮中，不断以新的作品、新的内容、新的形式、新的主题来充实和提高，使之呈现立足于人民的、与我们时代相适应并反映历史走向的新面貌。

第二节　电视外部文化生态

电视外部文化生态与其特有的国情、民情以及文化背景有着极其密切的关系。中国电视自 1958 年诞生至今已经 50 多年了，在近半个多世纪的发展历程中逐渐形成了自己鲜明的特色与气质，尤其是改革开放以来更是获得了长足的进步，多年的成长使其赢得了当今中国第一大众传媒的地位、角色与影响。中国电视 50 多年的发展不是孤立的，始终与中国政治、经济、社会、文化、科技的发展变化紧密联系，国家政治、经济、社会、文化、科技的发展变化构成了中国电视的外部文化生态系统，它们尽管不是中国电视的本体力量，但是在中国电视身上打上了深深的烙印。因此，无论我们是展望未来中国电视可能的前景，还是审视今天的中国电视，以一种全面的视角来观察思考电视外部文化生态环境都是不可或缺的。

一　电视文化生态的政治视角

电视与政治的关系历来是至关重要、至为关键的，从政治视角来看中国电视可以从三点获得基本的判断。

1. 电视对于政治的工具性

我们历来把中国电视视为党、政府和人民的喉舌，尽管在近半个多世纪的发展进程中出现过极“左”或极右的各种不同的看法，但无论是主流电视媒体的管理者还是大多数的电视从业者对于这个问题的认识都是明确和坚定的。正因如此，中国电视对于自己的工具性的特质从整体上看占据着主流判断和主流认识的地位。

2. 中国国家政治的状态直接决定着中国电视的发展状况

我们可以看到，中国电视每一次大的发展和进步首要的因素往往取决于政治状态的发展与进步。改革开放使中国电视获得了巨大的社会影响力，而 20 世纪 90 年代以来转型期的政治风云，无论是国际政治还是国内政治如民主化、制度化、公开化、亲民化等，都直接影响着中国电视的内容系统和运营系统。

3. 电视反作用于政治

在西方，关于电视的说法如“社会公器”“第四势力”等都表达着电视对于社会政治的反作用力。在中国，电视的成长也直接或间接地影响着中国政治的风云变幻，如中央电视台的《焦点访谈》在10多年的时间内通过正面和负面报道极大地发挥了舆论监督的功能，其中不少节目直接构成了中央重大政策的决策依据，三任总理对《焦点访谈》的题词和关怀也从一个侧面显现了电视对于政治的巨大反作用力。

从政治视角来观察思考电视文化生态，需要重点处理好工具性与主体性之间的关系，过度强调电视对于政治的工具性和主体性都不妥，前者容易让电视媒体盲目跟进丧失媒体的基本功能属性而不被受众接受；后者容易导致电视媒体过度干预政治生活，从而丧失自身的媒体定位和角色。如何艺术地处理与政治的关系，在大的政治环境中健康成长，是电视媒体发展壮大的关键。

二 电视文化生态的经济视角

经济（市场）与电视的关系也是相当密切的，西方电视一开始就进入了资本主义市场体系的运作之中，成为传媒产业和娱乐产业的重要组成部分。在中国，我们对电视的市场属性、产业属性、商品属性的认知是经历了较长一段时间逐渐形成的。目前，人们普遍可以达成几点共识。

1. 经济（市场）的发展极大地影响着电视的发展

我们可以看到，一个国家、一个地区电视媒体的成长，无论是速度还是效率（包括质量）往往都是与经济发展的状况相吻合的。一般说来，电视发展的状态是和经济发展的状态成正比的，经济发达往往带来电视的发达，而经济薄弱则往往导致电视薄弱。当然，在个别地方，经济发展的速度和效益与电视发展的速度和效益也不成比例，有的地方经济发达电视发展薄弱，有的地方经济虽然欠发达电视发展却相对繁盛，但从总体上看二者还是成正比的。

2. 电视的发展极大地影响着经济的繁荣

电视依靠自己独具的传媒优势，在信息发布、舆论引导以及活跃经济、繁荣市场等方面扮演着相当重要的角色。一个国家、一个地区经济（市场）的繁荣与活跃常常离不开电视媒体的支持与参与，不论是生产还是流通以及消费领域，电视媒体在经济生活和市场运行中始终扮演着不可或缺的角色，甚至在某些领域，电视媒体既可以塑造市场品牌也可以打击以至毁灭市场品牌。

3. 电视媒体自身构成了经济市场系统中一个重要的产业领域和部门

中国电视从1979年播出第一条广告到1992年邓小平“南方讲话”之后自觉地改革，再到今天我们越来越清晰地看到它在资源配置、产业运营等诸多方面的巨大市场潜力，无论是内容生产还是营销推广，乃至于电视自身的品牌打造，几乎电视运行的每一个环节都可以构成相应的产业链而营造出整体的电视产业。可以说，中国电视在近几年突飞猛进的发展，在相当大的程度上依赖于我们对其产业属性、商品属性认识的自觉，相信未来中国电视产业对于国家经济、市场的贡献会越来越大。

从经济视角思考电视文化生态，需要重点处理好产业性和公共性之间的关系，过度强调电视媒体的产业属性和公共属性都有不妥。前者容易让电视媒体忘记社会责任，沾满铜臭气；后者让电视媒体生存陷入困境，失去创新、进步的动力。电视媒体如何处理好市场效益和社会效益之间的关系，在产业价值和公共利益诉求之间找到平衡，同样是其发展战略。

三 电视文化生态的社会视角

中国电视成长于中国社会的土壤之中，自然与这块土地及其独特的社会文化生态是相互依存、共同成长和进步的。在中国电视与中国社会的关系中，我们可以有以下几点认识。

1. 中国社会的发展状况极大地影响着中国电视的发展状况

不论是某一时期社会的心理状态、情感状态还是社会组织机构的状态、社会阶层的变迁乃至社会道德、社会风尚等的变动，都会直接地给那个时期的电视打上深深的烙印。不同时期的电视的风貌甚至可以从一个侧面见证一个时期的社会状态，如积极与消极、正面与负面、健康与不健康等状态都会毫无保留地呈现在一定时期的电视内容之中。

2. 中国电视也极大地影响着中国社会的进步状态

有人说，20世纪八九十年代的一代人是“电视的一代”，从他们所受的电视的影响可以看出电视对社会人群的影响，不论是什么样的电视内容，如电视剧、电视广告、电视纪录片、电视综艺节目等，还是特定的价值取向、思维方式乃至语言方式等，都给当时的人们留下了深刻的记忆，特别是正在发育成长中的青少年。从成功人士或各界、各年龄不同人群、不同个体的成长中，我们都可以发现电视对他们的影响。

3. 电视承担着重要的社会责任

毫无疑问，电视由于其巨大甚至不可代替的影响力，面对社会公众承担着巨大的社会责任。电视媒介在它的市场诉求和社会责任之间常常扮演着相互矛盾的角色，一方面电视自身需要建构自己的注意力经济体系，需要获取利润，以求得再生产、再发展；另一方面这种"唯利是图"的市场诉求又可能与公众普遍认同的社会伦理相冲突。在这种情形下，如何承担起自身的媒介社会责任，是正处于"转型期"的中国电视所必须思考和迎接的挑战。

从社会视角来观察思考电视文化生态，需要重点处理好正面引导和负面渲泄之间的关系，过分强调电视的宣传引导功能和娱乐喧嚣都不妥，前者容易让电视媒体成为一个宣传机器，歌功颂德一片难免有失全面、客观和真实；后者容易导致电视媒体成为一个庸俗、低俗之地。如何处理好社会信息、社会心理、社会价值的正面与负面，真与假、高尚与低俗，同样对媒体发展十分重要。

四　电视文化生态的文化视角

电视与文化更是天然的一对关系。人类在现代社会创造了电视这样的媒体，而这种媒体正逐渐发展并不断地改变着人类的文化生态，电视与文化的互动构成了半个多世纪以来人类文化中令人瞩目、前所未有的文化景观。这里，我们也可以有以下几点判断。

1. 文化传统和文化思潮极大地影响着电视

文化传统更多的是遗传意义上历史积淀下来的一种价值取向、思维方式和知识系统，对于中国文化而言，以儒家文化和近代以来的革命文化为主导构成了当代电视最重要的传统。而文化思潮则更多的是当下的，是在特定的政治、经济、社会环境中锻造出来的时代文化，是人们当下的一种价值观念和思维方式以及知识系统。对于中国而言，当代文化思潮的冲击对于电视的价值观和话语系统不仅是背景而且直接呈现于电视的内容之中。

2. 电视的发展极大地改变着当代文化格局与动向

中国电视在近 20 年尤其是近 10 年中，由于其自身影响力的不断提升，而使文化格局由主流精英文化主导逐渐改变为大众文化地位的提升。所谓“日常生活审美化”的当代文化取向相当大的动因来自电视的冲击。由于电视深入千家万户而使大众文化几乎无孔不入，构成了当代文化不可忽略的乃至起决定作用的地位。同时，异域电视文化的进入也不断地改变着当代中国电视的文化格局，如韩国电视剧的风靡以及美国电视节目内容与样式的引入，都在极大地改变着当代文化生态。

3. 电视自身构成了独特的媒介文化与艺术文化景观

电视文化的主体是由其媒介和艺术娱乐所构成的，电视作为媒介在发布信息、整理信息（如议程设置）、传导价值观念、制造媒介事件、设置媒介活动等过程中越来越多地影响着当代文化的取向与发展趋势。作为艺术与娱乐，电视通过情感的宣泄、心理的疏导来营造特定的氛围，制造种种偶像，满足人们的情感心理欲求。正因如此，对于电视的媚雅还是媚俗、深刻还是浅薄、优良还是拙劣等的争议从来就没有停止过，而正是这样的争议使电视制造了我们时代不可缺席的文化景致。

从文化视角观察思考电视文化生态，需要重点处理好内与外之间的关系，所谓内与外的关系，一方面指电视文化的民族性与世界性的关系，另一方面指电视文化的原创与引进之间的关系，根本上讲二者都是文化态度、文化立场、文化胸怀、文化自信的问题。自我封闭、闭门造车与完全门户大开、不思进取同样都会危害电视媒体健康发展。

五 电视文化生态的科技视角

作为20世纪诞生的现代传媒与现代娱乐样式，电视毫无疑问是20世纪高科技的产物，是20世纪电子技术发展的结晶，从科技角度来观察电视文化因此也就成为一个十分重要的视角。

1. 科技的进步推动着电视的进步

作为一个高科技的产物，科技发展的水平直接影响着电视的风貌与生产发展的状态，从无线到有线，从黑白到彩色，从微波传送到卫星传送，从模拟到数字再到今天的3D，这一系列的科技进步都对电视的生产、制作、传播的方式乃至电视的内容变化产生着直接的、决定性的影响与作用。

2. 电视的进步也影响着科技的进步

一方面，电视自身的发展离不开科技的不断进步，它要求科技不断的改进和提升；另一方面，电视作为大众传媒在推动科技转化为现实生产力、塑造人们的科学观以及推进新的科技发明与科技交流方面都直接或间接地产生着重要的影响，一些探索发现类的节目就对科普知识的传播、人类的科技进步发挥了自己独特的作用。

3. 电视自身科技含量的提高离不开相关领域科技含量的提高

不论是电视内容的生产、制作还是传播，我们都可以看到卫星技术、数字技术、网络技术的快速发展已经在电视科技含量的提升上产生了直接的影响，从而催生了卫星电视、数字电视、网络电视。这些相关领域的科技含量的提升与传统电视的内容生产相结合，不断地改造着电视的景观和形象。

从科技视角观察思考电视文化生态，需要重点处理好技术理性与人文情怀之间的关系。现实的情况是在对待电视节目的创作、生产、传播具体工作中，容易陷入技术崇拜而不能自拔，丢掉电视艺术作品最核心的人文情怀。对于受众而言，对于媒体发展而言，技术和人文不可或缺，不可偏颇。

总之，政治、经济（市场）、社会、文化、科技等领域与电视始终呈现着相互影响、相互推动的关系，因此当我们观察、描述与研究中国电视的发展、成长与进步的时候，仅就电视看电视是不够的，我们至少可以从上述五个方面与电视的互动中来辩证地看取其正面与负面、积极与消极等此消彼长的关系。我们认为，从这五种视角来看中国电视可以更为真实、准确而辩证。

第三节　电视内部文化生态

电视内部文化生态由电视的内容生产、技术传播、运行管理和宣传营销等环节组成。这几部分彼此联系，前后贯通，共同组成了电视内部文化生态的完整循环和“生生不息”的链条。观察这四个环节及彼此衔接的链条是考察电视内部文化生态重要的角度，当然也可以从电视节目内容本身的不同特点去分析，本书偏重于前者。

一　中国电视内容生产

中国电视在外部文化生态环境和内部文化生态环境的综合作用下，在内容生产上呈现出独特的文化形态，可以用“品”字来划分出三个发展阶段：前20年是以“宣传品”为主导的阶段；后30年又可分为两个时期——以“作品”为主导的阶段和以“产品”为主导的阶段。从以“宣传品”为主导到以“作品”“产品”为主导，每一发展阶段，电视文化形态在内容、形式等方面，都有不同的特点。中国电视在半个多世纪的历史进程中，有过创业的艰辛、探索的曲折，也有过成功的辉煌与喜悦，从某种意义上看，中国电视史就是一部不断满足中国百姓日益增长的精神需求的文化史。

1. 以“宣传品”为主导阶段

1958—1978年这20年间，中国电视文化主要呈现出向多种传媒、艺术样式借鉴、模仿的特点。“建立在社会主义政治体制背景下的中国电视，从一开始就奠定了其特殊的重要地位——党和政府的喉舌和宣传工具。”因此，这一阶段中国电视的内容生产，主要围绕党和政府的每个阶段的中心工作来组织、开展宣传，承担的是“宣传教化”功能，扮演着党和政府的“喉舌”角色，突出强调的是意识形态的要求。导向正确、领导满意则是衡量节目宣传质量、效果的最为重要的评价标准。

由于处在初创阶段，电视节目从技术到艺术远未成熟，更多的是从邻近的广播、报纸、通讯社、新闻纪录电影和戏剧（舞台剧）、电影（故事片）那里学习、借鉴和模仿。例如：在影像上模仿纪录电影（“新影体”）；在文字风格上模仿《人民日报》（“人民体”）；在播报方式上模仿人民广播（“广播体”）；在报道体裁上模仿新华通讯社（“新华体”）……在传媒系统当中，电视像是新闻纪录电影的缩小版，《人民日报》的影像版，人民广播的图像版，新华通讯社的精简版；在艺术系统中，电视则更多从戏剧（舞台剧）、电影（故事片）那里直接借鉴、吸纳内容、样态与方式，不少电视节目被观众视为“小戏剧”“小电影”。

从整体上看，这一阶段中国电视节目体现出以导向正确、领导满意、凸显意识形态宣传功能的“宣传品”特质，在节目创新方面，主要体现为借鉴、模仿其他历史积累较长、较厚的传媒样式与艺术样式，尚未形成自己鲜明独立的传媒特征与艺术特征。当然，借鉴、模仿常常是创新的第一步，这一时期在借鉴、模仿中的一些探索也已显现出一些具有突破可能的新质。

2. 以“作品”为主导阶段

1978 年至 20 世纪 90 年代中后期，中国电视文化在形态上显著的特点就是形式与观念的探索创新。这一阶段，中国电视一方面努力摆脱上一时期模仿、借鉴别种传媒样式、艺术样式的状态；另一方面又在模仿、借鉴别种传媒样式、艺术样式的基础之上，努力探索具有电视独特传媒特征、艺术特征的新形式和新观念，探索具有中国特色的电视内容生产之路。概括而言，这一阶段电视内容生产是以“作品”生产为主导的阶段，电视从业者的职业化、专业化追求得到了极大的尊重和肯定。在电视形式、观念上追求个性、原创性和独特性成为这一时期节目创新的突出特点。

3. 以“产品”为主导阶段

20 世纪 90 年代中后期至今，中国电视处于市场化、产业化的探索阶段。电视传媒市场化程度不断加深，电视的内容与市场、与观众的收视日益紧密地结合在一起。产业化、集团化、市场、效益、效率、收视率、受众需求以及成本核算、营销、广告等影响着电视实践。中国电视全面进入了以“产品”为主导的阶段，电视文化形态也是围绕着“产品”出现新的特点。而作为“产品”，其评价标准就转换成它的市场价值的实现，如较高的收视率、较强的广告拉动能力或者市场的回收能力、开发能力，能否形成产业链、创造市场价值等。所以，具备可观市场价值的大型电视选秀活动、电视栏目品牌的创造以及电视产品的后开发（音像制品、系列图书以及游戏、APP、文化旅游等）被高度重视，而这一时期，电视创新的主要任务也自然而然地成为了吸引受众的眼球，赢得受众的认可，提高收视率，增加广告额，获取最大的市场回报。

半个多世纪的岁月，中国电视在文化形态上经历了从以“宣传品”为主导，到“作品”为主导，再到以“产品”为主导的三个阶段，在每一个阶段，中国电视的节目从内容到形式，从观念到样态，都经历了不断的艰辛探索。正是靠着这种孜孜不倦的探索，才有了中国电视历史性的成就与辉煌。

二　电视文化的技术传播

1. 无线电视、有线电视和卫星电视

随着现代科技的迅猛发展，无线电视一统天下的局面被打破，开始出现无线电视、有线电视并存的局面，而且有线电视逐渐获得了普及和推广。与无线电视这种以开路方式发射电视信号不同，有线电视采取闭路传输方式，以电缆、光缆为渠道直接将电视信号传送到电视用户，因此节目接收质量不会受地形、天气等条件影响，同时也可以获得更多的节目套数。

1985 年，中央电视台通过卫星向全国范围内传送节目，卫星传输技术从此异军突起，并且一改当年广电节目传输采用短波、差转、微波接力的传统方式，在短时间内有效地提高了电视节目的人口覆盖率。当前我国电视文化的竞争日趋白热化，按照电视媒体层级大小和性质属性不同可以分为中央电视台、省级电视台、城市电视台、新媒体和境外媒体。

2. 数字技术传播与新媒体阶段

以数字技术、卫星技术和通信技术为核心的新媒体正在打破原有媒体的樊篱，形成新的力量。传播更加迅捷，接收更加便利，更加强调受众的针对性和互动性的新媒体，数字付费电视、网络电视、手机电视等发展势头越来越猛，成为集多种媒体新技术于一体的媒体新贵。

三　电视文化的运行管理

近些年，中国电视面临的政治环境更加特殊，面临的经济环境更加严峻，面临的社会环境更加复杂，面临的文化环境更加浮躁，在如此大的背景下新媒体发展还虎视眈眈、咄咄逼人，尽管如此，中国电视的发展方向在党的十七届六中全会精神的指引下愈发明确。行业管理者为了中国电视的发展，依然忙碌，连续出台相关政策试图振兴电视传媒产业、净化电视传媒生态与保证安全播出。对于中国电视来讲，今后的重要任务在于深入贯彻十七届六中全会精神，深化电视体制改革、推动中国电视发展，不断开创中国电视繁荣发展的新局面，为推动社会主义文化大发展大繁荣、建设社会主义文化强国、实现中华民族伟大复兴做出贡献。国家新闻出版广电总局频频出手整治和规范电视荧屏，从 2014 年年初到年末，颁布了《关于进一步加强电视上星综合频道节目管理的意见》（“限娱令”）、《关于进一步加强广播电视广告播出管理的通知》（“限广令”）、“禁烟令”“禁止翻拍四大名著”“停播涉案剧、谍战剧三个月”“停播 44 条电视购物短片广告”等制度规定，力度之大，前所未有。之所以亮出如此多的“拳头”跟中国电视节目的同质化、克隆化、三俗化倾向不无关系。我们必须承认，这些“整改令”的颁布对于中国电视良好文化生态的建立有很好的引导作用，但是不得不反思的是尽管新政策频繁出台，为何“不正之风”总是按住葫芦起了瓢，是整改措施不够严厉还是背后有深层次的原因？以“限娱令”的出台为例，曾经一段时间，中国电视受众几乎被娱乐节目包围，各种各样的娱乐选秀、综艺节目、情感故事等接连轰炸电视荧屏，“限娱令”正是在这种背景下出台的，其初衷是为了遏制综艺娱乐类节目过多、过滥、过俗。此举对抵制电视节目的“三俗”倾向有很明显的效果，但是可以肯定的是娱乐资源、娱乐内容并不会就此消失。值得关注的是，一些网络媒体正在承接这些“落魄”的娱乐资源，准备打造新的娱乐内容，这会不会反过来减少电视媒体的受众和市场份额，削弱电视媒体的影响力和竞争力呢？此外，“限娱令”一出，无疑将给本来就有些“虚火”的电视剧市场浇把油，一些投机者借此炒作，让电视剧的价格暴涨，造成一些粗制滥造的作品涌入市场。

中国电视在最近几十年中，在运行管理方面不断探索，运作的层次与载体不断升级。从客体形态来看，中国电视经历了节目建设阶段—栏目建设阶段—频道建设阶段的历程；从主体形态来看，中国电视经历了以制作人（为核心）—制片人（为核心）—策划人（为核心）的历程。简而言之，目前中国电视正处于频道建设阶段，而其核心则是策划人。

1. 节目中心阶段

电视屏幕是由一组组“信息链”构成的，电视节目便是电视媒体发出的有机的“信息链”中的一环。以往我们习惯于只从电视节目生产的具体制作入手考虑组织、运作，实际上电视节目成功传播效果的实现，与电视节目在“信息链”中的位置、时段以及推出的时机等也有密切关系。此外，我们常常以“信息量”来衡量电视节目的某种价值，一个电视节目信息量的多或少、大或小固然不可忽视，但“信息质”在电视节目生产“信息处理”方面也许更为重要。所谓“信息质”至少有三个层面的内涵：第一，信息的新鲜性、独特性。电视节目能够提供与众不同、鲜为人知或不为人注意的信息，是“信息质”的基本层面。第二，信息的理性深度。电视节目能够对于同质、同类信息进行深刻的理性分析，提出有分量的主体观点，这是“信息质”的较高层面。第三，信息的感染力。电视节目提供的信息不仅新鲜、独特，也不仅有理性深度，还能够激起受众情感、心灵的共鸣，有力地影响、感染受众，这应是电视节目“信息质”的最高层面。

2. 栏目中心阶段

20 世纪 90 年代初，中国的电视栏目作为电视界最火爆的事物出现。1993 年之前，人们的栏目意识还不自觉，栏目的运行还不太规范；而最近几年电视栏目已经开始出现了比较旺盛的态势，逐渐摸到了一些基本的规律和路子。我们很难统计全国电视台有多少个栏目，据了解，中央电视台有大约 400 个栏目，北京电视台有近 200 个栏目，上海台、东方台、浙江台、山东台等也有上百个栏目。遥控器掌握在受众手里，他们是“买方市场”，想看什么，选择什么，是不以各家媒体的意志为转移的，行政的垄断也越来越不占优势。在这种情况下，未来的电视栏目可能会出现关停并转的情况。电视人都有一种责任：一是巩固自己的栏目；二是在原有基础上对栏目进行创造性的改革；三是开拓新栏目。未来的竞争大抵是栏目之间的竞争，大鱼吃小鱼，小鱼吃虾米，吃来吃去，最后结果由市场进行裁判。这就要求栏目要有名牌效应。中央电视台新闻中心频道的整体形象包装，曾公开向社会招标，标志着向市场迈进了新的一步，有人估测，《东方时空》的标志，从起初运行到现在，其无形资产价值大概值几个亿。这巨大的无形资产价值来自哪里？就是栏目的名牌效应。时下社会上流行一个词叫“知识经济”。与“知识经济”的含义接近，一个人的声誉，一个栏目的无形资产价值（如名牌效应等），越来越被人看重。在这种竞争的情势之下，我们亟须及时调整步伐。

3. 频道中心阶段

国内电视频道资源较为丰富，随着数字技术的进一步推广，一个电视媒体拥有众多频道已不是难事。理论上讲，电视受众可同时接收到的电视频道可以达到几百个乃至更多。在这样的境况下，电视媒体的竞争往往体现为频道间的竞争。尽管目前各电视媒体往往还是把综合性频道放在最重要的位置予以经营运作，但专业化频道必然是最有前途的频道。所谓“频道专业化”，就是以特定内容、特定服务对象构成的频道。我们现在熟悉的体育频道、电影频道、文艺频道、电视剧频道、生活频道等可能在未来都还嫌宽泛，也许钓鱼、足球等更为专业（狭窄）的频道设置更能满足未来电视观众的需要。因此，根据自己媒体的实际情况，组建、创办有特色的专业频道应是大势所趋，而包罗万象的综合性频道也应突出重点、突出主打内容，但是，必须指出的是，电视频道运营有其巨大成本，是否走更窄更细的专业化路子还要考虑到客观实际与未来市场收益。

4. 媒体融合阶段

当前，媒体大融合的步伐加快，竞争加剧，电视节目运行实行的是多轨制，在节目制作、宣传、广告运用等方面的思维方式、运作方式都发生了较大变化。从世界上看，目前电视节目运作方式大概有如下三种：

目前从国内栏目运作情况来看，第一种是编导核心制，很多栏目制片人实际上是挂名的，编导拿着经费操办节目，不考虑栏目的整体要求。这样同一栏目中，不同编导的节目可能差异很大，做出的节目甚至都不像同一个栏目。但制片人并不控制编导，往往是栏目中个性很强的几个编导各行其是，这种体制容易发挥编导的个性和积极性，但从栏目整体看，也容易造成栏目的散乱状态。第二种是制片人核心制。中央电视台从新闻中心开始逐渐实行制片人核心制，但现在情况也很复杂。制片人的功能、性质、作用及权力都不一样，很难说是统一的。但是从这一体制的标准来讲，制片人如果是核心，应有掌握人、财、物的权力，而且应控制整个栏目的版式、节目的形态，各个编导作为他的部下去体现他的意图。像《东方时空》体现得就较为明确，所以从节目上看不出编导的痕迹，而感觉它的制片人在操纵，这就能体现出它的核心。制片人给编导设置一种大的套路，不管谁做编导都必须按这种大模式走。第三种是主持人核心制。在国外，主持人核心制是比较流行的一种方式，一个主持人就是一种形象，这种体制比较容易打知名度，主持人后面可能有庞大的制片人队伍、庞大的编导队伍、庞大的策划队伍，甚至有的主持人要养几百人。一个主持人的成功可能是背后一大批人为她（他）努力的结果。只有主持人打出了形象，抢夺了市场，才可能获得巨额利润，才可能养活一大批人。当然这是一个不断滚动的效益，你的效益越好，愿为你效劳的人越多，那么你获得成功的机遇就越大，所以主持人是一个不断被滚动起来的大雪球。主持人核心制目前在中国还不普遍，可能有少数几个主持人兼编导、制片人，但还不能说这样的主持人就是真正意义的“核心”。但可以肯定地说，主持人核心制是一种趋势，如果一个主持人有这种潜能，值得推出的话，以他（她）为核心建立一个班子也是可能的。

四　电视文化的宣传营销

广告营销、品牌建设、多媒体宣传已经成为了中国电视媒体文化宣传的主要手段，日趋成熟。随着电视市场化、产业化的进程不断加剧，随着文化产业大发展大繁荣指向性政策的出台，电视媒体面临着前所未有的挑战：不仅面临着电视媒体激烈的内部竞争，还面临着电视媒体残酷的外部竞争，还有其他传统媒体以及新兴媒体的竞争。竞争可谓残酷，但同时也是一个千载难逢的机遇。

1. 免费阶段

中国电视自诞生之日起不仅要向公众提供服务，而且承担着政治宣传的功能，其政治属性和社会属性是捆绑在一起的，而西方意义上的“公共广播”主要是面向公众和社会提供服务。此外，由于制度设计的不同，西方国家提供公共服务的公共广播电视机构，其经费有稳定的来源，无须自行“创收”，而中国电视机构则需面向市场解决经费问题。

2. 付费阶段

十一届三中全会召开后，我国步入改革开放的历史新时期，计划经济体制开始向市场经济体制转轨，国家开始允许文化事业单位从事经营活动，电视的宣传营销呈现新的特点，“新闻传媒机构正式开始从意识形态宣传型向宣传与经营并重、双轨制运行的方向发展”①。商业广告的出现，标志着中国电视的经济属性开始凸显，其媒介角色增加了“经营者”这一新的身份。由于其经费来源属于政府差额拨款，中国电视要生存发展，必须自行解决部分的资金缺口，其评价标准转变为“创优”“创收”两个指标，既要考虑社会效益，也要强调经济效益。但总体来看，这一阶段中国电视的经济属性对政治、社会的影响甚微。

3. 公共文化服务

目前的现实情况是，在综艺娱乐化、电视剧至上化、节目故事化、新闻娱乐化、娱乐选秀化等的推动下，媒体的商业利益诉求已经得到较为充分的满足。近年来，广播电视尤其是电视的广告收入有了大幅度的提高，但随之而来的是假新闻、低俗化、媚俗化等不良现象大量出现，媒体的社会责任与引导功能则较少能够得到表达与体现，给社会带来负面影响。之所以强调电视的公共服务，其中的一个重要的现实原因就是电视媒体社会责任丧失。

电视文化如何迎难而上，适应竞争环境，寻求可持续发展的路径是当

---

① 李景源、陈威主编：《中国公共文化服务发展报告（2007）》，社会科学文献出版社 2007 年版，第 43 页。

务之急。第一要做好受众需求、广告主利益和媒介诉求相统一。无视受众需求，意味着市场的失去；无视广告主，意味着失去做大做强的经济基础；放弃媒介立场，注定失去媒介应有的尊严、责任，最终迷失方向，迷失自我。寻求三者利益的契合点，使播出的节目有受众、有广告，这就占有了市场。第二要做好产业本身和产业后开发的统一。对于电视媒体而言，产业本身就是生产制作的电视节目得以销售播出，产生经济收益，单凭节目本身的售卖完全是一种资源的浪费，完整的电视媒体产业链应该包括电视节目的后开发，如影像制品、书籍出版，还有依托于电视节目的演出活动、选秀活动、人才培训，以及依托于电视节目制作的旅游开发、房地产开发等，这些后续开发都有强烈的市场需求，应适应这种需求，拓展延伸产业链，加大开发力度，做强做大产业。第三要做好长期规划与短期效益相统一。在产业发展的过程中，还要注意将长远战略和短期效益相结合，眼下的跟风现象、克隆现象就是没有处理好二者的关系，短期效益固然重要，但是为了短期行为而打乱长期的战略布局就得不偿失。第四要做好经济效益和社会效益相统一。经济效益固然重要，但社会效益同样重要，在电视市场化的进程中，迎合受众的低级趣味追求收视率，肆意炒作为了获得轰动效应，为了广告主的利益不惜丢弃媒介社会责任的不良内容、虚假信息、假广告比比皆是。这种追腥逐利的短视性行为，丧失了电视节目应当追求的品格、品质和品位，最终结果是得不偿失。

第四节　中国电视文化生态存在的问题及原因

当前，中国电视内外部文化生态都存在或多或少的一些问题。外部文化生态系统中，无论是从政治经济、文化视角出发，还是从社会、科技视角出发，都能发现一些有失偏颇的现象；内部文化生态系统中，无论是哪种节目类型都存在失衡现象。

一　中国电视外部文化生态存在的问题

（一）电视与政治

1. 国家意识形态模糊化

电视喉舌功能这一点不容更改，然而哪些是国家意识形态，哪些是社会主义核心价值？国家意识形态是不是简单地等同于政治宣传，政治宣传是不是等同于正面宣传、歌功颂德？这些问题还存在着认识不清的现状。

将政治和意识形态混杂在一起，把政治演化成国家意识形态，比较泛泛。所以从政治角度来看，国家意识形态还需要再强化或者再清晰、再突出。国家意识形态如果不被广大百姓普遍认同接受，或者他们没有特别清晰的认知，这就是问题了。比如孔子学说、儒教，不管怎么说，几千年来儒教形成的基本规则已经变成了我们民族的意识形态。而在这一点上，我们以往的一些表达还是政治化多一些。所谓意识形态的核心价值，应该是被全国各族人民共同认知的基本价值，现在看来在这一点上还是有点问题，至少人们的言行和举止已经化到每个人心灵深处的认知还不够。这一点在电视上表现得很明显。电视是一种反映，既是因也是果。

2. 国际传播趋弱化

从国际政治大环境来看，当今世界依然很不安宁，和平演变、思想渗透、文化入侵、文化霸权等所谓国家安全问题时时刻刻存在，且形势越来越严峻，这就要求我们的电视文化在坚守阵地的同时还要抵制入侵，在自我保护的同时还要承担国际文化交流沟通的重任，塑造国家形象，发出国家声音。文化是一个国家是否能够和世界上其他民族比肩站立的一个基础。胡锦涛同志在党的十七届六中全会中指出，“当今世界正处在大发展大变革大调整时期，文化在综合国力竞争中的地位和作用更加凸显，维护国家文化安全任务更加艰巨，增强国家文化软实力、中华文化国际影响力要求更加紧迫。当代中国进入了全面建设小康社会的关键时期和深化改革开放、加快转变经济发展方式的攻坚时期，文化越来越成为民族凝聚力和创造力的重要源泉、越来越成为综合国力竞争的重要因素、越来越成为经济社会发展的重要支撑，丰富精神文化生活越来越成为我国人民的热切愿望”。

（二）电视与经济

1. 过度市场化

在电视市场化进程加快的形势下，电视文化形态、功能、价值取向正逐渐变化，如英国学者科林坎贝尔所言，大众传媒是消费主义价值观和生活方式的助推器，同时传媒自身也在逐步地消费化，而这两者一起构成了当代社会的重要文化特征。一方面，电视节目在价值追求上更多关注广告招标的数字，关注收视率的数字，而不得不放下身段迎合电视观众的收视心理和收视需求；另一方面，电视文化在这种价值追求中不得因为这些目的和缘由而去追奇逐新，甚至养成过分追“星”“腥”“性”等不健康嗜好。市场是客观的但同时又是感性的、无情的，电视文化发展需要尊重市场规律，但不能放纵市场引导和规范①。

2. 竞争白热化

在市场经济体制的大背景下，电视出现了一切向钱看，唯市场、唯产业、唯收视率的乱象，再加上我们自身体制机制的不够完善，如频道过多、过滥等，使市场混乱，呈现恶性竞争。中国电视整体的市场份额连续七年都在四五百亿以上，面对众多频道的扩张和物价上涨的现实，从某种意义上讲，电视行业整体市场的竞争力，不仅没有上升反而实际上是在下降。市场份额越下降，大家越拼命降低成本，越扩张内容、扩张频道，在有限的蛋糕中争夺，其结果必然导致恶性循环。

（三）电视与社会

1. 电视媒体公信力和社会责任意识受质疑

近年来，虚假新闻报道、记者收封口费等不良现象在社会所引发的各种讨论，已经由电视新闻报道本身，引申出关于宣传纪律、宣传管理体制、媒介公信力、媒介社会责任、媒介与国家形象等若干个重要命题。升级或裂变为一个个具有多重意义的媒介事件和社会事件。其中最为典型的是“纸馅包子”事件，不论是正面影响还是负面影响，都将成为载入电视传媒史册的典型案例。相关的讨论可以有多重视角，而在这诸多视角中，对电视传媒的批评显然占了上风，这些批评自然无可厚非，而更需要关注的则是：到底是什么样的动力使得电视报道者付出如此高的成本代价，制造演绎出这一轰动中外的假新闻报道？这一事件背后的深层原因到底是什么？根据笔者的调查与分析，“纸馅包子”的报道者制造这一虚假新闻，有媒体整体浮躁的原因，有宣传把关不严的原因，但最直接的动因或许来自当事人急于完成一个预先申报的选题以换取个人生存的基本保障（如与所在媒体签订正式劳动合约）。在这里，笔者并无为“纸馅包子”假新闻肇事者辩护之意，而是可以看出：电视传媒与社会的关系正在发生着重要变化，具体表现在电视传媒以往的受尊敬度和荣耀感正在下降，电视传媒的从业人的角色也较以往有了很大的不同。

2. 电视媒体公共服务意识有待加强

在我国，传媒是公共部门，以满足社会公共需要为着眼点，因其与广

① 转引自谢梦《消费语境下中国当代电视文化现象探析》，《青年文学家》2010年第2期。

大人民的切身利益紧密联系而带有明显的“公共性”特征。电视作为现代传媒的一部分，也同样天生具有公共性特征，电视所行使的大众传播权也是公民赋予的结果，电视的大众传播具有鲜明的公益性，电视所播出的节目具有鲜明的公开性，电视在资本结构上到目前为止都是国有资本一家独有或者占绝对优势地位，它所凭靠的资源都是公共性的社会资源。所以，在中国范围内，从诞生的那一天起，电视所提供的信息、文化服务天生就应是一种公共服务，属于公共文化服务的一个特殊类型。然而在电视市场化、产业化的过程中，电视的公共服务职能被淡化，公共服务意识淡薄。

（四）电视与文化

1. 传统历史文化屡遭篡改重读

电视文化格局里，如何处理传统文化与当代文化的关系意味深长，尤其在我们这样一个传统历史文化源远流长、悠久古老的国度。一个很有意思的现象是，我们的观众为什么喜欢看历史剧，喜欢看百家讲坛？笔者以为他们有对历史文化的认知与寻根的需求。电视有传承文化、传承历史的责任，电视是当代最大的传播平台，老百姓从电视里获取传统文化的认知最为便宜，因此，传统文化的设置不可或缺。随着国家文化软实力的提高，对传统文化的需求力度与传承力度会越来越大。问题是我们在传承文化的同时经常会因为利益驱动而动辄搞历史穿越，肆意改写历史，消解历史人物，此类电视剧比比皆是，同样一些电视文化节目也会大胆地挑战文化传统，对历史文化注入新解。

2. 低俗文化挑战底线

文化趣味有雅有俗，文化水平有高有低。当然对于俗的把握我们一定要有底线。之所以有人认为电视只是传播媒介不是艺术，或者说艺术的含量很低，主要原因就是生产量太大，鱼龙混杂，但这不等于说电视里面没有精品。所谓电视节目的低俗化，就是突破了人类生存和欲望的最底线、有违公众伦理道德底线的内容。它主要集中在两个领域，一是涉性领域，二是暴力领域，以及由此外延出的一些其他领域。尽管有些节目，像美体、美容、内衣广告，某些情感类节目、电视剧等，并不直接表现色情内容，但却是涉性的外延；而一些法制节目、民生新闻等对凶杀场面、暴力场面毫无掩饰地报道，甚至大肆渲染等，都是暴力的延伸。对于正处在转型期的中国来说，对低俗化的界定又带有了中国特色。像拜金主义、追星主义、网瘾等不健康、不积极、颓废的内容，可能与暴力、色情不沾边，但是却有违社会主义的核心价值观。

（五）电视与科技

毫无疑问，当前及今后一个时期，随着数字技术、通信技术的发展，IPTV、网络电视、手机电视、移动电视、户外大屏等新的媒体样式相继出现，我们已经处在了一个全新的媒体语境之中。新技术一方面对传统媒体产生了极大冲击，改变着传媒的格局与生态；另一方面也对社会生活各个领域产生着极大冲击，创造着新的社会生活景观。可以说，今后一个时期，科技的影响力还将加速提升，将使传统电视遭遇前所未有的挑战和冲击，这至少体现在以下几个方面。

1. 电视受众的关注度明显下降

目前，我们看到新媒体正在非常强力地瓜分传统电视的受众市场，目前，中国网民已经达到6亿多，远远超过美国，成为世界上最大的网民区域，新一代年轻人主要的信息和娱乐通道是新媒体，电视的收视率整体明显下降。

2. 电视的内容体系日显其封闭性

电视不论是内容生产还是内容传播，在线性的时空状态下的呈现，远不及新媒体状态下的自由度和个性化。在信息资讯和娱乐等传统优势领域，电视对受众的吸引力已开始转向新媒体。

3. 电视市场份额急剧减少

传统电视所占有的市场不论是广告还是付费，都正在被新媒体瓜分和占有，尤其是各种风险投资似乎更眷顾新媒体。受国家相关政策等因素的制约，许多资本难以进入电视媒体，这也使电视的产业发展遭遇瓶颈。

4. 电视体制机制趋于老化

在几十年的运行中，电视形成了成型的体制与机制，对庞大的电视从业者的管理以及电视生产运营、传播的管理，成本极高，内耗突出，负担沉重。由于新媒体没有传统媒体的积淀，轻装上阵，充满活力，电视与之相比竞争力显然不足。近期，一些电视行业的管理者、策划人、主持人、制片人纷纷跳槽进入新媒体就是引发这一问题的原因之一。

二　中国电视内部文化生态存在的问题

（一）新闻节目过度故事化

我们曾经把电视节目分为虚构类节目、非虚构类节目以及介于虚构与非虚构之间的节目三大类。作为非虚构类节目代表的新闻节目应该严格遵守新闻规律，保证真实、客观的报道，但在消费主义的语境下，新闻不再是信息的传递，而是讲故事，新闻信息的价值彰显已经异化为对新闻可消费性的追逐，尤其是对于时效性不强，关注普通百姓生活的民生新闻。这种可消费性的具体表现之一就是新闻的过度故事化，即在新闻报道的过程中，突出展示大量无谓的细节，以期能够造成强烈的视觉冲击；而一些短小的新闻却要刻画出让受众印象至深的人物形象，多次再现事发场景，甚至连一些不太相关的背景也清楚地交代，为的就是增添新闻的故事性，制造粗俗的趣味，吸引更多的眼球。运用讲故事的方式来传播新闻本身无可厚非，然而过度的故事化却消解了新闻的独立品格，推动电视新闻走向低俗、媚俗的泥潭。为故事而故事，传播者利用声音和画面等手段刻意抓取焦点矛盾，或者在新闻事件矛盾不够凸显的时候，通过制造悬念和戏剧冲突来换取收视率，事实的真相因此而被扭曲，新闻的客观性被任意践踏，受众在被离奇曲折的故事情节深深吸引的同时也被深深地蒙蔽和愚弄。早期如四川卫视的《新闻连连看》就是一档新闻故事化栏目，它以“新闻人物化，人物故事化”的表现形式和娱乐化、生活化的方式播报老百姓身边的新闻故事、新闻人物，取得了一定的成功。然而随后，国内却掀起了一股故事热，一些民生类新闻节目干脆就以某某故事为名，如江西卫视的《传奇故事》、山东卫视的《天下故事》、江苏卫视的《人间》、湖南卫视的《真情》等新闻故事节目遍地开花。这些节目无一不是以离奇反常的趣闻故事或者是夫妻婚姻问题和亲情伦理冲突为主要题材，带着一种窥伺的期待，在他人的痛苦和矛盾中获得宣泄的满足。在故事风靡国内电视荧屏的同时，理性的新闻人应该反思自身的传播行为应如何取得故事和新闻两者之间的平衡，在保证新闻客观、真实的基本前提下实现传播效果的最大化。

（二）综艺节目过度娱乐化

电视节目娱乐化已经成为媒介生态中的一种普遍的文化景观。纵观国内各大电视台，从中央到地方无一不在做娱乐节目，娱乐节目数量之多，同质化程度之高实为空前。大众传媒的首要功能是传递信息，次之才是进行娱乐，但媒介现状却是本末倒置。从早期湖南卫视的《快乐大本营》这一综艺娱乐节目一炮而红之后，国内电视媒体上的娱乐节目就如雨后春笋般地冒出，制造了很多“娱乐泡沫”。这些节目大都是走明星路线，通过明星参加节目游戏来拉近自身和受众之间的距离，虽然这并不意味着距离的消失，然而却让受众获得了一种虚幻的满足。因为这种和各类明星一起玩游戏或者现场观看的参与方式，让受众进一步了解名人、明星并分享他们的成功，从而满足了大众成功的欲望，虽然这仅仅是一种幻想，但是这种娱乐效果的威力却是不容小觑。随着大环境的转轨，大众媒介也开始逐步改变自己的节目形态。在先前的娱乐综艺节目收视率逐渐走低的情况下，新一轮的娱乐节目“平民选秀”“造星运动”异军突起，创下了不菲的收视。但不管怎么样，娱乐似乎成为了媒介的终极目标，而受众亦在娱乐中“醉生梦死”。

（三）电视节目媚俗化

在一些电视综艺节目中，渗透着大量的商业元素。如《快乐大本营》背后是“梦洁”企业，《背后的故事》是芙蓉王，看似含金量高点的《锵锵三人行》也是雪花啤酒这个企业，诸如此类，不可胜数。在传媒市场化的浪潮中，商业化的运作不可避免，然而大众媒体毕竟不是纯粹意义上的商品，媒介节目从内容到形式的商业化在很大程度上削弱了观赏价值，只是进一步刺激了受众的物质消费欲求。此外，电视媒体为寻求自身利润，出现“媒介寻租”行为，内容低俗或者电视媒体本身的媚俗行为随处可见。色情、凶杀、暴力、吸毒等新闻、畸形婚恋等“好卖的”话题越来越多地在电视媒体出现。而电视媒体对这些负面现象的批判和理性反思甚少，而有把它们正常化甚至美化的趋势。最为突出的表现就是对于名人、明星三角或多角恋、露点、走光等八卦新闻的报道，很少从善恶是非的道德角度去审视这类现象。作为大众媒体典型代表的电视媒体对这种感官刺激的迎合和对某类欲望的渲染美化，正使其在走上低俗、媚俗道路的同时蜕变为一个感官快乐的追求者，离理性的公共空间的建构越来越远。总的来说，在文化产业高速发展的今天，大众媒体高度商业化以至于出现上述情况似乎不可避免，然而如何保存文化属性，亦成为当下电视媒介改革的一个重要方向。

三　中国电视文化生态失衡的原因分析

说到底，电视文化生态的种种失衡状态，根本的原因就在于，我们的电视既是国家的宣传部门，又是文化艺术的传播部门，在市场经济时代又带有商业属性。这样多重属性集于一身，给它的发展带来了天生的难题。

这样一来，国家要通过电视媒体来达到宣传效果，生产制作出“宣传品”，电视媒体自身要做专业性、职业化的电视文化艺术“作品”，还要做满足市场需求的“产品”，三“品”价值导向合一，压在了电视媒体及其从业者身上。这三种要求体现了三种不同的价值导向、思维方式，很难完全融合，在实践中往往就出现顾此失彼的情形。

第五节　中国电视文化生态建设的对策与路径

电视文化生态建设是一个系统工程，绝非一朝夕一蹴而就，需要宏观层面的顶层设计，也需要具体路径的选择与实施，需要政府的大力支持，也需要电视行业从业者努力付出。

一　创建健康电视文化生态的对策

健康良好的电视文化生态需要从体制机制层面、市场发展层面、社会需求层面、文化发展层面、科技进步层面等全面考虑。本书以十七届六中全会决议精神为指导，结合当前中国电视文化生态存在的问题，提出如下对策建议。

（一）深化改革，加快构建有利于电视文化繁荣发展的体制机制

按照十七届六中全会的精神要求，文化引领时代风气之先，是最需要创新的领域。电视体制机制改革必须牢牢把握正确方向，加快推进体制改革，建立健全党委领导、政府管理、行业自律、社会监督、企事业单位依法运营的文化管理体制和富有活力的文化产品生产经营机制。着眼于突出公益属性、强化服务功能、增强发展活力，全面推进电视台人事、收入分配、社会保障制度改革，明确服务规范，加强绩效评估考核。创新公共文化服务设施运行机制，吸纳有代表性的社会人士、专业人士、基层群众参与管理。推动电视台进一步完善管理和运行机制。

（二）加快建设步伐，构建科学完善的电视公共文化服务体系

加强电视公共文化服务是实现人民基本文化权益的主要途径之一。要以公共财政为支撑，以公益性文化单位为骨干，以全体人民为服务对象，以保障人民群众看电视的基本文化权益为主要内容，完善覆盖城乡、结构合理、功能健全、实用高效的公共文化服务体系。把主要公共文化产品和服务项目、公益性文化活动纳入公共财政经常性支出预算。采取政府采

购、项目补贴、定向资助、贷款贴息、税收减免等政策措施鼓励各类文化企业参与公共文化服务。鼓励国家投资、资助或拥有版权的文化产品无偿用于公共文化服务。统筹规划和建设基层公共文化服务节目，完善面向妇女、未成年人、老年人、残疾人的公共文化服务节目或频道。引导和鼓励社会力量通过兴办实体、资助项目、赞助活动、提供设施等形式参与公共文化服务。制定电视机构公共文化服务指标体系和绩效考核办法。

（三）扩大引导电视文化消费，健全现代电视文化市场体系

增加电视文化消费总量，提高电视文化消费水平，是电视文化产业发展的内生动力。要创新商业模式，拓展大众文化消费市场，开发特色文化消费，扩大文化服务消费，提供个性化、分众化的电视节目产品和服务，培育新的电视文化消费增长点。高度重视电视媒体在文化消费的导向和引导作用。

发挥市场在文化资源配置中的积极作用，创新电视文化走出去模式，为电视文化繁荣发展提供强大动力。促进电视文化产品和要素在全国范围内合理流动，必须构建统一开放竞争有序的现代电视文化市场体系。要重点发展影视剧产品、综艺节目市场。探索完善电视节目交易平台。加快建设大型电视文化流通企业和电视文化产品物流基地，构建以大城市为中心、中小城市相配套、贯通城乡的电视文化产品传播网络。加快培育产权、版权、技术、信息等要素市场，规范电视文化资产和艺术品交易。加强行业组织建设，健全中介机构。

（四）加强电视工作者职业道德建设和作风建设

电视文化工作者要成为优秀文化的生产者和传播者，必须加强自身修养，做道德品行和人格操守的示范者。要引导广大电视文化工作者特别是名家名人自觉践行社会主义核心价值体系，增强社会责任感，弘扬科学精神和职业道德，发扬严谨笃学、潜心钻研、淡泊名利、自尊自律的风尚，努力追求德艺双馨，坚决抵制学术不端、情趣低俗等不良风气。鼓励电视文化工作者特别是文化名家、中青年骨干深入实际、深入生活、深入群众，拜人民为师，增强国情了解，增加基层体验，增进群众感情。电视文化工作者要相互尊重、平等交流、取长补短，共同营造风清气正、和谐奋进的良好氛围。

（五）传承优秀传统文化，吸收借鉴国外优秀文化

优秀传统文化凝聚着中华民族自强不息的精神追求和历久弥新的精

神财富，是发展社会主义先进文化的深厚基础，是建设中华民族共有精神家园的重要支撑。要全面认识祖国传统文化，取其精华、去其糟粕，古为今用、推陈出新，坚持保护利用、普及弘扬并重，加强对优秀传统文化思想价值的挖掘和阐发，维护民族文化基本元素，使优秀传统文化成为新时代鼓舞人民前进的精神力量。加强优秀传统文化传播。加强国家重大文化和自然遗产地、重点文物保护单位、历史文化名城名镇名村保护与宣传，抓好非物质文化遗产宣传。深入挖掘民族传统节日文化内涵，广泛开展优秀传统文化教育普及活动。电视文化教育功能，增加优秀传统文化课程内容，加强优秀传统文化传播。大力推广和规范使用国家通用语言文字，科学保护各民族语言文字。繁荣发展少数民族文化事业，开展少数民族特色文化保护工作，加强少数民族广播影视节目录制播出。加强同中国香港、中国澳门地区的电视机构交流合作，共同弘扬中华优秀传统文化。

坚持以我为主、为我所用，学习借鉴一切有利于加强我国社会主义文化建设的有益经验、一切有利于丰富我国人民文化生活的积极成果、一切有利于发展我国电视文化事业和文化产业的经营管理理念和机制。加强电视文化领域智力、人才、技术引进工作。吸收外资进入法律法规许可的产业领域，保障投资者合法权益。鼓励电视机构同国外有实力的文化机构进行项目合作，学习先进制作技术和管理经验。鼓励外资企业在华进行文化科技研发，发展服务外包。开展知识产权保护国际合作。

（六）推进电视文化科技创新

科技创新是电视文化发展的重要引擎。要发挥文化和科技相互促进的作用，深入实施科技带动战略，增强自主创新能力。抓住一批全局性、战略性重大科技课题，加强核心技术、关键技术、共性技术攻关，以先进技术支撑文化装备、软件、系统研制和自主发展，重视相关技术标准制定，加快科技创新成果转化，提高我国电视领域技术装备水平，增强文化产业核心竞争力。依托国家高新技术园区、国家可持续发展实验区等建立国家级文化和科技融合示范基地，把重大文化科技项目纳入国家相关科技发展规划和计划。健全以企业为主体、市场为导向、产学研相结合的文化技术创新体系，培育一批特色鲜明、创新能力强的文化科技企业，支持产学研战略联盟和公共服务平台建设。

（七）利用电视媒体传播优势，发展现代传播体系

提高社会主义先进文化辐射力和影响力，必须加快构建技术先进、传输快捷、覆盖广泛的现代传播体系。要加强电视台建设，进一步完善采编、发行、播发系统，加快数字化转型，扩大有效覆盖面。加强国际传播能力建设，打造国际一流媒体，提高新闻信息原创率、首发率、落地率。整合有线电视网络，组建国家级广播电视网络公司。推进电信网、广电网、互联网三网融合，建设国家新媒体集成播控平台，创新业务形态，发挥各类信息网络设施的文化传播作用，实现互联互通、有序运行。

二　中国电视文化生态建设的路径

以上对策建议都是从国家层面、宏观层面、战略层面、文化层面去全面考虑，要落实这些对策建议，还需要通过具体的路径，细化到电视行业本身的发展，具体而言，应该面对新的形势，发掘自己的媒介优势，变被动为主动，在新媒体不断壮大的语境下，在以下三个方面找到自己不可替代的优势。

（一）内容主流化

电视在长期的历史进程中，依靠其强大的背景和资源，在主流化内容的生产和传播中，占据着垄断的地位，在公众中形成了较高的权威性，在信息采集、制作、编排和播出的全过程中，都有着较为严格的审查、把关和监控。相比较而言，新媒体在这一方面的自由度和个人化色彩更重，主流化和权威性不够。不断提高电视内容的主流化和权威性可以使电视得以维持其内容的强势。为什么中央电视台的《新闻联播》能够长久维持如此高的收视率和影响力？其中的主要原因之一就是其信息的高端性和权威性，从某种意义上讲，它就是党和政府的声音。

（二）直播日常化

与新媒体相比，电视的弱势在于互动性、参与性不够，但电视如果能够将线性封闭的生产播出状态尽可能调整到直播的状态，以现在进行时的姿态与生活同步，而且这种直播应当是大量的、日常化的，这就可以极大地提高受众的参与和互动，以声像文字全息的优势充分张扬直播的魅力。

（三）高端大制作

新媒体的优势之一在于信息海量，但其劣势在于信息的过度海量。在数量上，电视很难与新媒体来比拼；但从质量和品质来看，电视则拥有相

当大的潜力与作为。近年来，中央电视台推出的大型纪录片《故宫》《再说长江》《大国崛起》《森林之歌》《复兴之路》《舌尖上的中国》《互联网》等，以其恢宏的气势、丰富的内涵、深厚的底蕴、浓丽的色彩、精湛的制作造就了中国电视荧屏鲜亮的风景。这给我们一个启示：集中优势兵力，瞄准国际前沿，推出思想性、艺术性和观赏性俱佳的大制作，打造荧屏精品，是电视拓展自己生存发展空间的重要途径。

具体到各类电视节目，应该抓住以下潮流趋势。

1. 新闻类节目民生化

主流的话语和权威的发布固然可以为电视媒体的强势地位提供有力的支撑，但是老百姓面对最多的还是身边的日常的社会生活，因此关注民生的新闻，将会长期受到广大受众的青睐。新闻的民生化，意味着在态度上、内容上、效果上都体现出关注民生的取向。在态度上，“民生化”意味着“亲民”“爱民”平等的视角与状态；在内容上，“民生化”意味着直面普通百姓衣食住行等日常生活事项；在效果上，“民生化”意味着切实为百姓服务，解决百姓关注、亟须解决的各类问题。近年来，以《南京零距离》为代表的民生新闻的崛起和走红就是很好的例证。但是，我们也注意到，一些民生新闻在民生化的道路上似乎误入歧途，例如，在选材上刻意挖掘“腥”“性”“毒”“赌”“怪”“穷”等边缘题材、问题题材，依靠曝光率、制造噱头来吸引受众的眼球，无疑是对新闻精神本身及民生新闻本义的违背和伤害。

2. 社教类节目情感化

情感话题是人类永恒话题，也是常说常新的话题。尤其是“转型期”社会给人们的情感世界注入了异常丰富、复杂的内涵，这也为电视带来了取之不尽的素材。社教类节目“情感化”，使得传统此类节目的“教化”色彩减弱，满足了“转型期”人们的情感表达、交流的需求。近年来，一些电视社教节目打出“情感牌”，像情感故事类节目、情感谈话类节目，如中央电视台的《艺术人生》、凤凰卫视的《人间冷暖》、江苏卫视的《人间》、湖南卫视的《真情》……它们用感人的影像去唤醒人们麻痹的神经，重新审视并珍惜情感。这里说的情感，既有亲情、友情、爱情这样的“小情”，也有爱国情怀、民族情怀、人类情怀这样的“大情”。值得注意的是，有分寸的情感表达是受欢迎的，但“为情而情”乃至滥情、矫情、煽情则会适得其反。社教类节目要收获良好的社会效益，特别要注意情感表现的“分寸”和“度”的把握。

3. 电视剧多元化

目前，电视剧创作呈现出多元化格局，各种题材类型的电视剧都涌现出自己的优秀作品。仅在2007—2008年度，就有多种题材的电视剧热播，产生了较大的社会反响，如家庭伦理剧《金婚》、青春偶像剧《奋斗》、军旅生活剧《士兵突击》、历史剧《闯关东》、古装剧《神探狄仁杰》、情景喜剧《家有儿女》……随着电视剧投资的增加，电视剧制作公司迅速增加，再加上电视剧生产制作的日趋科学化，电视剧产量每年以12%的速度在增长，2005年，我国（不包括港、澳、台）的电视剧生产量就已经超过12000集，成为世界上生产电视剧最多的国家。2014年，中国电视剧产量依然稳步增长，共有438部、15320集，但是有一个问题我们必须正视，那就是相对于数量如此多的电视剧，优秀的、经典的剧目并不多。在市场化和文化产业大发展大繁荣的背景下，未来的电视剧生产还将大幅度增加，因此在接下来一个时期，如何将电视剧创作的多元化与提高电视剧“精品化”的程度和水平相结合是重要任务。

4. 晚会类节目主题化

晚会类节目以往有两个突出的特点：一是“宣传教化”；二是文艺样式杂糅。在内容上更强调特定意识形态宣传的要求，在形式上歌、舞、曲艺、杂技等艺术形式杂烩于一体。近年来，晚会类节目越来越凸显“主题化”倾向，按照某一主题，构架起内容更集中、形式更单纯的节目形态。如区域文化、慈善及特定节庆日纪念等主题受到关注和青睐。在晚会类节目日益主题化的状态中，如何使这类节目既保持内容与形式的集中统一，又能突破因此带来的相对封闭，吸引受众的参与和互动，是值得探讨的问题。此外，受国家“限奢令”的影响，各大电视媒体利用自身的明星资源、场地资源、嘉宾资源，整合盘合现有的媒介资源，注重节目本身创新，也值得肯定和关注。

5. 专题类节目故事化

故事类节目以其传奇性和悬疑性，吸引了受众的眼球和注意力。由于此类节目具有相对投入成本较低，而相对市场收益较高的优势，在中央电视台、省级卫视、地方电视台各个层级的电视媒体迅速趋热走红，成为荧屏一道亮丽的风景，如中央电视台的《财富故事会》、江西的《传奇故事》、重庆的《雾都夜话》、江苏的《人间》、浙江的《大家》。这其中有名人故事，也有普通人故事；有历史故事，也有现实故事；有文艺故事，也有财富故事；有法律故事，也有情感故事；等等。“故事”不仅成为各种节目的内容，更是节目的讲述方式，甚至是根植于其中的观念、理念。但是值得注意的是，一些节目为了增强故事性，刻意设置悬念，制造传奇性，造成节目的叙事不自然、不流畅、不完整；甚至有一些节目一味地强调故事性，为故事而故事，甚至是“没事找事”，完全不顾故事背后的意义和价值，造成节目的可信度不高，真实性不够。这种专题节目的“泛故事化”需要警惕。

6. 综艺类节目活动化

不论是真人选秀还是游戏竞赛，不论是婚恋交友还是文化益智，综艺娱乐节目一定要与社会活动结合在一起，从而将节目本身与社会生活同步，与时代同步，引起社会共鸣，吸引大众参与，产生良好的社会效益，激发更多的受众参与和互动。从 2006 年的《超级女声》到当前火爆的《中国好声音》，其成功的最关键的因素就是节目走出演播室，在全国进行“海选”，它不仅能够吸引更多的选手参与，更重要的是吸引了全社会的目光，使节目的社会影响力最大可能地放大，从而为节目带来非常可观的市场收益。但是我们也看到，综艺活动化往往会出现一些“泛娱乐”、低俗化的倾向，给社会造成不良影响，究其原因，恐怕与综艺的过度商业化不无关系。综艺活动化一定要在经济效益和社会效益之间寻求一种平衡，注重经济效益的同时要与赈灾、慈善等一些有意义的社会活动联系在一起。

第二章 电视文化政策论

探讨电视文化政策问题是一个让人纠结的话题，甚至是一个充满悖论的课题。首先，电视文化本身就很复杂而矛盾，集宣传教化、信息传播、教育熏陶、娱乐休闲、创收盈利等多种功能于一体，融“宣传品”“作品”和“产品”于一统，集政治属性、经济属性和艺术属性于一身，介于真实展示与艺术虚构、个人天赋与集体理性、精英文化与大众文化、艺术创意与技术表达等诸多相互对立和矛盾之间。与电影文化相比较，电视文化以其贴近现实与合理想象为特质；与演艺等传统艺术相比较，电视文化以其团队协作和个人创新交融为关键；与绘画音乐相比较，电视文化从诞生起就属于大众，却也青睐于精英阶层；与传统文化形态相比较，电视文化须臾不能脱离技术，但脱离了天才艺术创意，技术也就无所适从。其次，作为一种文化形态，电视文化所产生的影响广泛而深远、矛盾而复杂。最后，无论是电视文化政策制定和实施还是政策目标和手段，都是一种极为复杂和充满矛盾的博弈和平衡的艺术。本书从公共政策理论视角出发，探究我国电视文化政策相关问题。

第一节 电视文化政策本体

一 公共政策的内涵及模型

人类公共政策实践活动可谓源远流长，可以说自有公共权力以来，公共政策就与人类社会共同发展与变迁，其实凡是涉及公共利益的事务就有公共政策实践活动的存在。不过公共政策作为一门独立的学科却发端于1951年拉斯韦尔与其同事发表的《政策科学：近来在范畴与方法上的发展》一文，经过50多年的发展，目前学界对公共政策的界定呈现出多重维度，比如从制度经济学、行政学、管理学、公私领域的差异、社会价值分配、政府行为等角度都对公共政策作出了不尽相同的阐释。

（一）公共政策的定义及内涵

公共政策学科创始人之中的拉斯韦尔和卡普兰认为，公共政策是一项包括目标、价值与策略的大型计划①。这种阐释重在目的性和计划性，但失之宽泛，而且没有指出政府这一主体和实施（执行）等重要因素。美国政治学家罗斯金在一定程度上弥补了这些不足，认为公共政策不是建议或讨论，而是一种政府官员和机构的权威性行动，是用来满足被感知的国家需求的，包括法律、司法布告、执行命令和行政决定等②。此看法着眼于政府的政治行为，隐含着政府对利益进行社会性的分配这一基本职能，同时道出了公共政策的重要目标——满足高于单纯个人利益的国家需求。其实早在20世纪50年代初，政治学家伊斯顿就曾说过，公共政策就是对全社会的价值作权威性的分配③。同样是将公共政策作为一种政治行为，但伊斯顿更强调公共政策的价值分配功能。不过公共政策的功能不单单是分配，还有导向、调控等④。其实，这个定义涉及上文所言的共同价值问题，不过政府对价值分配当依据一定的标准，而这个标准是否就合乎民意呢？强调公共政策的政治行为特征的定义还有美国政策学家戴伊，他认为公共政策就是政府选择做什么或不做什么，包括规制行为、组织官僚机构、分配利益等⑤。这种理解突出了政府的选择行为，现实社会有许多需要解决的问题，但政府总是有所为有所不为的，这就需要政府做出理性的判断。而且，在当今这个全球化和多样化互动的社会中，这种判断越来越不再仅是政府特权，其实政府在一定程度上也不能独自做出判断。因此，登哈特等新公共服务学派认为当今的政府不再是公共服务的直接供给者或控制者，而应该是安排公共问题议程的中介人、调解者或裁判员，而公共政策也应理解为一系列涉及多种团体和多重利益的复杂互动的后果，是许

① Lasswell, H. D. and Kaplan, A. (1963). *Power and Society*, N Y.: McCraw-Hill Book Co. p. 70.

② ［美］麦克尔·罗斯金等：《政治科学》，林震等译，华夏出版社2000年版，第44页。

③ Easten, D. (1953). *the Politcal System: An Inquiry into the State of Political Science.* NY: Knopf. p. 129.

④ 陈庆云编：《公共政策分析》，中国经济出版社2000年版，第14页。

⑤ Dye, Thomas R. (2002), *Understanding Public Policy*, (10th edition), New Jersey: Pearson Education Inc. p. 1.

多不同意见和利益的混合物①。

实际上，公共政策也是一个动态变化的概念，不同时期的定义会体现出其时代特征。在老公共行政时期，公共政策的制定是由民选的政治领导人制定的，而执行是由行政官员来负责的。正如公共行政学创始人威尔逊所言，公共政策是由政治家，即具有立法权者制定的，并由行政人员执行的法律和法规②。这样一来，公共政策就成了政府及其成员发现公共利益、找到实现其最优方案并控制和执行的一项工作（事业），公民不过是政策的目标，或者是被动地实现目标的工具罢了，甚至成了局外人。而到了新公共管理运动时期，公共政策的政治属性就被剥离了，推动政策选择的是自私自利的"顾客"（消费者），虽然这些顾客也是公民的一部分，但至少只是那些有消费能力的公民，而且常常被商业集团所左右，过多地强调商品价值，这时的公共政策是以经济绩效为最高准则，而忘却了公平、正义等共同价值，同样缺少的是公民的平等参与。20 世纪末兴起的新公共服务运动，认为全球化市场易变的特征产生许多新的公众关注的问题，政府需要平衡跨国集团、非营利性组织等多种复杂多变的利益冲突，这就促使当今的政府不再也很难是提供服务的主要角色，而且新信息传播技术的发展已经为公众提供了越来越多的接触政策制定过程的机会。因此，他们主张公民积极并真正地参与到公共政策制定、实施之中，而政府由掌舵（控制）转向服务（互动与参与），公共政策在由企业、工会、非营利组织、利益集团、普通公民以及政府组成的政策网络中博弈而生。

总的来看，可以从以下几个角度来理解公共政策：公共政策是对全社会公共利益的一种统筹安排。公共利益实质上就是一种共同价值观，体现为对诸如自由、公正、安全、繁荣等共同价值的选择与偏好。公共政策是一种政治行为，而非商业行为，不能单纯地用经济理性来处理公共问题。政治行为的重要基础之一就是意识形态，这是因为意识形态构筑了一个社会的世界观，公民对世界的看法往往是体现为一些根深蒂固的信念、观念和设想等。政府是公共政策抉择、阐述和执行的最终负责者，即只有通过政府机构采纳、制定和执行的政策才是公共政策。不过在政策形成和实施

---

① ［美］珍妮特·V. 登哈特、罗伯特·B. 登哈特：《新公共服务：服务，而不是掌舵》，丁煌译，中国人民大学出版社 2010 年版，第 25、81 页。

② 张金马编：《政策科学导论》，中国人民大学出版社 1992 年版，第 17 页。

的整个过程中涉及多种团体和多重利益复杂的互动与博弈，特别是普通公民的平等积极参与是必不可少的，而普通公民的参与恰恰最能体现、最符合民主的思想。公共政策通常表现为法律、司法布告、执行命令和行政决定等，包括经济政策、规制政策、教育政策等多种类型。

（二）公共政策的研究范畴与模型

1. 公共政策的研究范畴

通常把公共政策的研究又称为公共政策分析，或政策科学，经过半个多世纪的发展，公共政策研究已经得到了多数国家和地区的认同，并广泛地被应用于政策实践之中，其研究范畴也逐渐清晰。美国学者美考尔和韦伯认为政策分析主要包括政策内容与政策过程两大范畴；而查理斯·沃尔夫却认为政策研究的重心就是政策过程，即政策方案的形成过程；[①] 邓恩则从政策信息的转换过程出发，认为政策分析当包括政策问题、政策未来、政策实施、政策结果和政策体系等相关信息的转化与相互影响。

中国学者陈庆云在综合以上观点的基础上，结合安德森等的观点提出公共政策的研究范畴应包括政策问题、政策制定与通过、政策内容的实施和政策效果的评估，蕴含了政策问题、政策目标、政策方案、政策模型、政策资源、政策评价标准、政策效果、政策环境、政策信息等基本要素[②]。近年来，中国学者张国庆认为，作为一个完整的学科体系，公共政策研究当由六个部分组成，即公共政策原理、公共政策基本理论、公共政策的制定、公共政策方法论、政策制定系统及其改进和公共政策的发展[③]。其实这是任何一门学科研究所应具备的基本范畴，而本书的重心是用现有公共政策理论来探求政府解决现实问题的理念与方式。因此，本书倾向于美国公共政策专家戴伊的观点，他将公共政策研究范畴归纳为三个方面：描述政策的内容（Description）、探究其动因（Causes）与效果（Consequences）。之所以采纳戴伊的观点除上述实用目的以外，还因为：

第一，公共政策研究不同于政策建议，关注的重点是描述和分析政府抉择的内容及缘由和后果，其目的是发展有关公共政策形成的具有普遍性的理论等科学知识体系，并不直接建议政府应该如何做，而政策建议却是

① 陈庆云编：《公共政策分析》，中国经济出版社 2000 年版，第 8 页。

② 陈庆云编：《公共政策分析》，中国经济出版社 1996 年版，第 54 页。

③ 张国庆编：《公共政策分析》，复旦大学出版社 2004 年版，第 8—10 页。

基于一定意图去说服政府。

第二，公共政策的抉择与实施最终是由诸如政府官员、利益团体和公民等政策主体来主宰的，这些主体都是基于一定的实用目的，有可能采纳或拒绝公共政策的研究结果。也就是说，公共政策研究不能直接解决现实问题，只是有利于政策主体更好地、更科学地处理问题。

第三，公共政策研究对政策内容、动因和效果的研究不足。但在客观实践中，政策制定很难完全按过程模型所描述的那样去运作，即往往不是亦步亦趋地沿着政策问题的确定、议程设置、政策方案拟订、政策方案合法化、政策实施和政策评估之类的线形流程进行的，政治、经济和社会等利益集团经常是同时介入到上述许多环节之中，因此，仅仅关注这些现行的流程是远远不够的，更重要的是探求政策形成的缘由和影响。

政策内容描述主要是了解政府在面对许多现实问题时的最后选择是什么，包括公共政策问题的构建、公共政策方案等。动因分析着重探讨某种公共政策形成的缘由和决定因素，即分析政治、经济、文化和社会等对政府选择的影响，包括政治制度、政府机构、政治过程和行为对公共政策的影响（图2－1线条B），还有经济与社会环境对公共政策的影响（图2－1线条C）。效果分析或政策评价是将公共政策作为自变量，而把其对政治、经济、文化和社会等的影响视为因变量，探究公共政策的反作用，即公共政策对社会、文化、经济环境的影响（图2－1线条D），公共政策对政治体制的反作用（图2－1线条F）。可见，除政策内容描述之外，公共政策研究着重探讨政治、经济、社会和文化与公共政策复杂的动态互动关系。

2. 公共政策的研究模型与方法

公共政策研究在吸收和借鉴政治学、经济学、统筹学等学科的研究理论与方法的基础上，不同的学者基于一定的着眼点和方法提出了各自的模型，逐渐形成了许多分析模型。比如，从不同的学科取向出发可以将公共政策分为认识论本质和揭示社会本质的理论模型两大类，前者是从决策科学的角度阐释政策过程的认识论本质，主要有理性主义模型、渐进主义模型、规范最佳模型等；后者从政治学着手，主要探讨公共政策与各种社会因素之间的关系，包括制度模型、集团模型、精英模型等①；若从公共政策系统的内部结构来划分，又可分为决策方法的政策模型和反映主要影响

① 宁骚编：《公共政策学》，高等教育出版社2003年版，第278—287页。

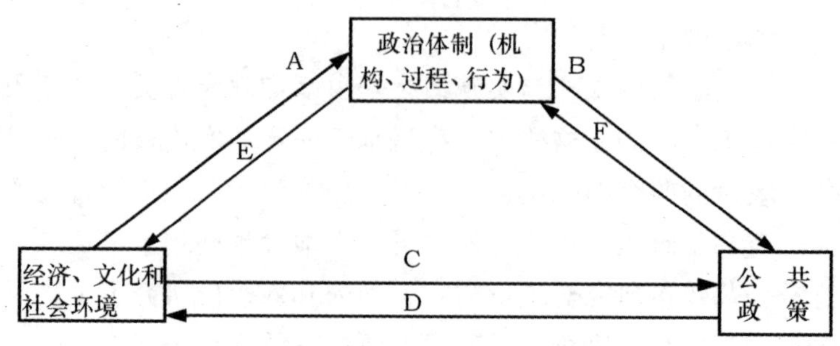

图 2－1 公共政策动因及效果分析①

注：A. 经济、文化和社会环境对政治体制的影响；

B. 政治体制对公共政策的影响；

C. 经济、文化和社会环境对公共政策的影响；

D. 公共政策对经济、文化和社会环境的反作用；

E. 政治体制对经济、文化和社会环境的反作用；

F. 公共政策对政治体制的反作用。

资料来源：Dye，Thomas R.（2002）. *Understanding Public Policy*（10th edition）. New Jersey：Pearson Education Inc. p. 5.

因素的政策模型，前者包括理性决策模型、满意决策模型、渐进决策模型等，后者包括制度模型、集团模型、精英模型、政治系统模型等②；美国著名的公共行政学专家尼古拉斯·亨利将公共政策的研究模型归纳为两个方面③，其一是着重探讨政府制定和实施公共政策的过程，着重分析政府如何选择和选择了什么，其分析基调基本上是描述性的，可以称之为过程类模型，包括精英/大众模型、集团模型、系统模型、制度主义模型、新制度主义模型和有组织的无政府模型；其二是着重分析公共政策的输出，其分析基调是评论多于描述，可以称之为输出（效果）模式，包括渐进模型和理性模型两种。戴伊认为在实际分析中这些模型往往是综合运用的，模型的类别划分也是相对而言的，他在《理解公共政策》一书中归纳了八种模型：制度主义模型、过程理论模型、理性主义模型、渐进主义

① Dye，Thomas R.（2002），*Understanding Public Policy*（10th edition），New Jersey：Pearson Education Inc. p. 5.

② 张国庆编：《公共政策分析》，复旦大学出版社 2004 年版，第 287—305 页。

③［美］尼古拉斯·亨利：《公共行政与公共事务》，项龙译，华夏出版社 2002 年版，第 292—294 页。

模型、集团理论模型、精英理论模型、公共选择模型和博弈模型[①]。这些模型都是从不同角度来理解与分析公共政策的，是静态的、抽象的、简略的，而现实却是动态的、复杂的、丰富的，有许多偶然的、不确定的、不可预知的因素，因此，没有任何一种模型能解释所有政策的形成与实施问题，大多数政策分析都是融合了以上各种模型的。本书重点探讨的是政策选择的内涵及其动因，故而，我们着重分析几种与此密切相关且常用和最基本的模型：

（1）制度主义模型。它视公共政策为制度或政府机构的输出，分为机构—制度主义和新制度主义两种。前者是传统政治学（老公共行政学）时期的产物，认为政府机构是政治学研究的核心，政治行为（活动）是由特定的政府机构所决定的，公共政策的制定、执行也是由这些机构来控制的，其合法性、普适性和强制性也都是由这些机构赋予的，因此，这种模型是通过了解政府机构的结构、组织、责任、功能等来分析公共政策的。可以肯定地说，政府机构及其特征和行为会对公共政策产生各种影响，探究这些影响及政府结构与公共政策间复杂的动态关系，乃至其制度特征和内涵，是公共政策研究的重要途径之一，可惜的是机构—制度模型只是静态地描述政府结构。进一步讲，机构—制度模型探讨的只是制度的低级层次，即制度装置层面上的问题。随着新制度经济学的发展，政治学家开始关注制度的高级层次，即运用动态、过程、定量等方法研究正式（外在）制度、非正式（内在）制度和制度环境，遂产生了新制度主义。一般认为新制度主义政策模型的开创者是洛维，他从政府强制的目标和可能性两个维度将公共政策分为再分配性、分配性、构成性和监管性四类，也是政府的四种权力领域，旨在探讨权力领域、政治行为与公共政策类型之间的关系。认为不同的强制目标和可能性会产生不同的权力领域，进而导致不同的政治行为和不同的政策类型，并对政策行为者的权力和责任有不同的影响[②]。其实洛维所谈的就是政府干预的目标和可能性与公共政策间的关系，可能性可以是即时的（立即生效的），也可以是预期的（将来发生的），而目标不外乎针对个体或整体的行为（表2－1）。可见洛维所

---

① Dye, Thomas R. (2002), *Understanding Public Policy* (10th edition), New Jersey: Pearson Education Inc. pp. 11－12.

② ［美］尼古拉斯·亨利：《公共行政与公共事务》，项龙译，华夏出版社2002年版，第295—296页。

关注的集中在正式制度层面，而实际上包含意识形态、价值信念、伦理规范、道德观念等在内的非正式制度在整个制度构成中起着举足轻重的地位，即便是在现代社会，正式制度也只占整个制度约束中的很小一部分，人们生活的大部分空间仍然由非正式制度来约束，这其中意识形态居于核心地位，并构成了正式制度安排的理论基础和最高准则①。因此，政策变迁的根由在于意识形态的变革，决定着政府干预的基本价值理念，也是政策安排的最终依据与本质动因。

表 2－1 **新制度主义模型②**

干预的目标 / 干预的可能性	针对个人的行为	针对整体的行为
预期的	分配性政策领域	构成性政策领域
即时的	监管性政策领域	再分配性政策领域

（2）理性主义模型。它认为合理的公共政策应促使社会产出的最大化，在政策选择时追求最优方案和最佳效果，即了解和权衡政治、经济和社会的所有现存价值与利益，找出所有可能的政策选择并测算其机会成本，最后选择能获取最大社会收益的方案。其实这种模型是受古典经济学影响所致，是基于把政策制定者视为理性经济人的假说，试图用经济学理论解释公共政策问题，或通过经济手段来解决公共问题。此外，理性主义模型还有其演化模型或变异—公共选择和政治经济学，主要关注的是用经济学中的帕累托最优理论来改进公共政策，寻求使一个或多个社会成员受益而不会使其他人受损的最优价值组合方案。这些理论还依据排他性和消费方式将社会产品和服务分类，并分析这些类别与政府和企业供给的关系（表2－2、表2－3）。但实际上许多价值和利益是相互冲突的、无法比较的、难以取舍的和难以用经济模型来概括的，而且很难穷尽所有的政策选择及其效果的信息；再者，决策者往往会追求自己及其组织利益的最大化，而非社会产出最大化；最后，片面追求大规模的综合计划方案，反而

① 卢现祥：《西方新制度经济学》，中国发展出版社2004年版，第38页。

② ［美］尼古拉斯·亨利：《公共行政与公共事务》，项龙译，华夏出版社2002年版，第296页。

增加了政策制定成本。但无论如何，理性主义模型有利于我们了解和分析政府的职能范围和公共政策类型，进而促使公共服务提供方式更为完善、成熟、适宜和有效。

表2－2　　**依据排他性和消费方式划分的产品和服务类型①**

消费/使用方式 排他性	个人使用	共同使用
有排他性	私人产品和服务	收费产品和服务
无排他性	公用产品和服务	集体（或公共）产品和服务

表2－3　　**产品和服务类型与相关的公共政策②**

内涵/公共政策 产品与服务类型	内涵	相关的公共政策
私人产品和服务	纯粹个人消费品，市场供给	保护性政策（保证产品与服务的安全与供应商的诚信，如食品）
收费产品和服务	纯粹共同消费品，市场供给	构成性政策（批准和监督自然垄断，如有线电视）
公用产品和服务	纯粹个人消费品，免费供给	监管性政策（避免公地的悲剧发生，如空气等）
集体（或公共）产品和服务	纯粹共同消费品，非市场供给	多种政策（政府管理和监督的责任最大，如公共广播电视）

（3）渐进主义模型。它是在批驳传统理性主义模型的基础上形成的，是由林德布洛姆最早提出的，几经修正与完善，已成为颇为流行的模型，甚至被认为是现实中最可行的政策抉择的方法之一。他认为西方民主政体的政治生活特点就是渐进的，政策制定必须是在现行政治制度的框架下进行的。加之，政策制定者受时间、信息、成本等因素的限制，在政策形成的过程中又有多种利益集团和多重主体的参与和制衡，

① ［美］尼古拉斯·亨利：《公共行政与公共事务》，向龙译，华夏出版社2002年版，第303页。

② 根据尼古拉斯·亨利的《公共行政与公共事务》一书有关论述编制而成，详见该书第303—304页。

而现行政策又具有诸如金钱、心理倾向等有形和无形的沉淀成本（Sunk Costs）[①] 等。这样一来，公共政策是过去的一种变异，是在延续了过去政治行为的基础上对现行政策略加修正而成的。也就是公共政策变迁是一种积少成多、集腋成裘、修修补补和稳中求胜的渐进过程。其实这种模型暗合了新制度经济学一个很重要的观点——政策是制度的产物，在资本主义基本政治、经济制度没有发生变迁的情况下，政策变化通常是渐进性的，是路径依赖而非路径替代，实际上这也是符合现实的。因此，这种模型是经验的，而非规范性的；是保守的，而非激进的。其不足在于过度地漠视了理性选择的价值，在资源稀缺的情况下往往会用理性手段来做出抉择；易于将深刻、剧烈的变革流于局部、微小的修补；过度地依赖经验，而会削弱创新。

（4）集团模型。它由美国政治学家本特利于 20 世纪初开创，经杜鲁门和莱瑟姆得以不断完善。该模型视公共政策为利益集团博弈后的一种均衡，政府的任务就是处理这些集团间的冲突，具体表现为建构集团间博弈的规则、达成妥协和均衡利益、将这种妥协与均衡转变为公共政策并付诸实施。可见集团模型是基于这样一种认识：利益集团是个人与政府的重要桥梁，个人利益只有通过某种利益集团才能得到保证，公共政策变化是由利益集团间复杂的、此消彼长的影响力所决定的，而现存的制衡机制不过是利益集团竞争的结果（图 2－2）。这种模型至少揭示了如下一些事实：各种强大的利益集团通过院外游说（Lobby）来左右政府决策，公共政策往往体现为居于支配地位的集团的利益；公共利益往往被既得利益集团所诠释，在政府官员看来集团利益和公共利益间的界限似乎变得越来越难以区分。

（5）精英模型。它是现代精英政治理论在公共政策研究中的一种运用，该理论最早由意大利学者莫斯卡和帕累托提出，二战后成为西方政治学研究的重要方法之一。1975 年戴伊提出了公共政策的精英模型，他认为公共政策体现的是居于支配地位的精英的偏好与价值，而政府官员和行政人员不过是在执行精英的决策而已，因此，政策是由精英阶层自上而下地流向大众，而非源于大众的需求与意愿（图 2－3）。这种模型可以从以

---

① Dye，Thomas R.（2002），*Understanding Public Policy*（10th edition），New Jersey：Pearson Education Inc. p. 20.

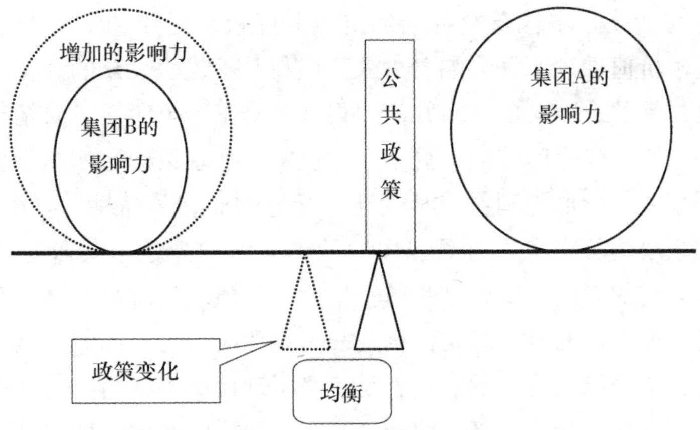

图2－2　集团模型①

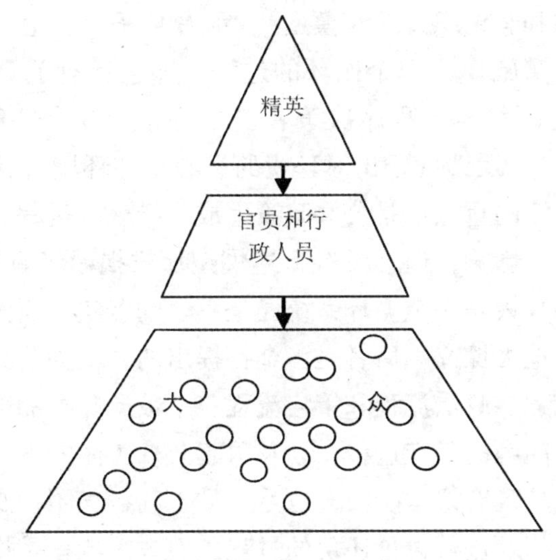

图2－3　精英模型②

下三个角度来把握：一是社会是由少数有权阶层和大多数无权阶层构成

① Dye，Thomas R.（2002），*Understanding Public Policy*（10th edition），Pearson Education Inc. p. 22. 本文略有改动。

② Dye，Thomas R.（2002），*Understanding Public Policy*（10th edition），Pearson Education Inc. p. 24. 本文略有改动。

的，前者（精英）掌握着全社会的价值分配权，构建和维护着现存社会制度的基本价值理念，并影响着大众，但却并不代表大众的利益。二是大众通常是被动的、冷漠的、无知的，很难跻身于精英阶层，对精英阶层的决策行为的影响仅是间接的，更不可能决定公共政策问题。三是公共政策表现的是精英的价值与利益，其变迁是渐进的而非革命性的。由此可见，西方的民主政体其实也不过是以民主的名义维护少数精英阶层的利益而已，政策问题的确定与变化都是基于精英的价值取向。当然精英并非仇视大众富有，但大众的富有却是由精英来承担和决定的，而非大众自身。这种模型的一个明显和巨大的缺陷就是忽略了现代民主社会中公众参与的积极性和可能性在不断地提高，用新公共服务学派的话说，现在已步入了一个互动与参与的时代。

除了这五种常见的模型以外，尼古拉斯·亨利在论及公共政策模型时还谈到系统模型和有组织无政府模型①。前者是从信息论的角度出发，将公共政策制定和实施作为一个循环的过程，即包括有关需求等信息的输入、黑匣子（包括结构、程序决策者、心理等的转换过程）、输出（产品、服务和符号）、反馈（输出对环境的影响）和环境（社会经济变量），其实这个模型关注的重点仍是公共政策生成与结束的过程，虽然也谈到了政策与环境等相互影响，但远没有上述模型那样揭示了具体的影响因素。也就是说，公共政策是一个循环系统已是不争的事实，而阐释其多种影响因素却需要更多地去探究。后者是由金顿提出的，认为公共政策决策过程大抵是由问题流程、政治流程和策略流程三个彼此独立的部分组成的。问题流程是指政策问题的界定过程，涉及引起公众关注的方式、界定的标准等；政治流程就是政府议程阶段，也是官员、利益集团、媒介等主要参与者就需要解决的问题进行讨价还价的过程；而政策流程是指策略议程，也就是政策方案的选择过程，关乎决策大师和上述主要参与者的影响等问题。值得注意的一点是，金顿所论涉及了多种影响因素，特别是在谈到政策问题界定方面，他认为促使某个社会问题上升到政策层面通常要依据一定的价值观通过比较、类比等去选择。

以上几种模型基本上都是着重分析公共政策动因的，而政策研究还有

---

① ［美］尼古拉斯·亨利：《公共行政与公共事务》，项龙译，华夏出版社2002年版，第294、297页。

很重要的一部分就是对效果或影响的分析。政策效果研究又称为政策评估，大抵经历了技术评估（单一评估）—道德评估（社会评估）—系统评估（综合评估）三个阶段，涉及两大分析视角—价值判断与技术判断，现在的政策研究往往将这两方面结合起来①。到目前为止，对公共政策效果的研究尚未形成模型，不过也有许多可行的方法。美国公共政策专家邓恩认为公共政策评估方法可分为伪评估（Pseudo evaluation）、正式评估（Formal evaluation）和决策理论评估（Decision-theoretic evaluation）三种②。伪评估多指技术评估，认为无须对价值进行评价，政策评估的核心是运用图表、数学统计、试验设计等数量化方法描述政策结果（outcomes）；正式评估则关注价值评价，从政策目标、价值分类、价值标准、交叉影响等角度来阐释公共政策的结果；决策理论评估则着重探讨多种政策决策参与者的价值评判。实际上，政策效果不同于政策产出（output），后者是指政府所做选择的直接产物，而前者是这些产物对政策目标群体和社会所产生的影响。也就是说，政策效果分析重在探讨公共政策的影响，这些会涉及短期和长期的、可见的和象征性的等所有的效益与成本问题。诚如戴伊所言，政策评估就是分析政策所产生的可见的和象征性的效果（影响），包括对目标群体、对其他群体及其处境和对现在和将来等带来的效益（政策的溢出或外部效益），以及直接和间接成本分析（可能损失的机会成本）③，总效益与总成本之差就是政策的净影响（net policy impact）。值得注意的是，政策影响有时是象征性的，这是因为政策不仅会对社会产生直接的效果变化，还有助于增加社会凝聚力和维护社会秩序，因此，对于政策效果的研究更多是一种价值与影响的评判与阐述。

总之，我们至少可以有以下两点认识：首先，目前对于公共政策的研究主要集中在政策动因上，比较成熟的模型也都在试图揭示影响政策形成的因素，可以分为两类。一是分析参与政策制定的主体，比如政府官员、集团、精英等对政策的影响，但实际上这些因素往往是混杂在一起的，甚至同时发挥着作用，处于一种复杂的动态博弈之中。令人遗憾的是，几乎

① 张国庆编：《公共政策分析》，复旦大学出版社2004年版，第308页。

② Dunn, William N. (2004), *Public Analysis: An Introduction*, New Jersey: Pearson Education, Inc. pp. 359 - 369.

③ Dye, Thomas R. (2002), *Understanding Public Policy* (10th edition), New Jersey: Pearson Education Inc. p. 313.

所有这些模型都未对公民参与进行过充分的论述，而公民当是现今公共政策形成的重要影响，这也正是新公共服务学派所倡导的。二是分析政策的制度动因，特别是以意识形态为核心的价值理念等对政策变迁的影响，实际上这是政策变迁的根由所在，因为公共政策是各种政策主体对公共利益进行讨论的结果，而共同价值是公共利益的核心，也就是说政策制定往往体现为一种价值判断，政策变迁实质上是价值理念体系的变化。其次，在现行基本制度不变的情况下，政策变迁往往是一种渐进的自我演化过程而非具有革命性的突变，是路径依赖而非路径替代。

二 电视文化政策的内涵、价值和意义

回首中国电视发展历程，与理念嬗变密切相关，有关电视文化的政策由文艺宣传政策、文化事业政策逐渐转变为文化产业政策、文化创意产业政策。与之相应，在属性上，中国电视文化也呈现出意识形态宣传教化属性、艺术属性、市场属性、产业属性和创意产业属性等鲜明特点。这使得有关电视文化政策研究的重要性、迫切性、多重性和复杂性日渐凸显。

就中国电视文化产业政策而言，自十六大，特别是《文化产业振兴规划》发布以来，电视文化产业被纳入国民经济发展总规划之中，上升到了国家发展战略的层面。这使得相关理论研究具有重要的现实意义和价值。然而，电视文化产业在属性、功能、角色和影响上的特殊性、多重性和综合性，中国电视文化在发展历程、产业组织模式等方面的独特性，以及电视文化产业政策与其他传统文艺政策、传媒政策、文化政策等的多样关联与区别，增加了电视文化产业政策及其研究的复杂性和特殊性。在学理上，一般性的政策研究至少涉及政策理念、政策目标、政策安排（制定与实施）和政策评估四个层面，产业政策研究则探讨产业结构政策、组织政策、技术政策和布局政策等内容。就现实情形来说，目前中国文化产业政策集中在“鼓励”和“规范”产业发展两大方面。其中，电视文化产业及其研究则聚焦在“创意”“文化”和“产业”三个关键点上。因此，中国电视文化政策研究着重探讨以上各层面和关键点纵横交织的关系，并切实从“问题”着手，因为政策安排基于一定的政策理念，政策理念的变迁与目标的设计立足于政策问题，而政策问题又体现在政策的各个层面上。

（一）电视文化政策定义和内涵

对于电视文化政策的释义，我们可以参考公共政策释义的基本范式，即：（1）公共政策是做什么的？这是公共政策释义的核心或本质内容，否则，就失去了释义的意义。（2）公共政策的制定者是谁？这是公共政策释义的基本要求：不同制定者制定的政策属性是不同的。明确了谁是制定者，执行者才能清楚地了解，他应该和必须执行哪一个被称为“公共政策”的政策。否则，任何对公共政策的释义，都将因其不完备而产生至少在执行上的歧义。（3）公共政策的表现形式是什么？这是公共政策释义的重要方面，既有助于使公共政策与一般的、非公共的政策从形式上相区别，又有助于使人们据此更准确地理解和执行真正公共性政策。（4）公共政策在什么条件下可执行？这是公共政策释义的必需内容。不可执行的政策，就难以称为真正意义上的公共政策①。我们可以根据公共政策的释义范式来解释什么是电视文化政策。

首先，电视文化政策是做什么的？电视文化政策是社会公共权威部门为促进电视文化健康发展而建立的依据，是提供给电视文化领域的行为规范、基本准则和行动指南，是政府实施宏观调控和社会管理的手段和工具，是政府体制的函数。简单地说，电视文化政策就是政府的某种行为，制定的规则、规范或方略等。它的关键在于政府的行为，制定规则或规范、方略的依据和目的是什么，也就是需要准确揭示政策的本质，揭示最能体现政策内涵的根本属性。对这个问题的回答我们可以从马克思主义国家学说理论认识电视文化政策的本质。马克思主义国家学说认为“国家是属于统治阶级的各个个人借以实现其共同利益的形式”，国家本质是“一个阶级镇压另一个阶级的机器”，“维护一个阶级对另一个阶级的统治的机器”。公共政策作为政府的某种行为，其本质必然由国家的本质决定，是国家意志的具体体现。所以，公共政策的本质，是国家借以建立、维持某种社会利益结构以维护统治阶级共同利益的工具，是统治阶级的阶级意志、共同利益的集中体现与表达②。我国是人民民主专政的国家，人民当家作主，国家政策集中体现了人民的利益。电视文化政策就是国家从人民利益的角度出发，制定关于电视文化健康发展的各项规范准则，从而

---

① 卢坤建：《公共政策的释义》，《中山大学学报》2001 年第 4 期。

② 王海燕：《论公共政策的本质》，《郑州航空工业管理学院学报》2008 年第 2 期。

满足广大人民群众的精神文化需求。

其次，电视文化政策的主体是谁？在中国，电视文化政策的主体主要是执政党以及政府。执政党是文化政策的制定主体，政府是文化政策的执行主体。我国是社会主义国家，决策的过程遵循两个原则：集体主义和民主集中制原则。执政党是中国政策制定的核心主体，主要表现在如下几个方面：第一，执政党将党的主张经法定程序变为国家意志。国家机关以执政党所形成的国家意志为准则，制定各种公共政策，任何公共政策都不可能逾越执政党的意志而产生。第二，执政党是我国公共政策最主要的供给者，制定国家发展的路线、大政方针和宏观政策。第三，政党在政策的执行过程中充当最重要的监督者。一个政策的制定如果符合政党的价值取向，那政党会极力支持政策的执行，反之，则采取各种手段、措施来阻碍公共政策的实施。第四，执政党向人民群众宣传党的路线、方针、政策，把其主张变成人民群众的自觉行动。政府是国家机器的核心，关系着国家体系的正常运作，其从产生之初就承担着对全社会利益分配的任务。柏拉图在《理想国》中将政府定义为“国家统治的机器”。政府掌握了巨大的国家资源，其实施文化政策的过程也就是对利益进行综合、分配的过程，其本质是要在有限的时空内解决利益分配问题。政府不仅决定着一个公共问题是否被转化为政策问题、是否进入政策议程而且决定着利益选择和综合的途径与方式。政府系统最终决定着公共政策的内容及公共政策的执行效果，是决定公共政策质量的关键因素。因此在文化政策制定过程中，不同的政策行动主体通过表达与阐述各自的利益要求和政策价值取向，并经过彼此协商与妥协，从而达成统一的公共政策结果。执政党及政府处于主导地位，在这一社会公众、群体、团体组织的政策代理人进行政策博弈，协调各种社会政策行动主体之间的利益矛盾。

再次，电视文化政策的表现形式是什么？政策是包含有目的行为的思想，是“政策定义的一个必要组成部分”。所谓行为，包括“为”或“不为”的行为。因此，释义电视文化政策，必须在内涵上体现政府为此作出的“为”或“不为”的法律、合法的行动命令等规范。第一，政策总体上表现为一种“为”或“不为”的倾向。政策的根本目的，在于提倡、要求或制约、禁止政策制定者所希望或不希望的行为发生，从而解决公共问题，优化配置公共资源，实现公共利益。因此，公共政策的概念必须包括政府所有的“为”或“不为”的选择或活动。从形式上，它既可表现为积极的“为”，也可表现为消极的“不为”。“为”是政府解决某个公共问题的决策及其行为过程，但当政府还不知道如何解决某一公共问题，而社会已经为此而盲动时，或者，某种公共利益无法体现为具体的公共问题或根本就不存在时，“不为”同样也是政府作出的重要决策，同样具有公共政策的法定约束力。总之，公共政策总体上表现为政府“为”与“不为”的非此即彼的行为指向。第二，政策表现为合法的命令、方案等规范和具体的法律文件。广义的政府制定的公共政策必然有三种表现形式：一是国家立法机关通过的法律性规范；二是国家行政机关制定的命令、方案、决议等行政性规范；三是国家司法机关在司法过程中对前两种政策规范进行的司法解释，这是一种特殊类型的、受司法强制力保护的规范①。因此，电视文化政策主要是采用法律性规范和行政性规范等有为的规范对电视文化发展进行管理。

最后，电视文化政策在什么条件下可执行？美国学者艾利森指出：“在达到政府目标的过程中，方案确定的功能只占10%，而其余90%取决于有效的执行。”政策只有有效地执行，才能产生效果。第一，政策必须是能够解决某种公共问题的。安德森认为，有价值的公共政策定义应体现出公共政策作为“一个活动过程，或者说是一种活动方式”、作为“人们就某一事情的实际行动”的内涵②。因此，电视文化政策必须要解决关于如何促进电视文化发展的问题。第二，任何一种政策都是一定历史时期和环境条件下的产物。马克思主义认为，客观决定主观，社会存在决定社会意识。解决公共问题的行动要求决定于环境。因此电视文化政策要根据我国的国情和时代的发展需求，立足现实，从而确保政策的可执行性。

综上所述，我们可以得出结论：电视文化政策是指执政党及其政府代表人们的利益，对电视文化进行行政管理所采取的一整套行政性、制度性和法律性的规定、规范、原则和要求的总称，通过政策的实施，有效解决阻碍电视文化发展的障碍因素，实现电视文化政治价值、经济价值和社会价值的统一。

（二）电视文化政策的价值分析

马克思指出价值这个普遍的概念是从人们对待满足他们需要的外界物

---

① 卢坤建：《公共政策的释义》，《中山大学学报》2001年第4期。

② ［美］詹姆斯·安德森：《公共决策》，唐亮译，华夏出版社1990年版，第3页。

的关系中产生的，是人们所利用的并表现了对人的需要的关系的物的属性。价值是主客体关系中表现出来的客体之于主体的意义和效用。价值标准、价值判断、价值取向、价值分配等价值问题构成了现代政策的基石。可以认为，公共政策都是为了寻求价值、确认价值、实现价值、创造价值、分配价值，而政治就是“对价值的权威性分配”[①]。

关于政策的价值评价有一种功利主义的说法。自20世纪五六十年代“政策科学”诞生以来，科学技术和数学模型被广泛运用于过程中，和功利主义高度结合，并且大大解决了以往社会科学研究“没有对改进政策制定和提高政策质量产生多大影响和意义”[②] 这个客观事实，大大提高了政策的有效度。但是在实践中，无论是“理性选择模式”还是“有限理性决策模式”，无不是通过对各种预备政策方案实施后可能产生的结果来预测“令人满意的方案”。但是就其一般而论，一项理性主义的公共政策应该同时具备以下条件：知道所有的社会价值偏好及其在社会群体中的比重；详尽了解相关资料；以此为基础制定各种可能的政策方案；充分把握每一种政策方案各种可能的结果；准确估计每一种政策方案的损益期望值和社会价值比；合理选择最为经济有效的政策方案。从实践的情况来看，要在一项政策过程中同时具备上述诸多方面的要件几乎不可能。按照上述标准进行理性主义的公共政策分析、价值评估，要么事实上无法进行，要么陷入各种可能的误区或困境。这主要是因为对任何具体、实际的公共政策问题来说，政策的分析过程和决定过程都是极具复杂性和挑战性的，这种复杂性不仅来自人类认同自身现实生活和未来社会基本原则的情感倾向和利益追求，而且还来自人类判别自然界运动法则和相互关系的时空界限。前者导致了政策决策者对社会基本价值标准的不同理解，后者则造成了政策分析者应用理性化分析方法的有限性，从而使得理性主义的公共政策价值分析只具备部分、过程的意义，而不具有全部、结论的意义。综上，功利主义的方法论——政策科学理性主义，是在一种特定前提假设下进行的，即首先把社会中的人群假定为理性的人或群体，也正是在人的理性化问题上，理性主义公共政策分析的逻辑起点显得先天不足。[③]

---

① 姚洋主：《转轨中国：审视社会公正和平等》，中国人民大学出版社2002年版，第675页。

② 林聚贤、刘玉安：《社会科学研究方法》，山东人民出版社2004年版，第338页。

③ 李奎：《公共政策价值的政治学分析》，《南昌航空大学学报》2009年第2期。

功利主义评价方法显然不适合电视文化政策的价值评价。根据价值是主客体关系中客体之于主体的意义和效用，一部分学者运用政治学有关理论与方法将公共政策价值分析为两个层次：第一层次，政府—公共政策，其中主体是政府，客体是公共政策。政策之于政府的意义和效用在于它的实施推行过程中使政府得到满意的利益分配；第二层次，公共政策—群众，其中主体是公共政策，客体是群众。群众之于政策的意义和效用在于，群众中社会公共问题在公共政策的指引和推行中得以解决。对于政府来说，政策的价值在于为政策决策者提供了科学的理论基础和指导思想，实现利益的合理分配。对于一般受众来说，虽然不直接参与制定和执行公共政策，然而政策却与他们的生活发生着直接或间接的关系，谁也不可能生活在公共政策编织起来的网络之外。任何政策都和人民有着直接或间接的利害关系，人们要积极地依靠政策来维护自己的权益，依靠政府解决公共现实问题。

根据以上学者对政策价值的分析，我们认为功利主义不是电视文化政策的落脚点，政治学的分析，则过重地强调了电视文化政策的政治价值和社会价值，而忽略了电视文化的艺术性特征。正确的电视文化政策要同时兼具政治价值、经济价值、社会价值以及艺术价值。首先，电视文化政策，要坚持政治宣传的价值取向，电视文化具有意识形态的属性，制定政策必须考虑到电视文化的特殊性，坚持从实际出发，在符合党和国家的政策方针的前提下来制定各方面电视文化工作的政策。其次，要坚持为人民服务的价值取向，切实关心群众的生活，满足人民群众的精神文化生活，实现社会价值。再次，坚持电视文化产业效益的价值取向，要注意把握好对政策利弊的超前价值分析，并进行趋利避害的选择，使得大于失，利大于弊，实现最佳的经济效益。最后，电视文化政策要注重挖掘电视文化的艺术性特征，使电视文化成为一种艺术品，提高电视文化的审美性。

（三）电视文化政策的意义

1. 电视文化政策的必要性

首先，从理论上讲，市场存在失灵现象，电视文化产业需要国家加强对其进行政策支持与管理。市场失灵理论，也叫市场失败或市场缺陷理论。该理论认为在市场经济下，市场在资源配置中起基础作用，但是完全自由开放的市场机制存在诸多的缺陷，如市场垄断、信息不对称不充分、外部效应以及公共物品的提供等，受到自身局限的束缚，单凭市场调节，不能达到资源配置的最优效果，即“帕累托最优”。电视文化同样存在“市场失灵”现象，甚至比其他产业更加突出。一方面，作为国民经济的产业之一，电视文化产业具有其他产业发展的共性，存在着文化企业生产的外部性、文化产品分配的不公平、传统文化产业衰落、地区发展不平衡等问题。另一方面，文化产业提供的产品和服务中有相当一部分具有公共产品或半公共产品的性质。因此文化产业更需要国家加强宏观调控，通过各种手段弥补市场的不足。

其次，从现实来讲，电视文化发展也需要电视文化政策的保护。第一，放眼世界，文化软实力在国民经济和国际竞争中扮演着越来越重要的角色。国家间的竞争不仅是以经济与科技为主的“硬实力”竞争，更是以文化为主的“软实力”竞争，后者在当今世界体系中的作用愈来愈明显。电视文化对增强国家的文化软实力具有重要的作用，因此要充分重视电视文化，增强其产业的竞争力。第二，电视文化在国际交往中具有传承民族文化的使命。电视文化作为一种审美的意识形态，是人类社会精神的表现，是社会文化的诗意化影像存在。电视文化需要在本土化上下功夫，承载具有民族精神的精华的文化，只要这样，才能在特色中谋得生存。保持电视文化的本土特色，需要国家对电视剧、纪录片等进行引导，尤其是通过题材的引导，使得电视文化打上民族的烙印。第三，我国电视文化产业在发展过程中还存在诸多的问题，如电视文化体制改革滞后，产业总体规模小，产业结构不合理，管理水平不高，市场发育迟缓，科技含量低，国际竞争力弱。因此，国家需要出台政策对电视文化进行管理，以进一步拓宽电视文化发展的空间，促进电视文化健康、持续、稳定的发展，

2. 电视文化政策对电视文化产业的意义

电视文化政策是国家针对电视文化的发展所制定的政策、规范、方针的综合，因此文化政策的意义主要体现在对促进电视文化发展上。电视文化政策对文化产业的影响最直接也最有力，具体地说，电视文化政策对电视文化产业发展主要有如下几方面的作用：第一，对电视文化产业起到一个加速器的作用，产业政策本质上是一种“供给管理”政策，通过制定对某一产业发展的一系列优惠政策，吸引其他产业的过剩资本流向需要发展的产业，缓解该产业发展中的资金瓶颈，有力地刺激着该产业的发展。第二，电视文化政策引导电视文化产业结构的调整和优化。产业政策不仅制定了产业结构调整的方向、目标、规划，而且拥有引导结构调整的各种

手段和途径，能够通过法律、行政、经济的手段对产业经营方向和经营行为作出必要的调整，使资源配置按预定的目标发展，使生产要素向预定的方向流动。第三，电视文化政策对文化市场竞争秩序的“规范”作用。政府通过治理市场环境、规范市场秩序，打破行政性垄断，防止过度竞争，维护正常的竞争秩序，形成良好的市场环境，建立一个统一、开放、竞争、有序的文化市场，这为电视文化产业的健康发展创造了一个良好的环境。第四，电视文化政策增强文化产业国际竞争力。我国实行文化“走出去”战略，一方面鼓励电视文化产品走出国门，扩大中国文化在国际上的影响力和感召力；另一方面对本国的电视文化产业进行保护，缓冲外国文化产业对本国文化产业造成的冲击。

第二节　电视文化政策的现状及问题

一　我国主要的电视文化政策

电视文化事业应当坚持为人民服务、为社会主义服务的方向和百花齐放、百家争鸣的方针，坚持贴近实际、贴近生活、贴近群众，坚持正确的舆论导向，坚持社会效益第一、社会效益与经济效益相结合的原则，进一步满足人民群众日益增长的精神文化需求。电视文化的发展需要政策的支持与管理。电视事业只有在政策的指导与扶持下，才能健康持续地发展。

（一）对电视文化的引导性政策

1. 电视文化体制改革

世界上的电视台分为三种体制，不同体制下的电视，任务不同、使命不同、服务的对象不同，责任也会不同。一类是以美国为代表的商业电视。商业电视首先是要扩大社会影响，扩大社会影响的目的就是为了赚钱，其主要的特点有：完全由私人独资或集股兴办；董事会为最高决策机构；依托一定的财团；以盈利为目的；广告是主要收入来源；迎合受众；监督政府有一定力度。第二类是公共电视台。大多数国家都有公营电视台，其特点主要有：由各阶层代表组成管理机构，不受政府控制；半官方机构；以视听费为主要收入来源；强调对公众负责。第三类是国有电视台。社会主义国家和西方部分发达国家为此种体制，以意大利国家电视台为代表，其主要特点有：服务对象是国家，国家利益至上成为首要标准；完全依赖政府，是政府的宣传机构；节目严肃呆板。中国传媒大学丁俊杰教授认为，我国电视台的性质是多元化，具有“三合一”的特点：在宣传上，我们是党和政府的电视事业：从经营上，我们更多强调电视的商业性质，可以有适度的运作空间；从精神文明建设、老百姓利用公共资源这个角度讲，我们更多强调的是公共电视事业。关键在于如何在三者之间寻求平衡点。

我国“事业单位，企业化管理”的电视体制的确经历了一个漫长曲折的过程。纵观新中国60多年电视体制改革政策历程，每一次政策的确立都是为了适应当时的社会生产力和广播电视生产力的需求。由政策塑造的“广电体制是在不断地调整、改革中得到完善的。每一时期的管理体制都与特定的广电生产力相适应”①。

20世纪50年代至70年代期间，我国电视台主要充当了党和政府的喉舌，承担了政治宣传的任务。1949年12月，中共中央在《关于中央政府成立后党的宣传部门工作问题的指示》中指出：在中央政府未成立前，党的中央宣传部不得不实际上暂时代替中央政府的文教机关，管理国家的文化教育工作。现在中央政府已经成立，全国文化教育行政工作，均应由中央政府文教部门来管理，目的是使党的中央宣传部和各级宣传部能够摆脱行政事务，集中注意于党内外的思想斗争、党的宣传鼓动工作的领导和党的文化宣传政策的制定。1970年，全国第一次电视专业会议中提出了“中央和省（自治区、直辖市）两级办电视”。这一时期，我国电视完全由政府掌控，具有很强的意识形态色彩。在这种情况下，完全制播合一成为了我国电视节目制播体制。在这一体制下，电视节目的策划、投资、制作、审查、播出等各个环节都由电视台内部的节目部门统筹完成。

20世纪70年代末至21世纪初，随着改革开放政策的实施，我国加快了对电视体制改革的进程。首先，对电视事业性质重新定位，明确了电视事业的经济属性，电视不再被视作“阶级斗争的工具”。1992年，中央关于加快发展第三产业的决定中，将广播电视列入其中。1995年制定的《国民经济“九五”计划和2010年远景目标》中，提出大力发展广播电视业。其次，明确四级办广播、四级办电视、四级混合覆盖的事业建设方针，形成多方兴办广播电视的格局。1983年，中共中央《关于批转广播电视部党组〈关于广播电视工作的汇报提纲〉的通知》，调整了事业建设

① 刘成付：《中国广电传媒体制创新》，南方日报出版社2007年版，第45页。

方针，实行中央、省（区、市）、市（地、州）、县四级办广播、四级办电视、四级混合覆盖，市、县可以办广播电台、电视台，主要是转播中央、省的节目，要求到20世纪末努力做到户户、人人都能听到广播、看到电视。最后，大力推进集团化建设。为适应社会主义市场经济的不断发展和经济全球化的新形势，20世纪90年代，我国新闻出版广播电视文化领域启动了集团化建设。1999年，我国第一家广播电视集团——无锡广播电视集团成立，第一家广电集团公司——牡丹江市广电集团有限公司成立。2000年，国家广电总局《印发〈关于广播电影电视集团化发展试行工作的原则意见〉的通知》，规定广播电视文化集团属于事业性质，实行企业化管理，是独立的事业法人实体；广播电视文化集团以资本和业务为纽带，以广播电台、电视台、电影制片厂、互联网和传输网络公司为主体，市（地）、县广播电视机构和其他广播电视文化企事业单位参加组成，做到广播、电影、电视三位一体，有线、无线、教育三台合并，省、市（地）、县三级贯通，优势互补、资源共用、利益共享、风险共担、协调发展。2001年，中办、国办《关于转发〈中央宣传部、国家广电总局、新闻出版总署关于深化新闻出版广播电视文化业改革的若干意见〉的通知》对广电集团、电影集团的组建作了全面规定，要求积极推进集团化建设，实行多媒体兼营、跨地区经营；明确新闻出版广播电视文化集团由党委宣传部领导，政府有关部门实行行业管理。随着电视事业经济属性的确立，电视剧的制播体制也开始进行改革，由改革开放前的完全的制播合一到开始逐步地实现制播分离。1986年，随着电影系统合并到广播电视部，全国二十多家电影制片厂也相继成立了电视部或电视剧部，扩大了电视剧的生产规模，推动了电视剧市场的培育与发展。1989年10月，广播电影电视部专门做出《关于实行电视剧制作许可证制度的规定》，对电视剧制作试行许可证管理制度，标志着电视剧生产开始向多元化、制度化方向发展。

21世纪以来，进一步明确了电视事业产业的双重属性，向公共事业和文化产业的双轨制转型。2003年，中共中央宣传部、文化部、国家广电总局、新闻出版总署制定了《关于文化体制改革试点工作的意见》，该文件明确规定：对文化领域的不同行业和单位进行科学分类，区别对待。对承担党和国家重要宣传任务、政治性较强的单位和行业，尤其是中央和地方主要新闻媒体，重点是深化内部改革，搞活机制，其经营部分可以剥离出来，转制为企业，在市场中做大做强，更好地支持事业发展。对可以转制为企业的单位，要面向市场，自主经营，自我发展。文化企事业试点单位的改革大体可分为两大类，一类是公益性文化事业单位的改革，一类是经营性文化企业单位的改革。前者要以增加投入、转换机制、增强活力、改善服务为重点；后者要以创新体制、转换机制、面向市场、增强活力为重点。通过改革，既要保证公益性文化事业的健康发展，又要推动经营性文化产业的不断壮大，做到“两手抓、两加强”。随后一大批的政策性文件出炉，进一步推动了电视文化事业的体制改革。2005 年，中共中央、国务院下发《关于深化文化体制改革的若干意见》，国务院下发《关于非公有资本进入文化产业的若干决定》，文化部、广电总局、新闻出版总署、国家发改委、商务部联合印发《关于文化领域引进外资的若干意见》。2006 年，中办、国办印发《国家“十一五”时期文化发展规划纲要》。2007 年，中办、国办下发《关于加强公共文化服务体系建设的若干意见》。2008 年，国办下发《关于印发文化体制改革中经营性文化事业单位转制为企业和支持文化企业发展两个规定的通知》。2009 年，国务院下发《关于印发文化产业振兴规划的通知》。主要内容是：“发展公益性文化事业，要以政府为主导，增加投入、转换机制、增强活力、改善服务，建立覆盖全社会的公共文化服务体系，实现和保障广大人民群众的基本文化权益；发展经营性文化产业，要创新体制、转换机制、面向市场、壮大实力，充分调动社会各方面力量，推动跨地区、跨行业联合或重组，培育一批具有较强竞争力和影响力的大型文化企业（集团），形成以公有制为主体、多种所有制经济共同发展的文化产业格局，满足人民群众多方面、多层次、多样性的精神文化需求。在广播电视领域，一方面，大力实施西新工程、村村通工程、无线覆盖工程等公益性工程，调整完善政策，推进县对乡镇广播电视的垂直管理运营，建立健全覆盖城乡的广播电视公共服务体系；另一方面，鼓励和支持非公有资本进入电视文化剧制作发行、广告、动漫、广播电视文化技术开发运用，推动广播电台、电视台制播分离，推动有线电视网络整合和集约化、规模化经营，促进广播电视文化内容产业和网络产业快速发展。”作为电视事业重要组成部分的电视节目，其制播制度也由制播分开转向了制播合一为主、制播分离为辅。2003 年，《关于促进广播电视文化产业发展意见》规定：“允许各类所有制机构作为制作经营主体进入除新闻宣传外的电视节目的制作。”2004 年，为了坚持电视节目正确导向，促进电视节目制作产业繁荣发展，服务社会主义物质文明和精神文明建设，《广播电视节目制作经营管理规定》提出鼓励境内社会组织、企事业机构（不含在境内设立的外商独资企业或中外合资、合作企业）设立广播电视节目制作经营机构或从事广播电视节目制作经营活动。2006 年，国家广电总局下发《广播电视文化工作要点》，指出："要根据广播电视特点，探索进行制播分离改革，除新闻类、社会访谈类节目外，文艺、体育、科技类节目等可逐步实行制播分离，引入市场机制，实行节目的市场招标采购。"

2. 电视文化产业市场化机制的规范

电视文化作为一种双重属性的产业，一方面，要充当党和政府的喉舌，报道和宣传党的路线、方针、政策，积极配合党和政府的活动；另一方面，电视文化作为一种文化产业，需要在市场规则下运营，实现盈利的目的。我们知道，完全由市场进行调控，则会产生垄断、信息不对称等诸多问题。因此，电视文化产业在按照市场规则运行的同时，需要政府制定政策，实行宏观调控。

在资本市场上，允许非公有资本的注入，繁荣电视文化市场，实现投资主体的多元化，实现电视产业的良好竞争局面。资本是产业发展的新鲜血液。电视产业作为高技术、高投入、高消耗、高风险的行业，更需要外在资本的注入以维持自身的发展。根据美国市场的经验，一个特定的电视企业在它的不同发展阶段将拥有不同的资本来源，如下表所示①。

表 2-4　　**电视企业各发展阶段资本来源**

第一阶段：初始期（启动资金）	股票持有者　政府　企业　风险投资
第二阶段：立业期（发展资金）	股票持有者　私人投资　战略投资者　金融投资者
	私人债务　商业银行　金融公司　保险公司
	公共债务　高产公共投资者
第三阶段：资金流动期（维护资金）	公共投资　公共机构和零售投资者
	私人贷款　商业银行　金融公司　保险公司
	公共贷款　高产公共投资者

① 参见唐世鼎、黎斌等《制播体制改革与电视业发展问题研究》，中国传媒大学出版社 2005 年版。

续表

第四阶段：财政成熟期（投资资金）	内部生产的多余流动资金	
	公共投资	公共机构和零售投资者
	私人贷款	商业银行
	公共贷款	投资级公共投资机构

在我国，由于电视文化的特殊性，电视文化的投资主体主要是政府以及国有资本，对境外资本以及私人资本的注入管控比较严格。2001年，国家广电总局下发《关于广播电视文化集团融资的实施细则（试行）》，文件规定："广播电台、电视台及频道、频率等新闻媒体由国家主办经营，不得吸收境外资本和私人资本。经国家广电总局批准，广播电台、电视台可以吸收新闻出版部门、广播电视文化和其他单位的资金进行节目制作、项目合作等。电视剧制作机构，经省级以上广电主管部门批准，在集团控股的前提下可以吸收国有资本、非国有资本组建股份制的制作公司，也可以吸纳境外资金和技术开展电视文化剧拍摄、电视文化剧制作基地建设等项目的合作。电影集团、电影厂、影院等可以吸收境外资金合作拍摄电视文化片。在中方控制经营权的前提下，允许引进外资改造电影基础设施和技术设备，允许以中外合资、合作方式改建电影院。不允许组建中外合资的电影制作公司。"随着市场经济的发展，在政策导向上，逐渐放开了投资的政策壁垒，国家鼓励社会资本进入电视剧制作行业。电视产业采取多种融资手段，从社会上吸引更多的资金，充实电视剧的前期制作成本，保证质量。在确保国有控股的前提下，可吸收国内社会资本探索并进行股份制改造，条件成熟的广播电视节目以及电视剧生产营销企业经批准可以上市融资。2004 年国家广电总局《关于促进广播电视文化产业发展的意见》明确指出：允许各类所有制机构作为经营主体进入除新闻宣传外的广播电视制作业；条件成熟的广播电视节目（包括电视剧）生产营销企业经批准可以上市融资。投资政策壁垒松动，社会资本可以名正言顺地进入电视文化产业，这极大地促进了电视文化产业的发展。

在制作市场上，我国对广播电视制作经营机构或从事电视节目制作经营活动，实行许可制度。1989 年，中国电视剧产业刚刚形成之时，当时的广播电影电视部就颁布了《关于实行电视剧制作许可证制度的规定》，对电视剧的生产制作机构实行许可制度。2004 年 6 月 15 日，国家广电总局会议通过《广播电视节目制作经营管理规定》，该规定第四条规定国家对设立广播电视节目制作经营机构或从事广播电视节目制作经营活动实行许可制度。设立或者从事广播电视制作经营活动必须取得广播电视节目制作经营许可证。申请《广播电视节目制作经营许可证》应当符合国家有关广播电视节目制作产业发展规划、布局和结构，并具备下列条件：一是具有独立法人资格，有符合国家法律、法规规定的机构名称、组织机构和章程；二是有适应业务范围需要的广播电视及相关专业人员、资金和工作场所，其中企业注册资金不少于 300 万元人民币；三是在申请之日前 3 年，其法定代表人无违法违规记录或机构无被吊销过《广播电视节目制作经营许可证》的记录；四是法律、行政法规规定的其他条件。申请电视剧制作许可证的机构则需要满足以下三个条件：一是持有《广播电视节目制作经营许可证》的机构；二是地市级（含）以上电视台（含广播电视台、广播电视文化集团）；三是持有《摄制电影许可证》的电影制片机构制作，但须事先另行取得电视剧制作许可。目前，除依法设立的广播电台、电视台无须另行申请许可证外，其他境内社会组织、企事业机构设立广播电视节目制作经营机构或者从事专题、专栏、综艺、动画片、广播剧、电视剧等广播电视节目的制作和节目版权的交易、代理交易等活动，均须取得《广播电视节目制作经营许可证》。国家在放宽电视剧制作机构的进入门槛的同时，加大了对电视剧制作机构的资质审查，对于不合格的机构及时撤销许可证，清理出市场，鼓励资源的重新配置。2005 年国家广电总局撤销了 34 家电视剧制作业绩未达到“连续两年内制作完成六部以上单本剧或三部以上连续剧”规定的机构的《电视剧制作许可证（甲种）》资格，吊销了一家存在严重违反《广播电视管理条例》的甲种证机构资格，晋升了 16 家业绩突出、遵纪守法机构的《电视剧制作许可证（甲种）》机构。①

3. 电视作品评奖管理

为了全面打造文艺精品，鼓励艺术创新，提升艺术品质，最大限度地满足社会大众的创作导向，国家以及各部门组织了各种电视剧评奖活动。这对于发挥创作者的创作热情和才华、不断催生优秀作品，起到了巨大的激励作用。电视文艺作品评选，贯彻了文艺为人民服务、为社会主义服务

---

① 李岚：《电视剧精品战略的政策条件与产业趋向》，《视听界》2008 年第 3 期。

的方向和百花齐放、百家争鸣的方针，弘扬主旋律，提倡多样化，对繁荣社会主义文艺创作，催促富有鲜明时代精神和浓郁生活气息、思想性与艺术性完美结合、为广大人民群众喜闻乐见的文艺精品的问世，起到了有力的推动作用。繁荣兴旺的文艺创作，层出不穷的精品佳作，极大地丰富和满足了广大人民群众的精神需要，有力地推动了社会的和谐与进步。

第一，“五个一工程”奖。1992 年，中共中央宣传部组织精神文明建设“五个一工程”评选活动，评选上一年度各省、自治区、直辖市和中央部分部委，以及解放军总政治部等单位组织生产、推荐申报的精神产品中五个方面的精品佳作。它最初包括五方面内容：一部好的戏剧作品；一部好的电视剧（片）作品；一部好的电影作品；一部好的图书（限社会科学方面）；一篇好的理论文章（限社会科学方面）。这也是“五个一”的由来。后根据实际情况，从 1995 年起又增加了一首好的歌曲和一部好的广播剧作品的评选。在评选作品的同时，举办者还对组织这些精神产品生产有突出成就的省、市、自治区、中央部委、解放军部队的宣传领导部门授予组织奖。其中文艺五项［戏剧、电视剧（片）、电影、歌曲、广播剧］还设有提名奖。2014 年，又增加了一项，即纪录片。

第二，中国电视剧飞天奖。飞天奖是由国家广电总局主办的，是中国电视剧最高“政府奖，也是目前国内最为权威的电视剧评选奖项”。飞天奖创办于 1980 年，于 1981 年开始评奖，每年举办一届，原名“全国优秀电视剧奖”。2005 年，改为两年一届。中国电视剧飞天奖由中国广播电影电视部主办，为电视类的“政府奖”，是对上一年（或两年）电视剧思想艺术成就的一次检阅和评判。按篇幅和题材分为长篇电视剧（9 集以上，含 9 集）、中篇电视剧（3—8 集）、短篇电视剧（1—2 集）、少儿连续剧、少儿短篇电视剧、戏曲连续剧、戏曲短篇电视剧，分别评出一、二、三等奖。另外还有“合拍电视剧奖”“电视短剧奖”“译制片奖”以及各单项奖，包括“优秀编剧奖”“优秀导演奖”“优秀照明奖”“优秀摄像奖”“优秀美术奖”“优秀剪辑奖”“优秀音响奖”“优秀男、女演员奖”“优秀音乐奖”等。

第三，“中国电视金鹰奖”。“中国金鹰电视奖”是经中共中央宣传部批准，由中国文学艺术界联合会和中国电视艺术家协会主办的全国性电视艺术综合奖，其前身为“《大众电视》金鹰奖”，是国家级的唯一以观众投票为主评选产生的电视艺术大奖。从 2000 年第 18 届开始，经中宣部批准，“中国电视金鹰奖”全面升级为规格更高的“中国金鹰电视艺术节”，由中国文学艺术界联合会、湖南省人民政府、中国电视艺术家协会、长沙市人民政府、湖南省广播电视局联合主办，湖南广电传媒股份有限公司永久承办、湖南卫视具体承办，每年在长沙举行。自2005年起，改为每两年举办一次，并将第二十三届金鹰奖推迟至2006年举办。“中国电视金鹰奖”原设电视剧、电视文艺片、电视纪录片、电视美术片、电视广告片五大门类优秀作品奖和若干单项奖，共99个，现已缩减至67个甚至更少。

（二）对电视文化的规范性政策

1. 对电视文化作品的审查管理

第一，电视剧题材规划立项审批制度到电视剧拍摄备案公示制度。2004年9月20日，国家广电总局为规范电视剧审查工作，保证电视剧的正确导向，繁荣电视剧创作，促进电视剧产业的健康发展，根据《广播电视管理条例》，制定《电视剧审查管理规定》，本规定适用于下列活动：国产电视剧（含电视动画片）的题材规划立项和完成片审查；与国外及港、澳、台地区机构联合制作电视剧（含电视动画片，以下简称合拍剧）的题材规划和完成片审查；用于电视台播出的引进电视剧（含电视动画片、电影故事片，以下简称引进剧）的审查；用于电视媒体播出的电影故事片的审查。为进一步贯彻落实中央的指示精神，加快推进电视剧产业的发展，顺应构建文化市场的需要，2006年5月1日，国家广电总局颁发了《广电总局关于印发〈电视剧拍摄制作备案公示管理暂行办法〉的通知》，取消原有的“电视剧题材规划立项审批”制度，实行“电视剧拍摄制作备案公示管理暂行办法”。“电视剧拍摄制作备案公示管理暂行办法”只适用于一般题材电视剧的拍摄制作管理，电视动画片、重大题材及中外合拍片的管理不变。此外，办法还规定，拍摄制作备案中的非重大革命和历史题材剧目，如果内容涉及重大或敏感的政治、军事、外交、统战、宗教、民族、司法、公安、教育、名人等特殊题材，拍摄制作备案前须征得省级以上（含省级）相关主管部门或有关方面的同意。国务院广播电视文化行政部门对申请备案公示的材料进行审核，在规定受理日期后二十日内，通过国务院广播电视文化行政部门政府网站予以公示。公示内容包括剧名、制作机构、集数和内容提要等。电视剧公示打印文本可以作为办理相关手续的证明。

第二，电视剧发行许可证制度。为了进一步繁荣电视屏幕，规范电视节目市场，根据《广播电视管理条例》等有关法规和政策，1998年，国家广电总局决定实施国产电视剧发行许可证制度。中央单位制作的电视剧经总局电视剧审查委员会审查后，由国家广电总局颁发《国产电视剧发行许可证》；地方单位制作的电视剧经当地省级广播电视行政部门电视剧审看小组审看后，由省级广播电视行政部门颁发《国产电视剧发行许可证》。在送审电视剧时，应交验《电视剧制作许可证》以及投拍备案等书面材料。制作单位对国家广电总局或省级电视剧审查机构的审查结论持有异议的电视剧，可报请国家广电总局电视剧复审委员会复审。经国家广电总局复审通过的电视剧，由国家广电总局颁发《国产电视剧发行许可证》。对于有下列情况之一的电视剧，不予发放《国产电视剧发行许可证》：危害国家的统一、主权和领土完整的；危害国家的安全、荣誉和利益的；煽动民族分裂，破坏民族团结的；泄露国家秘密的；诽谤、侮辱他人的；宣扬淫秽、迷信或者渲染暴力的；未取得电视剧制作许可的；法律、行政法规规定禁止的其他内容。

第三，对不同题材电视剧的审查管理。政府主管部门不断对题材重复、故事内容类似的剧目进行引导，对农村题材、少儿题材等被市场相对冷落的剧目，加大关注倡导力度，保证电视剧题材比例上的均衡和体裁、风格、样式的多样性和丰富性。从电视剧拍摄备案环节开始，国家广电总局对一些题材好剧目给予重点关注，在备案、审查等环节给予支持，在内容的把握上给予指导，鼓励和扶持一批有成长潜质的电视剧成为精品电视剧。为切实加强对重大革命和历史题材电影、电视剧的创作、播映的管理，确保此类电视文化剧导向正确、效果良好，国家广电总局经研究并报中央批准，对这类电视文化剧的立项审批和完成片审查办法进行调整颁布了《关于调整重大革命和历史题材电影、电视剧立项及完成片审查办法的通知》。对于“红色经典”的改变，国家广电总局要求各省级部门要加强对其审查把关工作，为此，国家广电总局专门下发了《关于“红色经典”改变电视剧审查管理的通知》《关于认真对待改编电视剧有关问题的通知》，要求有关电视文化制作机构在改编“红色经典”时，“红色经典”必须尊重原著的核心精神，不允许对其进行低俗描写、杜撰亵渎，保证“红色经典”电视创作生产的健康发展。对于涉案剧，国家广电总局下发了《关于加强涉案剧审查和播出管理的通知》《关于高度重视群众意见，努力净化荧屏工作的通报》，对涉案片进行了宏观调控，对其总量做了一定的限制。

2. 电视文化作品播出管理

第一，对电视台播出电视剧实行电视播出审查制度，即播前审查，重播重审。1997 年 8 月 1 日，国务院第 61 次常务会议通过《广播电视管理条例》，规定广播电台、电视台对其播放的广播电视节目内容，进行播前审查，重播重审。另外还规定广播电台、电视台应当提高广播电视节目质量，增加国产优秀节目数量，禁止制作、播放载有下列内容的节目：危害国家的统一、主权和领土完整的；危害国家的安全、荣誉和利益的；煽动民族分裂，破坏民族团结的；泄露国家秘密的；诽谤、侮辱他人的；宣扬淫秽、迷信或者渲染暴力的；法律、行政法规规定禁止的其他内容。此后的《电视剧审查管理规定》（广电总局令第 40 号）第四条明确规定："未取得《电视剧发行许可证》的电视剧，不得发行、播出、进口、出口。"鉴于发行许可证制度实施前已制作完成的电视剧存在继续发行、播出、出口等需求，为规范管理，2009 年国家广电总局电视剧管理司颁布了《关于规范发行许可证制度实施前的电视剧重播管理的通知》，通知规定从未取得过发行许可证的电视剧，如果需要继续发行、播出、出口等，必须向所属的省级以上电视剧管理部门报审并获得电视剧发行许可证。管理部门需依照审查程序，对内容严格把关，确保导向正确。2010 年，国家广电总局发布《电视剧内容管理规定》，其中第四章对播出管理进行了具体的阐述。电视台在播出电视剧前，应当核验依法取得的电视剧发行许可证。电视台对其播出电视剧的内容，应当依照本规定内容审核标准，进行播前审查和重播重审；发现问题应当及时经所在地省、自治区、直辖市人民政府广播电视文化行政部门报请国务院广播电视文化行政部门处理。国务院广播电视文化行政部门可以对全国电视台播出电视剧的总量、范围、比例、时机、时段等进行宏观调控。电视剧播出时，应当在每集的片首标明相应的电视剧发行许可证编号，在每集的片尾标明相应的电视剧制作许可证编号。电视台播出电视剧时，应当依法完整播出，不得侵害相关著作权人的合法权益。

第二，对上星电视剧的播出管理。为了防止重复播放、剧目撞车的现象，2004 年国家广电总局规定同一电视剧不能同时在 4 家以上上星频道中播出，各省上星频道需要将本省的电视剧播出计划每月上报。为进一步规范卫视频道电视剧的播出，国家广电总局电视剧司颁布了《关于进一步规范卫视综合频道电视剧编播管理的通知》，特对全国卫视综合频道做出如下规定：①电视剧每天播出时间总量不得超过每天播出电视时间总量的 45%；国家法定节假日（元旦、春节、劳动节、清明节、端午节、中秋节、国庆节，以下同）期间，电视剧每天播出时间总量根据本通知的总体精神自行掌握。②同一部电视剧每天播出总集数（包括重播集数）不得超过 6 集（每集不超过 46 分钟，以下同）；双休日同一部电视剧每天播出总集数（包括重播集数）不得超过 8 集；国家法定节假日期间，同一部电视剧每天播出总集数根据本通知的总体精神自行掌握。③同一部电视剧在 19 时至 24 时之间，播出总集数不得超过 3 集（包括重播集数）。

第三，黄金档电视剧播出管理。2000 年，国家广电总局颁布了《电视剧管理规定》，其中第三十五条明文规定：电视台每天所播出的每套节目中，进口电视剧不得超过电视剧总播出时间的 25%，其中黄金时间（18 时至 22 时）不得超过 15%。为进一步促进我国电视剧事业的繁荣发展，进一步规范我国电视剧播出秩序，2003 年国家广电总局在《关于重申黄金时段电视剧播出规定的通知》中再次重申：未经总局批准，一律不得在 19 时至 22 时黄金时段播放未经总局批准的合拍剧或引进剧，绝不允许播放盗版光盘。2004 年 4 月，总局颁发了《黄金时段不得播放渲染凶杀暴力涉案题材电视文化剧的规定》，这对净化荧屏、引导制作方生产健康向上的作品起到了非常重要的作用。

第四，对于不同题材电视剧播出的管理。2004 年 4 月 19 日，国家广电总局向各省、自治区、直辖市广播电视文化局（厅）、新疆建设兵团广电局，中央电视台、中国教育电视台、解放军总政艺术局、中直有关单位发出《关于加强涉案剧审查和播出管理的通知》，该通知规定：（1）所有电视台的所有频道（包括上星频道和非上星频道）正在播出和准备播出的涉案题材的电视剧、电影片、电视电影，以及用真实再现手法表现案件的纪实电视专题节目，均安排在每晚 23 时以后播放，特殊需要的需向总局专项报批；（2）各省级电视剧审查机构对涉案题材的电视剧、电影片、电视电影要加强审查把关，特别是对表现大案要案，或表现刑事案件的电视剧、电影片、电视电影、电视专题节目中展示血腥、暴力、凶杀、恐怖的场景和画面，要删减、弱化、调整；（3）各级电视播出机构对以真实再现手法表现案件的纪实电视专题节目要严格控制，对涉案题材的电视文化作品的播出数量要大幅度削减。2011 年，国家广电总局办公厅颁发《关于规范涉案剧播出时段和范围的通知》，规定除司法、普法、法制宣传类电视剧的发行许可证上不做限定，按一般题材电视剧播出发行外，涉案电视剧一律在所有电视频道的 19 时至 23 时以外播出。

（三）对本土电视文化的保护政策

1. 国家对本土电视文化作品在制作上给予资金和政策支持

政府对电视文化作品制作提供资金支持和税收减免政策。国家拨款加强电视文化基地建设，努力推进电视文化生产的集约化、规模化发展。建立健全文化专项资金制度，为促进电视文化产业的发展、增强宏观调控能力、保证重点需要、规范资金管理，我国中央和省级政府建立了专项资金制度。目前我国设立专项奖金制度主要有“优秀剧（节）目创作”等。另外，我国实行电视剧精品工程战略，对于一些题材好、剧本好、创作队伍水平高、制作能力强的剧目给予重点关注，在备案、审查等环节给予支持，在内容的把握上给予指导和帮助，鼓励和扶持一批有成长潜质的电视剧成为精品电视剧；有目的、有重点地与部分实力较强的制作机构加强沟通，积极倡导、鼓励这些制作机构创作更多的优秀国产电视剧。

2. 电视剧播出管理向国产精品剧倾斜，减少引进剧的播放时间

2000 年 6 月，国家广电总局颁布的《电视剧管理规定》规定：电视台每天所播出的节目中，进口电视剧不得超过电视剧总播出时间的 25%，其中黄金时间不超过 15%。2002 年 7 月，国家广电总局下发的《关于切实执行电视剧发行播出管理的通知》进一步明确规定，黄金时段不得播出引进剧和合拍剧。在 2003 年一年之内，国家广电总局又分别于 1 月、9 月、11 月三次发出通知，对这一规定的执行情况予以通报。从 2002 年下半年开始，国家广电总局决定将国产电视剧的播出时间从每晚 19 时至 21 时延长至每晚 22 时。另外，许多上星频道不仅在晚上 10 时以前播出国产电视剧，而且在 22 时以后安排优秀国产电视剧的播出。这为进一步促进国产电视剧的繁荣发展提供了强有力的政策支持，为电视剧市场的发展创造了广阔的市场空间。2009 年，国家广电总局发布《关于加强互联网视听节目内容管理的通知》，规定：“未取得《电影片公映许可证》的境内外电影片、未取得《电视剧发行许可证》的境内外电视剧、未取得《电视动画片发行许可证》的境内外动画片以及未取得《理论文献电视文化片播映许可证》的理论文献电视文化片，一律不得在互联网上传播。”

3. 坚定不移地实施“走出去”战略

近年来，在党中央、国务院的高度重视下，经过国家广电总局及有关各方的积极推动和努力，我国的电视文化“走出去工程”取得了丰硕成果。政府重点扶持了一部分大型国有电视文化企业及有较强创新能力和竞

争实力的电视文化事业单位，做大做强一批对外交流的电视文化品牌，积极参与国际文化竞争，扩大电视文化产品的出口份额，增强了本土电视文化产品的竞争力。2010 年，国家广电总局与中国进出口银行签署《关于扶持培育广播电视文化出口重点企业、重点项目的合作协议》。根据协议，在今后 5 年合作期内，中国进出口银行计划为我国广播电视文化企业提供不低于 200 亿元人民币或等值外汇融资支持，为电视文化走出去提供多种金融产品和服务①。

二　电视文化政策存在的问题

不论是公共服务模式，还是商业体制主导的美国模式，在数字技术、互联网和移动通信技术等新技术以及政治多极化、经济多元化和文化多样化的影响下，其电视文化政策都面临着一些问题，诸如应对数字化政策目标的调整、治理结构的变革、资金来源的多元化、评价体系的透明化等问题，不过这些政策问题都是在公共服务制度相对稳定、政策体系相对完善的前提下面临的局部性、阶段性问题，而中国电视文化政策所面临的问题不仅仅是应对新技术、新形势所带来的挑战，更为重要的是要建构公共服务体系及其政策体系，走向制度化、法制化和规范化，由此目前中国电视文化政策存在着政策设计的体系性不够强、政策安排的社会参与度不够高和政策评价的专业性不够强三大问题。

（一）政策设计的体系性不够强

任何成熟而有效的政策都是一个系统工程，电视文化政策亦是如此。中国电视文化业起步晚、底子薄、问题多，其政策设计的体系性不强，表现在：

1. 政策设计的整体性和全局性不够

电视文化创造力是一种极其脆弱而珍贵的稀缺资源，它需要开放、宽松的政策环境，因此，政策的重心宜疏而忌堵。然而，由于中国电视文化政策的形成长期以来遵循自上而下的制定、实施方式，人们对日益多样化和多元化的市场需求和产业组织又认识不足，这使得政策安排呈现出规

① 大洋网：《关于推荐中国进出口银行“扶持培育电视文化出口重点企业、重点项目贷款”有关事项的通知》，http://www.dayoo.com/roll/201010/07/10000307_103666836.htm，20101007。

范、约束多且强，而鼓励、支持少而弱的现象。也就是说，与各种包容、激励和支持的政策相比，禁止、限制和批评的政策相对多了些。另外，政策往往聚焦在现实中突出的现实具体问题，甚至流于“头疼医头、脚疼医脚”的怪圈。“三大工程”的实施对解决农民、西部边疆地区听看广播电视文化难的问题和提高到达率、满意率是功不可没的，截止到2009年年底，农村广播节目综合覆盖率达95.10%，农村电视节目综合覆盖率达96.40%，广播电视综合覆盖人口率分别达到95.96%和96.95%。广播综合人口覆盖率为96.31%，电视综合人口覆盖率为97.23%。[①] 但就政策目标设计上来看，缺乏对整个电视文化的通盘考量，政策目标往往源于领导阶段性的批示、讲话，而非制度、宪法。这在一定程度上造成了工程在实施过程中设施建设、资源利用、资金投入、人员安排等方面的重复、重叠甚至冲突，这种情形直到公共服务体系建设时期才得以好转，但与英美发达国家相比仍有相当大的差距。

2. 政策安排的程序和结构不够完善

目前中国电视文化政策制定过程尚未形成一个完善的程序，机动性、人为性相对强，而稳定性、法制性相对弱，而英美等国家则形成了制度化的政策制定过程，比如BBC皇家宪章每隔10年审核一次，其基本程序是专家组调研—专家组报告—社会参与讨论—政府蓝皮书出台与社会讨论—政府白皮书出台—新皇家宪章的发布。同样在政策安排的结构上中国电视文化服务政策也不够完善，比如治理结构和手段的单一、资金投入等保障体系的不健全，特别是相关法律体系和制度建设的不完善。例如，迄今中国电视文化公共服务治理结构仍未脱离政府包办一切的思路，没有形成像英国的BBC皇家宪章和美国的广播法案等刚性的制度和法规。

3. 政策评价体系不够健全

文化不强是现阶段中国电视文化发展的核心问题，而造成这个问题的重要缘由之一在于政策评价系统不够健全，这关系到产品和服务、产业绩效及政策本身的评价问题，主要表现为产品和服务、产业绩效和政策本身的评价标准单一。首先产品和服务评价标准单一。当今电视文化无论是在

---

① 国家广播电影电视总局统计信息，http：//gdtj. chinasarft. gov. cn/showtiaomu. aspx？ID = f66c23a5 - 654a - 48eb - aefa - a35de9139328，http：//gdtj. chinasarft. gov. cn/showtiaomu. aspx？id = 45dd923e - 77c5 - 4104 - 9406 - 517bff1cf1e7。

属性、取向上，还是在题材、类型和市场需求上，都具有多样性的特质，因此，电视文化产品和服务的评价标准也应趋于综合化和体系化，任何偏执一隅的评价标准都不利于电视文化的丰富与发展。当前，中国电视文化创意产业尚处于初级阶段，而电视文化作品和服务的评价性政策或倾向于计划经济时代遗留下的意识形态宣传标准，或倾向于改革开放后新兴的市场收益标准，或倾向于过于狭隘的纯艺术审美标准，缺乏一个科学、系统和专业化的评价体系。其次产业绩效评价标准单一。对电视文化创意产业的评价不仅要考量市场价值和经济绩效，更要评判其社会影响和国际影响，因此，需要构建经济指标、政治指标、社会和国际影响指标等多重价值标准的专业化产业评价体系。相比之下，目前中国电视文化评价性政策往往是挂一漏万：不是票房/收视率至上，就是政治挂帅；不是唯偏狭的本土（民族）价值至上，就是唯肤浅的西方价值至上。这表明，当前的产业绩效评价缺少符合电视文化复杂性与多样性的政策理念与安排。目前中国电视文化政策评价尚未脱离行政评价阶段，还没有形成统一的、相对稳定和有效的评价标准、指标和结构以及程序等。政策评价是政策实践和研究非常重要、极为复杂的环节，它涉及评价过程的开放性、民主化和评价标准的科学合理性和可操作性，以及评价方式的可量化性和综合性。对电视文化来说，其政策本身的评价则更为复杂。其间不仅牵涉到多种利益、多种影响、多种价值的博弈与平衡，而且其可量化和可操作性的复杂程度更高更大。目前，中国电视文化政策刚刚从传统的文艺政策和文化政策中脱胎出来，尚未形成独立的政策评价体系，往往还倾向于传统的行政评价，就政策对产业结构、产业组织结构，以及社会的影响尚缺乏足够的认识和合理的评价。再者，长期以来学界对于政策评价研究还处于缺位状态，专业化的评价体系严重缺失，造成了政策评价倚重于行政标准。

（二）政策安排的社会参与度不够高

任何公共政策都是由政府来制定的，或者说现代政府主要职能就是产出政策，但政策制定的过程和实施手段却越来越开放化和多元化，服务型政府建设的关键之一在于在政策制定过程中吸纳社会各界参与其中，以增强政策制定的可行性和有效性以及政策的执行力、生命力，同时治理结构和实施手段不再限于行政力量，经济手段、法律手段已成为现代社会治理结构和政策实施的重要力量。而中国电视文化政策安排的突出问题就在于政府闭门造车的观念仍然比较严重，社会参与的积极性和主动性不足，表现在：

1. 政策制定过程的单一性

以电视公共服务政策为例，纵观中国电视文化公共服务政策变迁的历程，从“三大工程”到体系建设相关政策的制定过程基本是在行政领域内运作，农民等弱势群体参与政策制定的可能性不大、程度不强，而且政策制定的出发点也是基于德政等政绩观和惠民等施予观。进一步讲，这种政策制定的单一性结构会在一定程度上导致政策执行力不强和效果不佳，“三大工程”实施过程中出现的“返盲”、坑农及随意性大等现象，与没有充分调动广大民众参与的积极性而是流于行政系统内部自说自话有很大的关系。

2. 治理结构的单一性

这个问题与第一个问题是相关的，一是治理主体限于政府系统，从组织构架到资金投入，从建设到完善，都是各级党委和政府既办又管、既搭台又唱戏。好在近几年，在运行机制和资金投入机制建设上开始放低准入门槛，吸纳社会力量参与。不过与公共服务体系较为完善的国家相比，尚有很大的差距，英美国家公共服务治理社会化的程度高，政府更多的职能是监督和宏观规划，具体事务都由像 BBC、PBS 之类专业组织来完成，而且在资金投入主体上也很多元化。二是治理主体间的关系也是以行政关系为主，上级的满意度而非公民的满意度成为维系整个治理结构的主要或唯一要素，与当今业已多元化的社会结构和多样化的公共服务需求不相称，亟须建构复合型的治理关系模式。

3. 政策实施手段的单一性

当今的电视文化产业是一种极具创意性的产业。市场规则和经济规律是其繁荣发展的基石，因此，其运作和调节方式应以市场和法律手段为主，行政手段为辅。而目前中国电视文化产业的政策手段更多的是意见、规定、通知和办法等阶段性、对策性的行政手段，上升到权威性、强制性、稳定性和合法性的经济手段与法律手段相对较少。特别是在版权保护上，刚性的、生命力强的经济手段和法律手段严重不足。实际上，仅靠自上而下的行政手段难以制止当前利益驱动下的侵害创造力的不法行为。政策实施倚重于行政手段在中国由来已久，政府包办一切的思路根深蒂固，以至于经济手段、法律手段都成了辅助手段或附属手段。在电视文化政策实施过程中这一现象体现得更为突出。一是目前运用电视文化的经济手段还不很成熟，市场手段、资本手段乃至税收和金融手段都处于刚刚介入公共服务时期，更何况这些手段在一定程度上又常常依附于行政手段。目前在农村电影放映工程、数字化广播电视基础设施建设中，一些地方开始运用经济手段，但尚处于幼稚阶段。二是迄今中国没有发布像 BBC 皇家宪章、美国公共广播法案等有关广播电视文化公共服务的法律法规，在实施中很难运用法律手段来推动各项政策的实施，只能依靠官员的道德修养水准和政绩考核，其实施的随意性和人为性是可想而知的。解决中国电视文化产业创意不足的问题需要纠正政策上的单一性，综合利用各种手段，方能更有效、有力地激发和保护电视文化创造力。

（三）政策评价的专业性不够强

政策评价是政策实践和研究最为重要的部分，可以分为事前评估和事后评价，这里指事后评价。政策评价不仅对决定政策变化、政策改进和制定新政策都有很大的影响，关系到新政策目标和政策安排的可行性和科学性，而且直接关系到政策的效益、效率、效果、价值和社会影响。多年来，中国电视文化公共服务政策评价没有受到足够的重视，或流于领导的口头表彰与批评，或缺乏可操作性的宏大叙事，其突出的问题在于专业性不够强，表现在：

1. 评价标准和指标比较模糊

目前中国电视文化公共服务标准和指标体系尚处于建构阶段，其标准和指标常常止于宏观的原则与比较粗略的指标，政策评价标准和指标也不很清晰。首先，评价标准和技术性标准表述不够明确。有关“三大工程”的政策文本中，特别是在早期，很难找到其评价标准，往往是流于“公共利益”“社会利益”“人民群众的利益”等原则性概念，更为重要的是对公共服务的技术性标准的细化，涉及基本公共服务的到达率、满意度和有效率等标准。比如，“村村通”的技术标准目前只强调覆盖率或到达率，没有关于到达的实际程度的标准，在实施中就会出现“信号或网络到村口或门口”等于“村村通”或“户户通”等问题。同时，缺乏有关政策满意度和有效率的标准。其次是评价指标不健全。较为完善的政策评价指标至少应包括执行指标、效益指标、效率指标和效果指标等，这些指标既要有定量指标，又要有定性指标。目前中国电视文化公共服务政策评价指标尚处于混沌状态，定性指标多而大，定量指标少而粗。比如，“村村通”工程实施的各项指标往往限于原则性的五项纳入，号令各级政府层层落实，但对落实的程度、效益、效率和效果鲜有明确的指标规定。

2. 评价信息和分析比较简单

中国电视文化公共服务政策评价在相关信息收集和分析上比较欠缺：一是有关政策执行和实际效果的信息管理尚处于初级阶段，信息系统不够完善，数据获取困难，现有数据重量而轻质，各地上报的数据集中在电视文化公共服务达到的数量，有关效益的大小、效率的高低和效果的好坏等服务质量的信息则比较笼统和模糊。进一步讲，有形或物化的硬件建设信息多，但无形或非物化的执行效率和服务质量信息少，而且有关信息收集和整理来源于政策执行主体，而非专业性组织。二是对有关信息的分析不够全面和深入，没有形成一套周密而有效的分析框架与体系。比如对农村电影放映工程实施的有关信息分析仅仅局限于到达率的分析，而对放映主体、观看主体以及当地的经济文化生活等相关信息分析得少，这往往会导致政策执行流于形式，政策评价囿于表层。

3. 评价程序和方法比较粗放

中国电视文化公共服务政策评价程序和方法仍然局限于传统的行政程序和手段，与多样化的公共服务需求和逐步体系化的公共服务实践很不相符。在程序上，基本上是按照行政级别层层上报和考核，缺乏制度化、中立性的评价程序；在方法上，更多的是行政系统内部自我评价（自评法），缺乏社会化的前后对比法、对象评定法、专家判断法等方法。

4. 评价价值取向有失偏颇

电视文化产业是一种具有意识形态属性、社会文化传承和经济价值的特殊产业，在政策的价值取向上具有综合性，因此，充分考量政治、经济、文化和个人价值的权重显得尤为重要。然而，纵观渐进式的中国电视文化政策的变迁过程，其价值理念或过多地倾向于政治价值——一切以宣传教化为准绳，或倾向于经济价值——一切以市场收益为指针，这显然在一定程度上滋生了电视文化创造力迸发的诸种障碍。

解决中国电视文化产业文化不强的问题需要在政策上突破各种单一、健全评价性政策，方能建构科学、系统的产品和服务和产业绩效，以及政策本身的评价体系，进而促使电视文化的多样化、国际化，进一步优化电视文化的传播效果。

中国电视文化产业政策研究是一项具有前沿性和复杂性的课题，这不仅源于中国电视文化政策独特而多变的历史，而且有关电视文化产业研究还处于起步和探索阶段，因此，相关研究需要密切关注中国电视文化的实践及其政策现实和政策问题，还需要深入研究国际上相关的理论与实践，进而建构适合中国国情的电视文化产业政策实践与研究体系。

第三节 电视文化政策发展趋势

一 电视文化政策的体系化

（一）电视文化政策的价值取向

一套科学的电视文化政策体系的建立首先需要解决的就是明确政策的价值取向这一根本问题。因为政策问题从形成伊始就天然地与一定的价值以及价值取向紧密相联，不可分割。理论上，价值取向作为某种意识主要通过以下三个过程表现出来：认知过程、情感过程和行为过程。政策问题当它（们）作为纯问题而存在时，它更多的是一种客观存在。但一旦认知或着手加以行动，那么相关的价值因素就必然出现并发挥作用。[①] 政策的制定是以价值取向为导向的，同样一个既定的政策问题，可能由于价值观念在其中的作用，政府的政策和行为便因此大为不同。所以，一套科学的政策体系的制定势必需要明确一个核心的价值取向作为政策制定实施的根本出发点和指导原则。电视文化政策的制定亦然，也需要建立一套科学的、以核心价值取向为统领的电视文化政策体系。

政策是政府意志的表现，也是党和国家管理社会和提供服务的基本手段，政策的价值取向充分体现了政策主体的价值取向。随着市场经济的发展和逐步完善，我国政府开始从经济建设型向公共服务型转变，政府政策逐渐改变此前片面地以经济增长为目标，更加注重从人的需求出发，最大限度地提供人们在物质、精神和文化等各方面所需要的公共产品和服务。[②] 特别是随着科学发展观的提出，我国公共政策的价值取向也随之发生了转向，从传统的效率优先、兼顾公平发展为以人为本、以民为先的公共政策价值取向。“以人为本”就是指以人的价值为核心和社会本位，把人的生存和发展作为最高价值目标，一切为了人，一切服务于人，一切要

---

① 张凤合：《当前我国政策绩效的价值取向解读》，《公共管理学报》2007 年第 1 期。

② 温家宝：《2004 年政府工作报告》，《人民日报》2004 年 3 月 5 日。

有益于促进人的全面发展。① “以人为本”是科学发展观的核心内容。我们党的十六届三中全会提出以人为本的发展观，就是把人作为发展的本质、本体、核心，把人的发展观视为发展的本质、发展的目的、发展的动力和发展的标志这样一种科学发展观念。

从发展的本质来看，人类社会的发展，是生产力与生产关系互动的结果，人们通过发展生产力、创造生产力推动了生产关系的发展，反过来，生产关系的发展又推动了生产力的进步。所以说，在生产方式的两个方面——生产力与生产关系中，决定的核心因素是人，人的素质提高、人与自然、人与社会、人与人之间的和谐是经济社会发展的本质；从发展的目的看，我们一切社会经济活动和社会发展都是为了人，以经济建设为中心只是达到这个目的的手段。人的自由全面发展是社会和经济发展的最终目的和价值导向。

我国是社会主义国家，在努力发展经济的同时更应重视个人的全面发展。因而，公共政策的价值取向转向以人为本是历史和现实发展的客观需要。科学发展观的第一要义就是把发展的目的归结到人的生活本身，从人们的“美好生活”的高度来审视发展；确认发展从属于、服务于人们的美好生活；确认人是发展的最高目的，发展是为了“创造我们的美好生活和美好未来”。科学发展观扬弃和超越了那种把发展等同于经济发展，又把经济发展等同于经济增长的片面发展观，追求作为全面价值的发展。由此可见，科学发展观标准与以人为本的价值取向是高度一致的，科学发展观应该成为我们贯彻和实践这一根本价值取向的指导原则。

公共政策的本质突出表现在它是一定社会阶级意志和利益的集中体现。我国是社会主义国家，广大人民群众是国家的主人，公共政策必须反映广大人民群众的意志和利益为广大人民群众服务。因此作为公共政策之一的电视文化政策应以人为本、以民为先为核心价值取向，以科学发展观为根本指导原则建立政策体系。其中包括价值体系、决策体系以及政策评价体系。

（二）电视文化政策的价值体系

明确了电视文化政策的价值取向与指导原则，我们再来构建电视文化政策的价值体系。电视因其具有政治属性、经济属性、艺术属性和公共服

---

① 余培源：《社会主义经济理论与实践》，《中国人民大学报刊复印资料》2004 年第 2 期。

务属性而在总体社会价值体系中满足着不同价值主体的需要，因而和多种价值体系链接在一起，呈现出不同的价值特性。

构建一个合理的电视文化价值体系是建构科学的政策体系的基础。公共政策的制定和实施，实质上是政策主体依据自身所代表的社会利益需求，对复杂关系进行调整。政府是公共利益的代表，其目标取向当然是公共利益，但由于资源总是有限的，因此政策选择和政策制定必须确认一个价值的排序，决策者在制定公共政策时必须面对这种选择。研究电视文化政策价值体系，就是要将满足不同主体价值体系的联结关系作出清晰的梳理和剖析。使电视文化政策在服务于社会经济发展的同时也能调节社会的利益关系。

1. 政治价值

在电视的价值体系中，政治价值决定其政治属性。一般而言，一定政治制度下的电视是为该政治制度服务，体现该制度所代表的阶级、政党或政治集团的利益，具体表现为通过宣传其政治纲领及政策，引导社会舆论，取得民众认同，进而改变民众的政治主张及行为，实现政治价值最大化。在当代中国电视价值范畴中，政治价值居于主导和核心地位，其价值主体客观上表现为一定的政治实体，如政府、政党、政治团体等。

2. 经济价值

电视具有经济产业属性，因此经济价值是电视价值体系中不可忽视的重要方面。电视媒体集团可以通过文化和信息产品的生产、流通和消费等获得经济价值，进而满足经济主体对经济利益的诉求，达到利益的最大化。电视经济价值的主体为电视产业的拥有者。西方发达资本主义国家的媒体以私营体制为主，其媒介集团以经济价值为基本价值，故价值主体为电视媒体集团的出资人；在媒体以国有体制为主的社会主义国家，电视业为全民所有，故经济价值主体为无产阶级。在当代中国，特别是媒介集团转企改制的宏观氛围中，电视产业经济价值日益凸显。

3. 艺术价值

媒体具有“文化传承”和“社会教化”的功能。作为一种传播形式，电视在文化传播上功能与作用凸显。通过文化内容的制作与传播活动，电视可以满足国家、民族、社会及特定的文化集团对于文化创造、传播和传承的需求，从而获得一定的文化影响力。电视也可以通过传播文化与艺术内容，提供为公众共享的认知和行为规范，使公众在获得艺术享受的同时，也获得改造自我和社会的知识与技能，从而完成电视的“社会教化”功能。在这个过程中，公众是文化价值的主体，事实与知识等是文化价值的客体。

4. 公共价值

与社会公共服务相对应的电视价值即为公共价值。电视的公共价值是指通过公共文化建设和服务，保障公民在精神文化层面上的基本权益，使个体通过参与媒介活动扩大社会交往，完善人格，提高自身修养，并实现无障碍的自我表达和自我实现。公共价值的目标是实现社会团结、社会整合的目标，实现社会进步，而其根本目标是实现人的自由全面的发展。电视公共价值的主体是公众，从权利角度来讲，则表现为一定权利主体的集合。公共价值的客体是媒介传播活动。

价值的实现有赖于不同的社会发展阶段中，政治制度、经济制度和文化制度等多重因素。因此在不同的社会发展时期，各个价值的倚重有所不同。在中国特色的电视价值架构中，政治价值始终出于主导和决定地位。而在当代中国的政治民主与媒体产业化进程中，公共价值和经济价值的地位也逐渐凸显。特别是在媒介转企改制的浪潮下，中国电视传媒集团迅速崛起，摒弃了计划经济时期的“事业机构”的思路，在计划与市场并轨的社会主义经济体制中，焕发出新的生机。

在电视的价值体系中，各种价值相互依存，缺一不可，它们同属于电视集团的价值体系，通过互动、融合与联络，共同作用于电视传媒集团。但是价值本身具有特异性，各个价值具有不同的特性和定位，因此彼此之间不能取代和抹杀。

人是价值的出发点和落脚点，因此在“以人为本”的价值体系中，电视节目的价值本体是人，其最终目标也是实现人的自由而全面的发展。因此，电视节目的产品制作、媒体经营和管理、制度的制定和落实等都应该以人为出发点，以人的物质与精神需要来作为价值尺度与衡量标准。在为人的发展提供正面能量的基础上，电视传媒还要注意消除自身与社会发展中的负能量，最大限度地实现电视传媒的公共价值。公共价值是个体价值得以实现的基础保障，公共价值实现的根本目标也是保障社会中每一个个体价值的实现。因此，公共价值的实现是基础，只有实现了公共价值，才能更好地实现政治价值、经济价值和文化价值。

制度化和规范化是保障电视各类价值得以实现的根本途径，没有制度的规范，任何价值的实现都无从谈起。就价值本身而言，不同的价值既有个性，又有共性。因此在价值保障制度的确立中，不仅要立足于每一个独立的价值实现，更要将各个价值之间相互联结和融通，科学地分析各个价值主体之间的权利义务关系，确定清晰的价值关系，形成稳定的政策和制度予以保障。制度化的最高表现就是法制化，在当前我国社会主义市场经济中，要全面实现电视的政治、经济、艺术和公共价值，就要建立严格的管理与监管制度、产权制度、版权制度、公共服务制度和媒介的自律制度等，并加快相关立法的建立，确保价值体系的统一和谐，实现价值的最大化。

（三）电视文化政策的决策体系

公共性是公共政策的本质属性，即公共政策要表达公共意志，维护公共利益。十六大报告指出，要完善深入了解民情、充分反映民意、广泛集中民智、切实珍惜民力的决策体制，促进决策的科学化。2004 年《政府工作报告》进一步强调，要加快建立和完善重大问题集体决策制度、专家咨询制度、社会公示和社会听证制度、决策责任制度。所有重大决策，都要在深入调查研究、广泛听取意见、进行充分论证的基础上，由集体讨论决定。近些年来，各种各样的决策形式都在实践中探索，如价格听证、专家咨询论证、座谈会、网上公开征求意见等，为推进决策的民主化、科学化和公开化提供了有力的保障。重视听证制度、重视听证程序、重视决策责任，表明政府决策开放度、参与度的提高，标志着“以人为本”的决策新理念正在形成。

公共政策的本质属性决定了公共政策的制定要有民主化和科学化的以人为本的决策体系。同样电视文化政策也要形成科学民主的决策体系。而构成这一体系的要素就包含了政策目标的明确、信息的公开透明、方案的论证评估、事后的反馈问责等提升社会参与度，达到政策制定群策群力的环节。

1. 电视文化政策的价值和目标考量

首先制定一项电视文化政策之前要进行政策的价值和目标考量。所谓确定政策目标，就是一个政党和国家为解决问题所提出的要求和要达到的目的。换句话说，就是通过制定政策和实施政策所要达到的理想状态和衡量达到目的的指标。只有科学的目标才能达到良好的政策效果。

确定政策目标，对制定政策有重要的意义。它可以为制定政策指出方向，以便拟定并提出各种可行性政策方案，一可以统一决策人员和政策研究人员的思想，便于保持决策人员和政策研究人员思想的一致性；二可以为选择政策方案提出衡量标准，便于选择最佳政策方案；三可以对政策实施的情况加以控制，便于顺利达到政策的目的要求。

科学地确定政策目标，涉及许多复杂的因素和条件，因此认真科学地确定政策目标十分重要。

第一，必须遵循正确的价值导向。制定电视文化政策要从以人为本的价值导向出发，坚持科学发展观为指导原则来确立政策目标。既要考虑到电视文化发展的实际需要，也要考虑政策的政治价值和公共价值，确保经济效益和社会效益相统一。

第二，要考虑政策的可行性和合理性，以及能否调动人们的积极性。所谓可行性，就是从客观实际出发，充分考虑到主客观条件，符合国情和国力以及人民群众的需要，只有建立在扎实的客观基础上的目标，才能在实践中立得住，行得通。所谓合理性，就是目标可以有一定的难度，既要高于现有水平，又不能盲目拔高，总而言之是经过努力可以实现的。制定目标要恰当适度。过低的目标起不到激励、促进的作用，无法开发潜力。过高的目标往往达不到预期效果，从而挫伤积极性。历史和现实都告诉我们盲目追求高指标、一味追求政绩会产生许多消极和有害的后果，从而违背了政策制定的初衷。因而这两种极端的目标制定都是不合理、不可取的。

第三，目标要保持相对的稳定性，不能轻易更改。朝令夕改不但不能达到预期的政策目标，久而久之，政策的权威性及可信度会下降，并直接影响政策的贯彻执行。

第四，要考虑到发展过程中的不确定因素，保持适当的弹性。政策目标的制定要留有一定余地，不能刻板僵化。因为社会不断发展，形势不断变化，许多偶然事件无法预测，如果目标过于僵化，一旦出现意外情况和偶然事件，就没有回旋余地，容易陷于被动局面，妨碍目标的实现。由此可见正确制定政策目标十分重要。

2. 提升社会参与的深度与广度

决策的民主化、科学化和公开化，是坚持以人为本的一种具体体现。电视文化政策价值选择是否合理，政策价值能在多大程度上实现，政策能否与社会发展相吻合，这在相当程度上取决于政策制定过程中社会参与的深度与广度。只有以广泛社会参与为基础的政策，才能反映公众的利益、愿望和要求。“以人为本”的电视文化政策，将更加重视人在政策制定中的主体作用，充分尊重人的知情权、参与权、表达权、选举权和监督权，在民主的基础上通过充分讨论来完成政策制定过程。

首先，信息的公开化是提升社会参与度的前提条件。一项政策的制定和推出，是为了通过实施政策实现人们合理的利益要求，满足人们的需要，只有更好地了解公共需求，利用公众的智慧，体现在公共政策制定上，就是要鼓励和保障公民和各种社会团体的广泛参与。公民参政议政的一个前提就是保障公民的知情权。因为任何一项政策的推出都与社会各个价值主体的利益需求息息相关。所以作为政策制定者的政府有必要公开政策相关的信息，做到及时发布，全面提供，保证信息的公开化透明化，使公民及每一个相关的社会价值主体更好地行使参与权、表达权、选举权和监督权，能够公平平等地参与到政策的制定讨论中来。

其次，评估的民主化是社会深度参与的体现。由于个人认识具有局限性，这种局限性可能会造成公共政策制定的失败，因而不能以少数决策者的个人主观意见作为政策制定唯一参考因素。公共政策制定的民主化、科学化就是要打破个人受价值观、知识结构和具体环境等因素影响的局限性，这就要求更多的人参与到政策制定中来，用自己的优势和专业对个人局限性进行补充，通过多元利益主体的博弈削减认识的局限性。因而专业论证和广泛听证一个都不能少。

在广泛听证方面，网民的作用日益凸显。一方面，随着科技的发展，互联网快速普及，广泛地促进了人类社会的信息交流，极大地改变了公民的政治生活，在更大程度上满足了公众的知情权、参与权；另一方面，随着网民人数不断增加、参与意识不断增强，公民参与政策过程的意愿与程度也日趋提高，政治参与的扩大成为政治现代化的重要标志。在互联网背景下网民参政议政具有新时代的特征，对丰富传统的政治参与理论有一定的积极意义。

从美国哥伦比亚市建立的世界上第一个“电子市政厅”，让居民在家里经由电子设备，按一下按钮，就可以参与地方计划委员会的政策会议，到新加坡最具特色的“电子公民中心”，用户在不同的人生阶段可以选择不同的相互关联的政策服务；从我国的人大会议期间人大代表、国务院各部部长做客人民网强国论坛，与网民直接对话，再到湖北籍大学生孙志刚案在网上引发的铺天盖地的声讨和对《城市流浪乞讨人员收容遣送办法》进行大讨论，直至使国务院在不到两个月的时间里就废除了旧政策，通过了新的《城市生活无着的流浪乞讨人员救助管理办法》，互联网已经成为民众参与政策过程的一个重要手段。

作为一种新兴媒体，互联网打破了时空间隔而造成的信息传输的种种障碍，使信息的公开化、透明化和及时性都大大提升。这也为民众表达利益诉求、参与公共政策制定过程提供了更加便捷的渠道；作为一种沟通平台，互联网是有史以来公众能够参与表达最为广泛的一种平台，这种参与的方式与传统参与方式相比，更能代表民意的“民本”含义；网络的开放性和平等性也极大地激发了民众政策参与的热情，提升了民众政策参与的能力。互联网促进了公共领域的形成，唤醒普通民众的公民意识与公民精神，加快了我国民主化建设进程，因而网民也成为公共政策制定过程中广泛听证的主体。

再次，必须充分发扬民主，提倡“百家争鸣”。由于参加方案论证的主体各不相同，其看问题的角度和思想方法也不同，对同一方案甚至会有不同或截然相反的看法。因此，必须允许和倡导发表不同的意见，甚至反对的意见，形成“百家争鸣”的局面，做到尊重专业意见，允许反对意见，才能集思广益，取长补短，以辨明是非，统一认识。这是论证工作所必需的民主政治环境。只有这样，才能使论证工作达到应有的深度和高度，使政策方案更加科学和完善。

最后，公共政策的回应性和有效性之间也密切相关，在政策绩效的实现过程中密不可分。逻辑上，回应性是实现政策绩效的前提和基础，有效性是实现政策绩效的关键和保证。在关注政策回应性、有效性的同时，为确保二者之间的正向互动及其对政策绩效的贡献，相关政策信息的透明度、利益协调、政策主体的问责机制也必不可少。因此应当鼓励多种形式的公共文化服务绩效评估。鼓励个人、社会团体、社会舆论机构、中介评估机构等通过一定的程序和途径，采取各种方式，直接或间接、正式或非正式地对公共文化服务绩效进行评估。

（四）电视文化政策的评价体系

中国亟须建构电视文化政策的评价标准，特别是指标体系，建立统一的、透明的信息数据库与专业化的分析队伍，以及制度化的评价程序和复合性的评价方法，进而形成制度化的政策评价体系。

所谓公共政策评估，是指依据一定的标准和程序，对政策的效益、效率及价值进行判断的一种政治行为，目的在于取得这些方面的相关信息，作为决定政策、政策改进和制定新政策的依据。现代政策评估理论的发展大致上可以分为实证主义政策评估与后实证主义政策评估两个阶段。从评估内容和形式的变化来看，现代政策评估大体上是沿着技术评估（单一评估）—道德评估（社会评估）—系统评估（综合评估）的路线发展的。在政策确立后的相当一段时期里，受到行为主义主流价值观的影响，政策评估在主流上一直倾向技术层面和事实层面的分析。实证主义的一个基本原则，就是强调把事实和价值严格分开，即“事实—价值”两分法。由于实证主义否认社会行动和社会价值之间根深蒂固的联系而逐渐受到了广泛的批评。20 世纪 70 年代，以约翰·罗尔斯的《正义论》为标志，产生了后行为主义的复苏。按照约翰·罗尔斯的观点：正义是社会制度众多道德之首，如果法律和制度不是正义的，那么不管它多么有效和运转顺利，都必须加以革正和消除。[①] 后实证主义则强调事实和价值的统一。

1. 电视文化政策评估的价值准则

开展公共政策评估，首先要有衡量公共政策是非利弊的尺度，这就涉及公共政策评估应该遵循的价值导向和原则问题。从强调 GDP 到“人类发展指数”，再到《人类发展报告》，表明人类发展理念在不断完善。在此过程中，人类不断运用新的理念指导当下的社会管理实践，以期完善社会管理，推动人类自身发展的逐步实现。这其中的一个重要体现便是政府评价指标体系的不断完善。立足于我国公共政策的根本价值取向即以人的自由全面发展为根本目的，现代政策评估在价值取向上也应做到以人为本，以科学发展观为根本衡量标准。做到三个文明建设的有机统一。改革开放到今天，科学发展观站在社会发展的战略高度引领了我国公共政策评估的首要标准由生产力标准向科学发展观标准的转变，是对我国公共政策评估标准的完善和发展。邓小平理论关于生产力标准的思想也绝不是唯经济增长论，它同时也强调了“两手抓，两手都要硬”和“效率优先、兼顾公平”，以促进我国两大文明的共同发展。但是在我国公共政策评估以及政绩评估中却把生产力标准简单化、片面化，使生产力标准在相当程度上变成了唯经济增长标准。在新形势下必须鲜明地把科学发展观确定为我国公共政策评估的首要标准。兼顾经济增长与社会进步的统一，在客观方面重视效果和效率，在主观方面强调质量和满意度，实现现实发展与未来

① ［美］约翰·罗尔斯：《正义论》，何怀宏译，中国社会科学出版社 2001 年版，第 3 页。

发展的统一。既不能只顾未来忽视现实的发展需要，也不能只顾眼前利益不考虑未来的可持续发展。综上所述，科学发展观标准不仅内在地包含绩效标准、效率标准、效能标准、效益标准等事实标准，而且更强调了社会公正、以人为本、社会可持续发展等最基本的价值标准，符合首要标准要将事实标准和价值标准结合起来的内涵；适应实证主义强调的系统评估（综合评估）的模式；适合我国的国家性质和基本国情；顺应公共政策的发展趋势，应当成为我国公共政策评估的衡量标准。

2. 电视文化政策评估的程序

广义的政策评估包括政策方案执行前、执行中和执行后的评估，即事前、事中和事后的评估。事前评估是决定问题能否成为政策以及进行政策规划研究时进行的评估，一般采用预测和仿真的方法来进行评估。事中评估在政策实施中进行评估，着重检验是否按政策目标来执行，对前面工作的进展情况与预期效果进行比较，并对未来进行预估，以发现问题，调整或修正目标和策略。事后评估是指政策完成后，评估它是否达到了预期的目标。

第一，事前评估。行政权比重小于公民权。由于决策与执行是两类性质不同的事务，公共政策的制定与执行一直存在反比关系，这是因为，决策讲究科学民主，要求从长计议、三思而后行；执行要求高效快捷，迅速果断。如果决策时匆匆上马，那么许多阻碍将在执行中体现，从而导致执行效率不高；如果决策时充分酝酿，则执行时所要面临的困难都已经在决策过程中考虑到，所以执行效率较高。

对电视文化政策事前评估的重点在于，公民权比重要大于行政权。公民权的发挥要求增强政府决策的透明度，建立起公众参与决策的制度，赋予公众在公共决策上的话语权。因此，在公共决策事前构建一个公民与政府平等的对话系统和平台，十分重要。更为重要的是，公众参与决策所形成的意见，应该是公共政策形成的主导依据，而非参考意见。因此，公众参与的组织安排，相对于传统官僚制下的政府管理的封闭流程，我们应该充分鼓励工作的参与互动。传统的政策制定是指令式的，信息不公开、不透明，因而其政策合法性容易遭受质疑，这样的结果也势必影响政策的执行。

因此在制定政策的前期评估阶段要广泛听取公众意见，与公众进行互动沟通，使政策具有普适性以及公众信服承认并赋予的合法性。从而减少和避免由于信息不对称和暗箱操作产生的政策隐患。充分发扬公民精神，发挥公共领域的作用，促进公民社会的形成。政府决策的民主化、科学化已经成为一种共识，当实践部门和学界共同喊出政府治理必须由统治型向服务型转变时，政府决策就已不再仅仅是政府自身的事情了。公共管理与政府管理的区别在于，公共管理中公民之间的政治关系是横向的，而在政府管理中，这种政治关系是一种命令—服从的垂直关系。我们总是将政府管理等同于公共管理，但实际上，我们对公共管理中的“公共”的丰富内涵和寓意总是缺乏深刻的理解。当前全球的政府改革的目标指向无非是将政府管理引导至公共管理罢了。从政府管理到公共管理，实质上就是由行政权主导向公民权主导的转变。

第二，事中评估。行政权比重大于公民权政策的执行，与决策要保持一致性，要能够以最少的成本和时间完成电视文化政策意图和实现政策目标。执行效率是政府决策的民主化延伸和应有之义，也是政府运作顺畅的条件。一项政策如果得不到贯彻执行，就不能称之为政策了。在执行过程中要将政策意图和宗旨反映到政策结果上，必须将执行的效率纳入执行主体的要求当中。为了减少政策成本，较好较快实现政策目标，执行的效率化又成为政府改革中必须关注的课题。

政策在执行中发生偏差和梗阻已经成为公共管理中普遍的问题，或是因为执行主体理解上的偏差，或是执行主体主观上故意曲解，或是政策环境的改变需要对原有政策进行调整，或是执行条件不具备，不一而足，都会导致政策最终难以达到预设效果。决策与执行的不一致性不仅困扰着公共管理者，而且也使公众对政府决策产生疑问，失去信心。其主要原因就是没有发挥好行政权。

在这一阶段，要把握好行政权的尺度问题。对公共决策事中评估的重点在于，行政权比重要大于公民权。首先，这是以公共决策事前充分发挥公民权的作用为前提的，如果抛开此前提，强调事中行政权比重大于公民权则适得其反。其次，公共政策评估应当以公共服务为指导原则，避免将政策评估的研究放在公民权与行政权对立的层面上。既要控制政策执行中行政权的恣意运行，同时更应注重对公民合法权益的保护。行政权与公民权是公共政策系统和运行过程的两个支撑点，在政策执行中，两者是一种互动的关系，行政权的运行是基础，公民权的实现是目的，行政权比重大于公民权是为了最终更好实现公民权。最后，行政权比重大于公民权是相对的，只是说明在政策执行中行政权相对于公民权诉求更具有优先性，而非破坏公民权。一旦侵害了公民权，这种优先性则顷刻之间消失殆尽。

第三，事后评估。行政权比重等于公民权。理论上，只要事前充分酝酿，事中执行得力，那么对于电视文化政策的事后评估则无足轻重。然而实际上，由于当今世界瞬息万变，公共政策领域复杂多样，即使事前深思熟虑，随着环境、条件的改变，政策预设目标也需要相应调整。所以有学者认为事后评估是“最主要的一种评估方式”。对公共决策事后评估的重点在于，公民权比重要等于行政权。只有将公共政策改革实践放置于行政权与公民权的理论中讨论，才能够在研究政策评估中既见树木，又见森林。政策的评价不能单一依靠表面的政绩，而应以公众的真实体验结果作为参照。公共政策作出相应调整以实现官本位向公民本位转变是一种必然选择。从更为宽广的视野来看，将公共决策事前评估的重点安排为公民权比重大于行政权，只不过是确定一种公民本位的制度安排；将公共决策事中评估的重点安排为行政权比重大于公民权，是以最少的时间和成本实现这一制度安排。将公共决策事后评估的重点安排为公民权比重等于行政权，是因为行政权与公民权的和谐相处可以避免公共政策自身运作的损耗，使其沿着正确轨道良性健康进行，并为新一轮的公共政策发挥创造良好环境和基础。

二　电视文化政策的多元化

目前中国电视文化政策制定过程中存在的问题在于社会参与程度不高，而良性的政策制定过程应更加开放，增强政策制定过程的透明度，广泛吸纳社会各界的意见，特别是政策对象的实际需求与建议，改变目前单一性过强的政策制定模式。

（一）主体的多元化

放眼全球，当今在发达国家，政策制定的模式正经历由共同体主体到公众主体的深刻转型，而我国由于科技文化发展水平的相对落后，以及政策安排形式的特殊性，公共政策制定模式正在缓慢地经历着由精英主体到公众主体的转变。在我国，政策制定的主体大致有以下几种：

1. 公共权力机关主体，包括立法机关、行政机关和司法机关。它们居于法律规定的权力地位，享有公共权威，是公共政策制定体系的主要力量。这些机关凌驾于社会之上，集中代表着社会公共意志，肩负着管理社会公共事务，实现公共利益的职能；拥有对公共资源进行权威性整合与分配的权力，最有资格制定和实施公共政策。

2. 政党主体，它们虽然不直接制定政策，却能很大地影响政策。一方面，在我国，执政的中国共产党是具有国家公共权的政策主体，其地位由宪法予以保障。很多情况下，国家方针首先以党的名义发布，党的红头文件起到了实际上的政策导向作用。另一方面，中国共产党处于社会和国家之间的纽带与桥梁的中介地位，她具有凝聚公民意志，表达公共利益的功能，能将民众的要求转变为可供选择的政策方案或建议。

3. 非政府公共组织主体，它们是公共政策制定体系中的重要力量。在这里，听证制度等正是公共政策制定模式转型的产物，它代表了一种更为科学民主的政策制定途径，极大地保证了政策的公共性、科学性，较之以前的政策制定，具有更大的现实意义。

4. 公众主体，它们是正在不断发展壮大的重要主体，在政策制定时，被政策涉及的许多民众、有关专家等共同参与政策制定。其中，半官方、半民间的智囊团是主要形式，他们更富于独立性，在尊重科学和实践的基础上，从实际出发，依靠严密的论证得出令人信服的结论，较少受到外力干扰。①

5. 民营企业，电视节目制作企业主体。在电视产业化、市场化的体制下，电视节目民营企业越来越多，而且它们利用其自身优势，在节目的内容生产上发挥着重要作用。因此，它们也应成为政策制定的参与者、谏言者。

由于主体的多元化是客观存在的事实，电视文化政策的制定要从客观实际出发，要求主体的广泛的参与，电视文化政策的制定只有综合各方主体的意见和建议才能制定出被各方接受的行之有效的科学政策。促进政府信息公开，确保民众的政治参与权对民主决策来说只是个开始。要使民主决策最终实现，民众利益和意志真正得到反映，还必须提供公民参与的制度化渠道，建立决策听证制度，让民众或民众代表能够参与到关系自身利益的政策制定过程中，充分反映自身的利益要求，使民众和不同的利益集团能与行政决策主体平等地商讨政策的目标、方案，分析、论证其施行的可行性和可能性，限制政策主体滥用政策资源，达到监督政府的目的。

另外，因为根据有限理性的理论，受决策者个人的学识、经验、立场、个性等影响，他们所能作出的备选方案是十分有限的，因此决策咨询

① 张国庆：《公共政策分析》，复旦大学出版社2004年版，第120页。

就必不可少了。因此，在制定电视文化政策时，政府可以建立自己的智囊团，聘请相关专家作为顾问，但决策咨询不仅限于此，听证也是政府智囊团的一个延伸。尤其是专家听证，可以使更大范围内的专家群体为政府出谋划策，由此产生的政策建立在多个方案的择优之上，往往比较科学合理，能够有效避免重大的决策失误。

（二）利益诉求的多元化

在中国从计划经济向市场经济的转型过程中，社会结构发生了巨大的变化，各阶层利益得以分化和重组。市场经济最明显的是经济的多元化，尤其当非公有制经济在整个经济结构中的比例不断加大，并在宪法中获得了合法地位，从而形成了全社会的多元利益结构。当公共利益遭遇具体问题时，由于政府控制的政治资源之有限性，无法满足所有人的利益，人们需要取得的共识是，任何一项政策的制定在一段时间内总会给一部分群体带来益处，而损害了另一部分群体的利益，也就是说，“没有一种方法可以精确地确定在多大范围内分享的利益就是公共利益。实际上，不存在所有人共享的利益”①。

公共政策作为社会利益的调节器，是公众的政策，既代表多数人的利益，也代表少数人的利益，但一定不是特殊阶层或少数拥有权力的个人利益的实现工具。公共政策通过提取、分配、管制、象征等基本功能，最终实现社会利益的均衡与协调。在我国社会转型、利益分化和利益诉求多元的背景下，社会主义和谐社会的构建在客观上要求对公共政策的目标导向进行理性反思和重新定位，即公共政策的目标导向必须从一味追求在事实上很难实现的公共利益向社会多元利益的均衡位移。当前，电视文化政策制定面临着主体多元化和与之相应的利益诉求多元化问题，因此只有平衡协调好各方利益，尤其对政策对象的实际需求与利益诉求有了充分了解和考量的基础上才能制定相应政策，以保证政策的科学性、有效性和公平性。②

（三）治理结构社会化

1. 治理主体多元化

长期以来我国电视文化事业的治理结构单一，主体仅限于政府。但是

---

① 唐代兴：《德谟克利特：功利论伦理的思想源头》，《思想中国学术论坛》2005 年 12 月。

② 刘伟忠：《从公共利益的实现到社会多元利益的均衡———论和谐社会语境下公共政策目标导向的位移》，《理论探讨》2007 年第 3 期。

我们所要建构的和谐社会应当是充分包容和尊重各种社会主体，社会治理结构也应当呈现多元化。治理主体仅限于政府，治理手段仅限于行政无异于把多样性和多元化的社会因素简单处理。这种做法长期实行，就会导致行政独大、治理僵化的局面，而其结果是社会的自主力量受到了扼杀，特别是大量的社会原发性要求受到了扼杀，长此以往不利于电视文化的发展和政策的执行。我国社会的发展已经呈现出一个多元共存的社会共同体。对这样一个社会的治理，是单一主体所无法运筹的。也就是说，社会治理主体也必须适应这样一个社会，以多元治理主体来应对多元化的需求和治理多元化的社会。今天的社会治理需要尊重并适应多元化的现实，以多元治理主体合作的形式来实现社会共治。

2. 鼓励专业公共机构参与社会化管理

随着我国经济市场化不断深入，政府在提供公共化服务和文化产品上存在着局限性。为了填补政府在公共文化服务中的真空，非政府组织应运而生，并充分发挥作用，成为公共文化服务体系的另一主体。随着社会的发展，我国政府体制改革的不断深入，非政府组织在公共文化服务体系中将越来越起到更重要的作用。一般来说，非政府组织加入政府公共文化服务体系后，将会起到如下的重要作用。

弥补政府对公共文化服务力量的不足。根据市场失灵、政府失灵的理论，市场在提供公共物品时常常缺乏动力，没有积极性，而政府提供的公共文化用品又无法满足全体民众的需求，需要非政府组织的介入，提供多元的、多样的产品与服务。对于政府公共文化服务而言，它起到了拾遗补缺的作用，填补了政府公共文化服务的空白。

非政府组织作为重要主体是政府职能转变的需要，政府体制改革的目标是实现政府职能“管”“办”分离，对文化领域来说，改革后的政府主要起到“管”文化的角色，而“办”文化将由市场和非政府组织积极运作。由此，非政府组织就需要承接部分政府以往承担的职责，包括提供某些公共文化产品和服务。比如，在《北京市“十一五”时期社会公共服务发展规划》中，根据社会公共服务具有的公益性和可经营程度的不同，将社会公共服务分为两大类：基本社会公共服务和非基本社会公共服务。后者又可分为准基本社会公共服务和经营性社会公共服务。通过实行社会公共服务分类管理，科学界定、划分政府和市场在提供社会公共服务中各自的职责和作用。其中，文化领域的经营性社会公共服务包括：提供包括影视节目制作、发行和销售，出版物发行和印刷，放映、演出、中介经纪等的文化产业服务，这些需要非政府组织来承担。非政府组织作为重要主体，是人们精神文化需求日趋多元化的需要。改革开放以来，社会生活呈现多样化，催生了社会意识的多样化趋势，具体表现在人们的思想活动的独立性、选择性、多变性、差异性的增强上，人们思维内容、方式的区别增加，思想活动的形式、内容更加丰富多彩。因此，引导社会主体进入文化领域，形成政府主导、社会参与、市场化运作的新模式是一种必然的选择。①

3. 投资主体多元化

由于文化产业的资源与意识形态的相关性，资源基本上都集中在国有控制，形成了行业上的垄断。长期以来，投资电视文化产业的主体比较单一，资金主要来源于国有资本，海外资本和民间资本对电视文化产业的投入受到政策壁垒的限制。这种政府投资包办的经营方式缺乏市场活力，不利于竞争的展开，使得电视文化产业缺乏生机和活力。没有竞争就不可能促进发展，没有发展也就不能促进社会主义精神文明建设，不能让广大人民群众享受充分的文化成果。这种垄断的机制长期存在，文化产业的发展势必受到制约。

因此，政府在加强监管的前提下，必须突破体制上的局限，应拿出一部分资源与民营合作，通过引进民营体制和机制来参与和促进整个文化产业的发展，给民营企业更多的机会。以此来为电视文化产业的发展注入活力，为电视文化产业的发展提供充足的资金保障和技术支持。

同时也可以按照“谁投资、谁所有、谁收益”的原则，引导民营文化企业通过发行股票、债券、转让产权等方式直接融资，广辟融资渠道；引导金融机构向民营文化企业提供贷款择优、利率优惠的服务；发挥民营企业信用担保体系的作用，推进政府、银行、企业、担保机构的合作，健全向银行推荐优质项目的长效机制，组织开展文化产业贷款项目的推荐工作，努力缓解民营文化企业贷款难问题；积极做好文化产业项目储备工作。另外，在国际竞争日趋激烈的大背景下，我国的电视文化产业也可以适当引入外资。进一步加大招商引资工作力度，促进我国民营文化企业与

---

① 陈志强：《非政府组织在构建公共文化服务体系中的作用》，《北京观察》2008 年第 3 期。

国（境）外企业的合作。[1] 以多元化的投资模式促进我国电视文化产业大发展。

（四）管理手段多样化

电视文化产业一方面作为国民经济的产业之一，具有其他产业发展的共性，存在着文化企业生产的外部性、文化产品分配的不公平、传统文化产业衰落、地区发展不平衡等问题；另一方面，文化产业提供的产品和服务中有相当一部分具有公共产品或半公共产品的性质。因此文化产业需要国家加强宏观调控，通过各种手段弥补市场的不足。目前，国家对电视文化的管理手段主要有三种：行政手段、经济手段和法律手段。行政手段是指国家通过行政机构，采取带强制性的行政命令、指示、规定等措施，来调节和管理经济。经济手段，是国家运用经济政策和计划通过对经济利益的调整来影响和调节经济活动的措施。法律手段，指国家通过制定和运用经济法规来调节经济活动的手段。

纵观新中国成立以来电视文化发展的历程，我们发现，改革开放前，国家对电视文化的管理主要是行政性的规章制度。改革开放后，随着市场经济的发展，国家开始有意识地运用经济杠杆来调节电视文化产业的发展。总体来说，国家对电视文化的管理手段还是比较单一，主要集中在行政手段上，经济手段尤其是法律手段比较匮乏。为了进一步促进电视文化的健康发展和持续的繁荣，国家应该从行政、经济和法律三方面入手，三管齐下，实现管理手段的多样性。

首先，动用行政的力量，通过各种规章制度对电视文化进行管理。其次，要加大经济手段的力度。政府要自觉依据和运用价值规律，借助于经济杠杆的调节作用，对电视文化进行宏观调控。经济杠杆是对社会经济活动进行宏观调控的价值形式和价值工具，主要包括价格、税收、信贷、工资等。也是国家运用经济政策和计划，通过对经济的调整来影响和调节经济活动的措施。

财政政策和货币政策是国家在宏观调控中最常用的经济手段。国家还可以通过制定和实施经济发展规划、计划等，对经济活动参与者进行引导，以实现国民经济的持续、快速、健康发展。政府要加强财政政策的力度，努力推进影视生产的集约化、规模化发展。改革投融资体制，促使投

---

① 茅采红：《关于促进民营企业发展文化产业的提案》，《民营经济报》2009 年 3 月 27 日。

资主体多元化，扩大融资渠道。

在法律手段上，完善文化法律，建立一套完整的法律体系。加快电视文化的发展，最根本的是尽快解决有关法律、法规的问题，法制环境的完善是文化产业发展壮大的保障。加强电视文化相关法规政策建设，进一步营造良好的市场法制政策环境，以完善的政策法规体系促进电视文化产业发展。在调整电视文化发展和电视文化管理方面发挥重要作用，做到"有法可依、有章可循"。

三　电视文化政策评估和管理的专业化

（一）健全政策评估的标准指标

1. 政策评估定义及功能

E. S. 奎德定义为："政策评估从广义上讲是确定一种价值的过程分析，狭义上，却是调查一项进行中的计划，就其实际成就与预期成就的差异加以均衡。"安德森定义为："政策的评价与政策的估计、评价和鉴定有关，作为某种功能作用，政策评价能够而且确定在整个政策过程中，而不能简单地将其作为最后的阶段。"威廉·邓恩定义为："政策评估是这样一个领域的工作，努力用多种质询和辩论的方法来产生和形成政策相关的信息，使之有可能用于解决特定政治背景下的公共问题。"

政策评估的着眼点是政策的效果。政策评估主要是对政策方案的评估，属于预测评估的范畴，即政策评估是"未来取向"的；政策评估是对政策全过程的评估，既包括对政策方案的评估，又强调对政策执行以及政策结果的评估；政策评估就是发现误差、修正误差。政策评估愈来愈重视政策利害关系人对于政策的反应态度和意见。

政策评估包含以下几种功能活动：指明并叙述什么是评估的对象，设定某种测量方法用以收集与评估对象有关的资料，对资料加以分析，以判断接受评估的这项政策是否确实有效。公共政策评估是在一定价值观指导下的价值认识活动，是以价值观为前提和核心的。公共政策评估的目的和根本任务是揭示公共政策活动全过程各个环节的价值的有无和价值量的大小，是一种价值判断活动。评估对政策的执行有着重要作用。评估与执行的区别与联系见下表。

表 2－5 **评估与执行的区别与联系**

政策评估的主项	完美的政策执行
环境因素阻挠和牵制执行组织吗？	环境因素不会阻挠和牵制执行组织
有充分的资源和时间可资运用吗？	有充分的资源和时间可资运用
政策执行阶段上资源供应及时吗？	政策执行阶段上组合资源供应及时
政策在因果理论下执行吗？	政策在因果理论下执行
因果关系是直接和清晰的吗？	因果关系是直接和清晰的
政策目标自始至终是稳定和一致的吗？	政策目标自始至终稳定和一致
执行机构和个人职责明确吗？	执行机构和个人职责明确
相关部门可以进行充分沟通协调吗？	相关部门可以进行充分沟通和协调

2. 公共政策评估的特性

第一，公共政策评估具有评议性。评议性的几种评估形式有公众评估、专家评估、官方评估和自我评估。评估的参与主体有政府、专家、公众（媒体）、个人。第二，公共政策评估具有估价性，其具体表现为价值认识、价值分析、价值判断。第三，公共政策评估具有比照性。比照性是指政策评估过程，实际上是评估主体用已有的价值观和评价标准与作为评价对象的政策行为结果的价值进行比较对照，以揭示和说明政策行为的价值。

3. 政策评估类型

政策评估的类型、标准及意义政府制定各种各样的政策来解决公共事务问题，由于政策的广泛性以及人们关注政策的角度差异，所以政策评估的类型呈现出多样化的特点。国内外学者的分类表现为两大趋势：一是政策评估应分为三类，即正式评估和非正式评估，内部评估和外部评估，事前评估、执行评估和事后评估；二是赞同从政策的影响角度作诸如效益、效率、效果方面的分类。

正式评估指事先制定完整的评估方案，并严格按规定的程序和内容执行，并由确定的评估者进行的评估。它在政策评估中占据主导地位，其结论是政府部门考察政策的主要依据。如一些重大工程的论证。非正式评估指对评估者、评估形式、评估内容没有严格规定，对评估的最后结论也不作严格的要求，人们根据自己掌握的情况对政策做出鉴定的评估。平时大量进行的评估都属于此类，如记者采访居民对某项政策的随意评论，政府领导人视察某地的即兴评说。正式评估占据主导地位，直接关系到评估活动的质量，应该大力提倡，不断改进。非正式评估一方面可视为正式评估的必要准备，另一方面也是正式评估的一种重要补充，因此，在政策评估中，正式评估和非正式评估缺一不可，都应给予足够重视。

内部评估是由政府机构内部的评估组织和人员所进行的评估。它可分为两类：政策运行机构和人员自身所进行的评估；由专职评估组织和人员所进行的评估。外部评估是由政府机构外的评估主体所进行的评估，它也分为委托和不委托两种类型。内部评估和外部评估各有其利弊，因此，在实践中，应把内外评估结合起来，取长补短。

政策影响评估、政策效率评估和政策效益评估是根据政策评估内容的不同所作的分类。政策影响评估主要是指政策对其对象产生的作用及各种制约因素对政策产生的作用所进行的分析评估。政策效率评估是指政策在其运行过程中的速度、范围等功能效力的分析评价。政策效益评估是指对政策运行中或运行程序结束后所产生的有效的结果、成果、收益等进行评价和估计，即是对政策实践的客观结果进行分析、评价和认定。

4. 公共政策标准的分类

政策评估的标准是衡量有关政策的利弊优劣的指标或准则。对于公共政策评估而言，没有标准就不可能有评估，因此，建立政策评估标准是进行政策评估的起点，也是政策评估的重要内容。

公共政策评估的标准包括适用于各种公共政策评估的一般标准，可选择适用特定公共政策评估的具体标准和运用于实际公共政策评估的操作标准三个层面。其中，一般标准包括实践标准、生产力标准和民意标准。上述标准又可细化为社会、政治、经济和道德等方面的标准。

从公共政策运行的实践来看，在操作过程中，目前人们比较认同的政策评估标准主要有效果标准、效率标准、效应标准三类。

政策评估的效果标准主要衡量政策实施后产生的各种结果与影响。在使用效果标准时，政策评估者需要了解下列信息：一是政策目标的实现状况，即预定的目标实现了没有，是完全实现了，还是只实现了其中的一部分？原来的政策问题是否得到解决，是部分解决了，还是完全解决了？二是政策的总体效果状况，即政策实施后对整个社会产生何种影响，已造成和正在造成什么后果？三是政策的全部效果状况，即政策实施后有哪些正、负面的效果？有哪些经济、非经济效果？

政策的效率标准是衡量政策取得的效果所耗费的政策资源的数量，它通常表现为政策投入与产出之间的比例。政策投入包括政策活动过程中所投入的人力、物力、财力、信息和时间等。政策的产出是政策执行过程中产生的结果。

效率标准与效果标准既有区别又有联系。效果标准关心的是有效执行政策，达到政策预定目标；效率标准关心的是如何以最小的政策投入得到最大的政策产出。因此，效率与效果之间有时并不统一。一次政策执行的高效率，未必能实现预定的政策效果；一次达到预定目标的政策执行，未必是高效率的。因此，政策的效率必须首先建立在政策的效果上，没有效果的效率是无用的。

5. 政策执行与政策评估的区别与联系

所谓效应标准是以政策实施后对社会发展、社会公正、社会回应影响的大小来评估政策的标准。这是最高层次的评估标准。这一标准又可分为生产力标准、社会公正标准、公众回应标准三个层次。

首先是生产力标准。任何公共政策，其最终结果的衡量标准是看它是否有利于生产力的解放与发展。离开这一根本标准，政策评估就会偏离社会的基本发展方向。

其次是社会公正标准。政策公正标准反映出政策成本及收益在不同群体或阶层中间分配的公平程度。公正是衡量政策的一个重要标准，公共政策实际是一种利益的分配过程，一项好的政策应该是努力实现公平、合理分配的政策。

最后是公众的回应标准。公共政策是对公众利益的协调，公共政策实施的效应如何，只有以公众的满意程度来衡量。要考察一项政策实施后，公众对解决问题的满意程度，它包括：有多少人表示满意了，获得满足的程度如何；政策实施后，公众对政策是积极回应，还是消极回应，甚或不作回应；等等。

综上所述，电视文化政策的评估标准与指示对应情况见下表：

表 2－6　**电视文化政策评估标准与指示对应表**

生产力标准	促进性指示
社会公正标准	公平性指示
公众回应标准	满意度指示

政策评估的意义在于检验政策的效果、效益和效率的基本途径；是决定政策修正、调整、继续或终止的重要依据；是有效配置资源的基础；是开始新的政策运行的必要前提；是决策科学化、民主化的必由之路。也只有在各项标准和指标健全并要随着社会发展而不断丰富的专业化评估体系下，我国电视文化政策制定才能更加科学、合理。

（二）建立专业信息库

政策制定的专业化离不开信息管理的专业化。因此，建立电视文化政策管理的专业化数据库是政府信息化过程中必不可少的一个重要环节，也是电子政务的主要内容。在数字网络技术和计算机技术日益成熟的今天，信息化已经渗透到各行各业。在公共管理部门，政府部门信息化更是现代管理的必要手段之一，也是管理专业化的体现之一。

数据库技术是数据处理过程中的一项重要技术，运用数据库技术建设政务数据库是信息化工作的基础和重中之重。数据库系统先后经历了层次和网状数据库系统，未来数据库的发展趋势主要有两方面：一是整合数据库存储资源，实现资源共享；二是提升数据库功能，侧重于面向对象数据库系统和知识库系统的发展，将其运用到信息管理和知识管理中，实现数据库信息的价值增值。其核心问题是如何科学处理数据。数据库的价值所在与政府职能部门、公共服务部门需要科学处理大量信息的需求不谋而合。

政府的信息资源占据了社会有效信息资源的60%以上，只有建立专业的信息数据库才能有效地整合信息资源，为政策的制定提供信息支持和信息监测。同时，专业信息库的建立也促进了信息的公开和透明，为公众获取更丰富全面权威的信息资源提供平台保障。专业的电视文化政策管理信息库的建立能帮助实现电视文化政策信息的有序组织与合理运用，发挥辅助决策作用，同时促进电视文化政策信息的社会共享，科学处理电视文化政策的信息数据，从而促进电视文化政策的科学制定和管理。

第三章　电视文化角色论

电视文化恰如一柄双刃剑，有人会把它看成是当代人们生活的百科全书，是满足人们各种欲求的伴随物，是人们日常生活和心灵世界的导师，是勾连不同品类文化的有力桥梁，但也会有人把它视为是充满物欲的恶魔，是消减人类思想深度的杀手，是毁灭传统文化和民族文化的帮凶。如此这般完全相悖的评价，使电视及电视文化经常处于毁誉参半的境地。[①] 今天，电视文化复杂的存在吸引了人们诸多关注的目光，若详究其实，可能它既不是完美的天使，也不是恶毒的魔鬼，而是一个利弊兼具、善恶杂糅的复合体，因此，我们应用平和的心态、多维的眼光去审视电视文化角色的一体两面，从而兴利除弊，使之更好地担负神圣的文化责任。

第一节　精神导师：电视对人的涵化培养

培养理论，也称为“培养分析”（Cultivation Analysis）或“教化分析”“涵化分析”，是传播学效果研究的一个重要理论。今天，电视媒介强势的存在和隐蔽的教化方式，在某种意义上已经成为大众的“精神导师”。电视既是现代生活方式的传播者也是生活方式的创造者。通过长期潜移默化的培养，电视正日益影响着民众的思想，也因此逐渐改变着社会的走向。正如有的学者所言：“电视传播不仅对个人而且对整个社会或文化都有影响：它可以影响一个团体的共同信仰和价值观，影响它对英雄与恶棍的选择，影响它的公共政策与技术。特别是媒介持续不断的信息传

---

① 胡智锋、孔令顺：《电视媒体的文化自觉》，《中国广播电视学刊》2007 年第 10 期。

播，能对社会变革产生真正深刻的影响。”①

一　拟态环境与社会偏见的形成

美国著名的舆论学家李普曼认为：在大众传播高度发达的现代社会，人们的行为与三种意义上的“现实”发生着密切的联系：一是实际存在的“客观现实”；二是传播媒介有选择地提示的“象征性现实”，即拟态环境；三是人们在自己头脑中描绘的“关于外部世界的图像”，即“主观现实”。在传统社会里，主观现实是对客观现实较为直接的反映，而在媒介社会，人们对客观现实的认识在很大程度上需要经过媒介提示的“象征性现实”的中介。②

这个道理似乎显而易见：由于人们活动范围的有限性，人们接触到的外部信息，除了较少部分可以通过亲身体验以外，大部分只能通过传播媒体来获得，因此人们心目中的客观现实，其实并不是真实的环境，只能是一种由传播媒介有选择的提示所构建的“拟态环境”，与现实环境存在着一定的差距。

20 世纪 60 年代后期的美国，社会暴力与犯罪问题非常严重，于是美国政府就成立了“暴力起因与预防委员会”来研究解决这些问题的对策。格伯纳主持的“培养分析”就是在该委员会的支持和赞助下开始的。通过研究，他们得出了一个重要结论：电视节目中充斥的暴力内容增大了人们对现实社会环境危险程度（遭遇犯罪和暴力侵害的概率）的判断，而且，电视媒介接触量越大的人，这种社会不安全感越强。这个结论是对现实中的暴力犯罪状况、电视节目中的暴力内容以及人们对自身所处的社会环境的危险程度的主观判断进行比较研究的结果。根据伯格纳对三大电视网 1967 年至 1978 年在黄金时间播出的 1548 部电视剧所作的内容分析，包括暴力内容的电视剧达 80%，每部电视剧中出现的暴力场面平均为 5. 2 次，与暴力场面有关的人物占出场人物的 64%。这个数字说明，就暴力犯罪而言，电视剧所传达的“象征性现实”与客观的社会现实之间是有很大差距的。1976 年，格伯纳等人就电视的接触量与人们对环境危险程

① ［美］梅勒文·德弗勒、埃弗雷特·丹尼斯：《大众传播通论》，颜建军等译，华夏出版社 1989 年版，第 117 页。

② 参见郭庆光《传播学教程》，中国人民大学出版社 1999 年版，第 224 页。

度的判断之间的相关性进行了调查。结果显示，尽管在现实生活中人们遭遇或卷入暴力事件的概率在1%以下，但许多人却认为这种可能性在10%以上，这一估计大大超过了客观现实的可能性而更接近于电视画面中的“社会景象”。而且，无论人们的社会属性如何，属于什么性别、职业和年龄层，电视接触量越大，这种倾向也就越明显。

另外，伯格纳等人还对黄金时间的电视剧进行了内容分析：美国电视剧出场人物中男女比例为3:1，在社会总人口中仅占1%的律师、法官和警察却占了20%。[①] 这种情况在中国也曾经非常普遍，涉案剧、反腐剧一度占据荧屏，只是近几年在国家新闻出版广电总局的明令限制之下，荧屏生态才有所改善。电视媒介的传播偏好，直接影响到人们对生存环境的认识和评价。

可是，如果我们将作为生活原生形态的“真实”与作为电视观众所接受的“真实”放置到一个系统之中，就会发现，这中间实际上已经过了“多重的假定”——从生活原生形态的“真实”出发，到达电视工作者的眼中，经过了第一次选择、淘汰与提取，这是一重“假定”；到达电视工作者的手中，经过了摄像机、编辑机、特技机等的处理加工，又是一重“假定”；通过不同类型、不同传输效果的电视荧屏，还是一重“假定”；最后到达电视观众那里，由于电视观众的不同身份、教养、种族、国度、地域以及各自自身的不同生理、心理状况和所处的观赏环境与社会历史背景的不同，带来了各自不同的接受中的再一重“假定”。[②]

波德里亚更进一步指出，电影、电视等大众传媒不仅不需要模仿现实，而且可以生产出现实：它们塑造着我们的审美趣味、饮食与衣着习惯乃至整个生活方式。甚至认为，迪斯尼乐园比现实中的美国社会更加真实，并且美国社会正在变得越来越像迪斯尼乐园。因此，“拟像”（Simulation）比仿真更胜一筹，它已经不再是对于真实事物的模仿，而是对于“模仿物”的“再模仿”，是非真实的景象，是没有本源、没有所指的“像”，因此有的翻译成“幻象”或“类像”，以表示和“幻觉”等的区别。在波德里亚看来，拟像是指没有本源、没有所指的“像”，它比实物之像更为真实，不与任何实在产生联系，它就是它自身的纯粹拟像，它游

① 参见郭庆光《传播学教程》，中国人民大学出版社1999年版，第225—227页。

② 胡智锋：《电视美学大纲》，北京广播学院出版社2003年版，第15页。

移和疏离于原本，或者说根本是没有原本的摹本，它看起来已经不是人工制品，而是一种人造现实或第二自然，大众沉溺于其中看到的不是现实本身，而只是脱离现实的"拟像世界"。他在《仿真与拟像》一文中说："那么整个系统就失去了分量，完全成了一个巨大的拟像，不是不真实，而是拟像，它将永远不能与真实之物交换，只能自我交换，在一个不间断的没有任何指涉或周边的回路里进行自我交换。"

"超真实"（Hyperreality）是波德里亚后现代话语中一个极其重要的概念，是对拟像理论内在精神的哲学表述。在波德里亚看来，"拟像"社会就是一个超真实的社会，他在《拟像》中非常肯定地说："从今以后，那些通常被认为是完全真实的东西（政治的、社会的、历史的以及经济的）都将带上超真实主义（Hyperrealism）的拟像特征。""拟像不再是对某个领域、某种指涉对象或某种实体的模拟。它无须原物或实体，而是通过模型来生产真实：一种超真实。"也就是说，拟像世界的本质特征即超真实。波德里亚强调超真实不是不真实，而是比真实更真实，是一种没有真实起源、没有外在对象作为模拟物的真实，是模拟物自身成为根源的真实。

在电视等大众媒介的包围下，人们就生活在这种"超真实"的拟像环境中。我们不妨以较有代表性的少年儿童为例：据调查统计，美国儿童在5岁之前接触到的电视暴力镜头时间平均超过200个小时；到14岁时，他们将从电视中目睹13000人被杀；到18岁时，将平均看到200000次暴力动作、16000次谋杀。另外还有无数打斗、攻击、伤害和流血的场面。[①]电视中大量打打杀杀的场面，尤其是其中的相当一部分是当作被肯定和赞扬的正面行为表现时，为儿童提供的示范作用是显而易见的。"当成人世界以一切可以想象的方式向儿童开放时，他们必然效仿成人的犯罪活动。"[②] 而电视暴力常常蒙上的惩恶扬善的面纱又给儿童带去错误的暗示，认为只要有正当理由，就可以甚至应该使用暴力。

青少年尤其是7岁以下的儿童，还不能明确地分辨虚构与真实，看到屏幕上有人被抢劫、枪杀、强奸、凌辱等暴力场面，会误以为是真的。幼

---

① 陈舒平：《儿童电视学》，北京广播学院出版社2003年版，第303页。

② ［美］尼尔·波兹曼：《童年的消逝》，吴燕莛译，广西师范大学出版社2004年版，第192页。

儿时期经历过多的这类画面刺激，儿童渐渐对暴力产生麻木的感觉，对电视中暴力场面的适应，使他们对于身边的暴力现象也学会了坦然处之，甚至形成了世界是恐怖无情的总体印象。总之，过多接触媒介暴力，会导致人们尤其是分辨力不强的儿童对社会产生一些错觉甚至是偏见，会使他们认为世界充满了暴力，人是自私不可信的，暴力是男子汉的英雄行为，等等。

二 人的社会化

按照社会学的观点，人从出生开始，就身处于一定的文化和社会关系中。一个人若要从“自然人”发展成为“社会人”，必须学习各种知识、技能和规范，经过社会化的过程，才能取得社会生活的资格。

美国社会学家伊恩·罗伯逊认为：“社会化是使人们获得个性并学习其所在社会的生活方式的社会相互作用过程。”[①]“从社会心理学的角度来看，整个社会化过程与人格和人的社会行为的形成与发展有着密切的联系，因此可以说，社会化就是人的社会行为的模塑过程。通过这一过程，人们形成了为其生存环境所认可的社会行为模式，对其生存于其间的社会文化环境中的各种简单与复杂的刺激能够给予合适、稳定的反应。”[②]

其实，人的社会化是一个社会与个人相互作用的过程。对于个人而言，社会化过程使个人逐渐适应社会文化环境，将人们共享的价值观、生活方式、规则和习惯等逐渐内化为个人的心理结构，成为适合社会生活的积极参与的社会成员；对于社会而言，社会化通过社会文化的个体内化而保证社会的延续与文化的传承。[③]

社会化的内容主要包括四个方面：掌握生产与生活的基本知识和技能；学习与遵从、内化社会规范；树立生活目标，确立人生理想；培养社会角色等。实现社会化，大致可以通过两种途径：一种是系统、正规的教育，如各级各类学校对学生的教育等；另一种是非系统的、非正规的教育，如社会风俗、群体亚文化以及传播媒介对人的影响和教育。由于电视在今天人们生活中的巨大影响以及电视本身音像并茂的媒介特点，自然决

① ［美］伊恩·罗伯逊：《社会学》，黄育馥译，商务印书馆 1990 年版，第 138 页。

② 周晓虹：《现代社会心理学》，上海人民出版社 1997 年版，第 125 页。

③ 邢虹文：《电视与社会——电视社会学引论》，学林出版社 2005 年版，第 179 页。

定了其在人们社会化进程中的重要地位。

一般认为，社会化有三个阶段：基本社会化、继续社会化和再社会化。[①] 再社会化是指个体从一种生活方式向另一种生活方式的急剧转变、适应的过程。在继续社会化过程中，有些社会成员由于各种原因而产生了一些越轨行为，违反了社会规范甚至触犯了法律。对于这种社会化失败的社会成员，有必要进行再社会化，使他们能够掌握社会的正常规范，重新成为合格的社会成员。[②] 在这个过程中，电视虽然也具有较大的影响，但由于这个问题缺乏普遍性意义，因此不在本书讨论之列。

1. 儿童的基本社会化与童年的消逝

儿童是人类生命的一个时间概念，它代表着不同历史时期的同一人群。按照国际通用的规则，儿童是指 18 岁以下的未成年人[③]。未成年人是一个法律用语，就是指未满 18 周岁的不具备民事行为能力或者不完全具备民事行为能力的公民。

美国心理学家 J. C. Wright 教授在论述电视对儿童的影响时说：“正如在以前的几百年内，儿童应该在教堂和家庭完成的社会化过程由学校完成一样。在 20 世纪下半叶，儿童应该在教堂、家庭和学校完成的社会化过程则由媒介尤其是电视来完成了。”[④] 确实如此，根据丹尼尔·安德森等人的研究，儿童长到 36 个月时，已经开始有系统地注意看电视画面了。到那时，他们已有了自己最喜欢的节目，会唱广告歌曲，会要电视广告上看到的产品。[⑤] 而据中国青少年研究中心公布的一项调查表明：美国儿童每天看电视 4 个小时，英国儿童每天 5 个小时，日本儿童每天约 2.5 个小时。据日本 NHK 调查：孩子从小学到大学的正规上课时间为 12000 个小时，而孩子从小学到大学毕业，看电视的时间却高达 18000 个小时。2002 年的一项社会

---

① 参见刘豪兴、朱少华《人的社会化》，上海人民出版社 1992 年版。

② 邢虹文：《电视与社会——电视社会学引论》，学林出版社 2005 年版，第 205 页。

③ 1989 年 11 月 20 日联合国大会通过的《儿童权利公约》第 1 条规定：儿童系指 18 岁以下的任何人，除非对其适用之法律规定成年年龄低于 18 岁。因此，在本书中儿童与青少年有时混用。

④ 参见《儿童生活中的电视》，美国斯坦福大学出版社 1961 年版。转引自邢虹文《电视与社会——电视社会学引论》，学林出版社 2005 年版，第 55—56 页。

⑤ ［美］尼尔·波兹曼：《童年的消逝》，吴燕莛译，广西师范大学出版社 2004 年版，第 114 页。

调查显示：我国城市中20%的少年儿童每天看电视超过2个小时。①

传播学者施拉姆将儿童的电视需要分为三类：娱乐需要、认知需要和交往需要。考虑到儿童需要的具体实用性，有的学者将儿童的电视需要又具体分为六种：交往需要、学习需要、新闻需要、情绪刺激需要、缓解焦虑需要和消磨时间需要，并认为前三种为社会性需要，后三种为个体需要。② 中国社会科学院新闻与传播研究所研究员卜卫曾经做过一个调查，分析儿童在不同的需要下对广播、电视、电影、电子游戏机、录音机、录像机、书籍、杂志和报纸等不同媒介的选择。在15种不同情境中的5种情境下，儿童对电视的选择率最高，即需要放松时、需要有人陪伴时、需要了解新闻时、需要幽默时和需要摆脱孤独时。可见，电视在儿童的媒介需求中占有最重要的地位。另外，它还可以用于满足交往、学习、情绪刺激、缓解焦虑和消磨时间等其他需要。在少年儿童基本社会化的进程中，家庭和学校的确承担了主要的职责。但是，大众媒介尤其是电视的大量接触，对少年儿童初步社会化的影响，更加不容忽视。

但今天的电视媒体，显然并不像少年儿童一样纯洁无瑕。在带给青少年无限欢乐与丰富知识的同时，也产生了诸多负面影响，关于这方面的论述已经很多，综合起来看，大致有以下几个方面：一是不良的节目内容对青少年的身心健康产生影响，如电视中的情爱、暴力、恐怖等内容；二是电视广告的不良影响，会诱导青少年产生爱慕虚荣、攀比消费的心理；三是长时间的收视行为和不当的收视习惯会影响青少年的身体健康，产生诸多的“电视病”。研究表明，强烈光电、噪声对未成年人视听感官的刺激和电磁污染会诱发多种疾病。目前被认定与电视相关的病症包括多动、痉挛、头痛、睡眠障碍、厌食、恐惧症、孤独症、胃肠道功能紊乱、近视或散光以及皮肤斑疹等高达50多种。

社会学习论认为：电视中比比皆是的暴力内容给受众，特别是行为尚未定型的青少年受众树立了示范，引导他们模仿，因而会增加其暴力倾向。早在1986年，美国斯坦福大学著名心理学家班度拉和他的同事就针对这个问题进行了一系列实验，其中的一个波波玩偶实验是这样的：对象是100个学龄前儿童，分为四组，每个组接受不同的实验刺激。第一组的

① 邢虹文：《电视与社会——电视社会学引论》，学林出版社2005年版，第195页。

② 陈舒平：《儿童电视学》，北京广播学院出版社2003年版，第58页。

孩子亲眼看到一个大人用各种方式殴打一个吹满了气的气球人形，嘴里还不停地骂着："揍扁他的鼻子！踢死他！"第二组儿童看到同一个场面，但是是通过电视的彩色画面看到的。第三组孩子也在彩色电视机上看到类似情况，不过打人的是位女性，打扮成儿童节目中常见的"猫女侠"模样。第四组是控制对照组，什么都不看。此后，儿童们自由玩耍20分钟，研究人员则透过单向玻璃窗观察他们的行为。为了提高幼儿产生攻击行为的倾向，他们把孩子们从一间满是有趣玩具的房间引到另一间玩具较少的房间。在这间新房间里有一个气球人形，还有一根木棍，同他们刚才看到用来攻击的一模一样，另外还有一些玩具手枪之类的攻击性玩具及与攻击性无关的普通玩具。结果发现，先前看过攻击示范的儿童，玩起来也较具攻击性。三个组中各有高达80%—90%之间的儿童模仿他们刚刚看到的行为。这些儿童做出其他攻击性行为的比例也远远超过没有看到打人的控制组的孩子。看到真人演出打人形气球的孩子，攻击行为比例高于看电视示范的孩子；在电视中看到普通人示范的儿童，攻击行为比例又胜过看"猫女侠"示范的儿童；而两组看电视片示范的孩子，侵略行为比例都高过控制组的孩子。这个实验表明，不管是哪一种暴力场面，都有示范教导作用，都能导致儿童产生模仿行为。① 据有关资料显示，近三年来因为受到不良视听节目影响导致青少年犯罪的比例，已占到青少年犯罪的30%。

CNN资深研究人员吉米在"世界家庭峰会"上的一次讲演中提到："儿童是非常容易被外来影视剧影响而模仿电视里的暴力镜头的。一个叫做《绑架》的电视剧引起了一名儿童被他的同伴所杀害的案件，在这个案件中，一个中学生杀死了他的同学，并把尸体扔到井里后给死者的父母发了两封信索要赎金；而在天津的一个相同的案件中，四个年龄在12—17岁的孩子在观看完相同的电视剧后实施了同样的犯罪。"②

美国全国广播公司电视网曾经播出一部电影《出生清白》，片中有一个镜头表现监狱生活，里面一个女囚犯被人用一个扫帚柄强奸。几天之后，旧金山就发生了一桩案件，一个女孩被另外几个女孩用可乐瓶强奸。在审讯时，那几个女孩声称是从电视中学会这种行为的。受害女孩的母亲

① 陈舒平：《儿童电视学》，北京广播学院出版社2003年版，第302—303页。

② www. JustCNN. com.，转引自张志君《全球化与中国国家电视文化安全》，中国传媒大学出版社2006年版，第77页。

愤而起诉全国广播公司及地方电视台。

在曼谷的一所幼儿园，老师们最近吃惊地发现，一个3岁男孩竟和一个同班女孩模仿性交，其余的孩子则在一旁鼓掌喝彩。幼儿园的老师了解到，原来这两个孩子同他们的父母一起经常观看美国进口的＊级录像带。①

20世纪80年代初，美国电视连续剧《加里森敢死队》在我国播放时，许多小学生一夜之间就学会了打架、偷窃、掷飞刀，甚至在某些地方还出现了若干自称是“加里森敢死队”的抢劫犯罪团伙。

在北京市少管所，曾经有37名因强奸罪和奸淫幼女罪被判刑的少年犯。据他们供诉，其中的35人都看过黄色书刊和淫秽的电视录像，这些宣扬色情的电视节目和音像制品，无疑对他们产生了强烈的示范效应，引发他们去“尝试”，从而走向犯罪。

亚里士多德认为，通过戏剧的呈现，观众的情感可以得到抒发和缓解，由此提出了一种净化理论（the Catharsis Hypothesis）。费斯巴赫因此认为个体心中的悲伤、害怕与愤怒，往往能通过观看电视中的类似情节而澄清净化，原来潜藏在心中的攻击欲望能通过观看电视暴力而被洗涤除去，所以观看电视暴力可以获得一种替代性的满足，从而减少暴力行为。但是这个理论一直无法得到科学研究的支持，尤其是在儿童研究方面。

心理学家认为，只有具有健康人格才是成熟的、有创造性的、超越自我的人。青少年时期正是人格形成和发展的关键阶段，这个时期的少年儿童，本来应当生活在灿烂的阳光下，尽享生活中的真善美，远离人世间的各种苦难和丑恶现象。然而，今天铺天盖地无微不至的电视媒介无情地把一切成人社会袒露到他们面前。“这意味着当儿童有机会接触到以前密藏的成人信息的果实的时候，他们已经被逐出儿童这个乐园了。”② 于是，“我们可以断定，电视侵蚀了童年和成年的分界线。这表现在三个方面：第一，因为理解电视的形式不需要任何训练；第二，因为无论对头脑还是行为，电视都没有复杂的要求；第三，因为电视不能分离观众。电子媒介

① 《录像带的颠覆力量》，原载中国国际广播电台研究室等主办《世界广播电视参考》1989年第12期，第3页。

② ［美］尼尔·波兹曼：《童年的消逝》，吴燕莛译，广西师范大学出版社2004年版，第139页。

完全不可能保留任何秘密。如果没有秘密，童年这样的东西当然也不存在了”①。

虽然成人和儿童同步接受电视信息，但是由于青少年思维活跃、可塑性强，因此在很多新颖的思想观点、新鲜的生活方式上反而使他们成为成人的老师。玛格丽特·米德在《文化与承诺：代沟的研究》中也指出：我们正在进入一个日新月异、信息公开的世界，在这个世界中，成人已经不能扮演年轻人的导师的角色，因此导致了一种危机，她称之为“信仰危机”②。这就产生了一种“文化反哺”现象，即反向社会化，也就是说，传统的受教育者对施教者反过来施加影响，即年长一代需要向年轻一代学习的一种社会文化现象。美国学者梅罗维茨也认为，电子媒介对社会的影响是巨大的，它改变了人的思维方式和行为方式，使儿童“成人化”而成人“儿童化”。

于是，儿童与成人的界限模糊了，童年消逝了！

2. 成人的继续社会化与单向度的人

人从出生，就开始了漫长的社会化进程。少年儿童在电视等各方面力量的综合作用下，完成了基本的社会化，从而逐步由生物意义上的“自然人”成长为社会意义上的“社会人”，但这个过程并没有随着儿童时代的结束而完成，而是贯穿了人的一生。

电视媒介无疑是一柄双刃剑，在为受众的继续社会化带来诸多方便的同时，也产生了许多负面的影响。复旦大学李良荣教授高度概括了新闻媒介的正负效应：新闻媒介把整个世界呈现在人们眼前，但新闻失实、信息污染干扰、误导受众；新闻媒介连接了世界，却淡漠了人际关系；丰富了知识，却降低了思考能力；促进了人类的文明，却污染了社会空气③。

首先，电视限制了受众选择文化享受的自由。尽管现代社会有丰富多彩的文化样式，人们也有很多机会接触高雅文化，但在世界范围内，电视的特征使得它成为大众最容易接触又最为廉价的媒介。电视成了一种支配人的闲暇时间与幸福的力量，它使闲暇时间的活动安排与电视节目的时间表密不可分地联系在一起，特别是有重大事件（如世界杯足球赛现场直

---

① ［美］尼尔·波兹曼：《童年的消逝》，吴燕莛译，广西师范大学出版社 2004 年版，第 115 页。

② 同上书，第 128 页。

③ 参见李良荣《新闻学概论》，复旦大学出版社 2001 年版，第 113—117 页。

播）发生时，电视更是控制着人们的生活节奏，以至可以使正常的生活习惯发生颠倒，或使正在发生的国际争端暂时平息。[①] 电视成了人们消磨空闲时间的首要选择，在给予人们充分选择自由的幌子下，电视实际上制约了人们接触其他文化的可能性。在日常生活中，电视经验取代了现代生活经验，电视为大众提供更多快餐式的体验，从而消解了历史、主体和欲望。

其次，长期的电视收视会使受众思维机制僵化。由于电视节目是一种线性传播，缺乏互动性，长期看电视往往会使人的思维发生惰性化和庸俗化倾向。时间一长，人也就成为了“信息接收器”。长期被动地接受电视节目，容易扼杀人们的创造性，影响其积极性和主动性的发挥。相信坐在电视机这个“傻瓜盒子”前，绝大多数的人都是为了求得轻松，调节身心，他们一时似乎成了“思想懒汉”，懒得去分辨真伪，辨别是非。这就是说，电视代替了受众的思想，电视控制了人们的思想，这就易于使受众的思想趋于简单化。[②]

再次，长期面对影像空间，人们会在不知不觉中对图像产生依赖心理，而对文字日益陌生以至于熟视无睹。据一项调查显示，长时间看电视的人很少有时间或有兴趣阅读文字，也就更谈不上提高阅读能力和培养阅读习惯了。一般来讲，图像是直接的和感性的，并不适于表达严密的逻辑和深刻的思想。读图时代势必造就了一批迷恋浅表快感而拒绝思考深度的受众。

最后，更为重要的是，电视媒介削弱了文化的社会功能。严肃文化的一个重要特征就是超越现实，给人提供一个理想性目标，因此必然包含不与现存社会秩序相妥协的异端因素。正如马尔库塞所说：“高级文化借此构成现实的另一向度。”[③] 其实这正是文化对人类弥足珍贵的作用。然而，严肃文化的这种否定性功能随着电视时代的到来而逐渐削弱乃至消失了。

当代工业社会是一个新型的极权主义社会，因为它成功地压制了这个社会中的反对派和反对意见，压制了人们内心中的否定性、批判性和超越

---

① 谭辛鹏、黄晓芳：《文化工业中的工具理性和价值理性》，《新闻与传播研究》1999 年第 3 期。

② 李良荣：《新闻学概论》，复旦大学出版社 2001 年版，第 115 页。

③ ［美］赫伯特·马尔库塞：《单向度的人》，刘继译，上海译文出版社 2006 年版，第 49 页。

性的向度，从而使这个社会成了单向度的社会，使生活于其中的人成了单向度的人。[①] 所谓单向度的人，也就是丧失否定、批判和超越的能力的人。单向度的人丧失了合理地批判社会现实的能力，不去把现存制度同应该存在的“真正世界”相对照，也就丧失了理性、自由、美好生活的欢乐的习惯。马尔库塞还特别指出，科学技术越发展，当代工业社会的意识形态就越具有控制性。

马尔库塞把当代工业社会称为“病态社会”：公共运输和通信工具，衣、食、住的各种商品，令人着迷的新闻娱乐产品，这一切带来的都是固定的态度和习惯，以及使消费者比较愉快地与生产者、进而与社会整体相联结的思想和情绪上的反应。在这一过程中，产品起着思想灌输和操纵的作用；它们引起一种虚假的难以看出其为谬误的意识。然而，由于更多的社会阶级中的更多的个人能够得到这些给人以好处的产品，因而它们所进行的思想灌输便不再是宣传，而变成了一种生活方式。这是一种好的生活方式，一种比以前好得多的生活方式；但作为一种好的生活方式，它阻碍着质的变化。由此便出现了一种单向度的思想和行为模式，在这一模式中，凡是内容超越了已确立的话语和行为领域的观念、愿望和目标，不是受到排斥就是沦入已确立的话语和行为领域。它们是由既定制度的合理性及其量的延伸的合理性来重新定义的。[②] 生活在其中，忙碌并满足着，我们不禁要问：“人们当真能对作为新闻与娱乐的工具和作为灌输与操纵力量的大众传播媒介作出区分吗？”[③]

英国作家乔治·奥威尔在长篇小说《一九八四年》中描绘了未来独裁统治下的恐怖情景，以此警告人们将会受到外来压迫和奴役。而另一位英国小说家奥尔德斯·赫胥黎则通过科幻小说《美丽新世界》表达了截然不同的另一种预言：人们失去自由、成功和历史并不是外来的独裁和压力，而是因为人们会渐渐爱上压迫，崇拜那些使他们丧失思考能力的工业技术。奥威尔害怕的是那些强行禁书的人，赫胥黎担心的是失去任何禁书的理由，因为再也没有人愿意读书；奥威尔害怕的是那些剥夺我们信息的人，赫胥黎担心的是人们在汪洋如海的信息中日益变得被动和自私；奥威尔担心的

① ［美］赫伯特·马尔库塞：《单向度的人》，刘继译，上海译文出版社 2006 年版，“译者的话”第 2 页。

② 同上书，第 12 页。

③ 同上书，第 9 页。

是真理被隐瞒，赫胥黎担心的是真理被淹没在无聊烦琐的世事中；奥威尔害怕的是我们的文化成为受制文化，赫胥黎担心的是我们的文化成为充满感官刺激、欲望和无规则游戏的庸俗文化。在《一九八四年》中，人们受制于痛苦，而在《美丽新世界》中，人们由于享乐失去了自由。简而言之，奥威尔担心我们憎恶的东西会毁掉我们，而赫胥黎担心的是，我们将毁于我们热爱的东西。①

电视化的时代，到底还能有多少人对此保持一份清醒？

三　文化认同与国家认同

北京地区曾经流行过这样一首童谣，“头戴克赛帽，金刚怀里抱，晚上看老鼠，一休陪睡觉”，形象地描述了国内的卡通市场。中国社科院新闻与传播研究所对北京地区电视儿童节目的一项调查也显示，在全部动画片中，洋卡通占到66.7%，其中迪斯尼系列的卡通片就占了50%。

儿童动漫节目可能有些特殊，或许这也只是中国电视荧屏的一帧截图，但确实也可以从一个角度描绘出我国当前电视节目生态的大致图景。在国外电视产品的狂轰乱炸和现代消费主义观念的猛烈冲击下，我国的电视荧屏不仅充斥着日益熟悉的东洋或西洋面孔，就连本应有着鲜明民族特色和文化传统的各类自制节目也迅速地与所谓的“国际”接轨。在以电视为代表的大众文化的熏陶下，为数不少的年轻人英语学得比汉语要好，对美国的历史和地理津津乐道，却对我国的基本国情知之甚少。穿洋服、喝洋酒、过洋节，迅速成为流行的时尚，传统节日和风俗被人们逐渐冷落和淡忘。这让任何一个有着文化责任感和忧患意识的中国人都不能不担心：长期浸染于这种电视文化中，人们还能否对我们的文化传统以至于国家产生认同？

而这种文化认同基础上的国家认同，对于一个国家的重要性是不言而喻的：它不仅是国家借以凝聚其国民的核心力量，而且是一个国家借以证明自身合法性的基本依据。在人类历史的进程中，同一民族通常都具有共同的精神结构、价值系统、心理特征和行为模式，人们正是在这种共同的文化背景中获得了归属感和认同感。因此，文化认同始终是维系社会秩序

---

① ［美］尼尔·波兹曼：《娱乐至死》，章艳译，广西师范大学出版社2004年版，“前言”第2页。

的黏合剂，是培育社会成员国家统一意识的深层基础。① 正如塞缪尔·亨廷顿所言："国家利益来源于国家身份（认同）。我们必须先知道我们是谁，然后才能知道我们的利益是什么。"②

最早把认同作为一个心理学术语进行讨论的是弗洛伊德。他认为，认同是个人与他人、群体或被模仿人物在感情上、心理上趋同的过程。而国家认同，就是在有他国存在的语境下，人们构建出对某一国家的身份感。简单地说，就是指一个人确认自己属于哪一个国家以及这个国家究竟是怎样一个国家的心理活动。

一般而言，国家认同是一种主观意识和态度，是国家历史发展和个体社会化过程的结果，表现为个人和国际两个层面。就个人而言，国家认同指的是个体在主观上认为自己属于国家这样的政治共同体，心理上承认自己具有该国一员的身份资格。就国际而言，它以其他国家对其地位和独特性格予以承认的形式展现出来。在国际社会中，一个国家只有同时得到本国国民和国际社会的认同才能得以存续。③

有研究者总结了国外关于国家认同感的心理学研究，认为国家认同感是人民对自己国家成员身份的知悉和接受，是一个包括许多成分的复杂心理结构系统，这些成分可分为认知成分系统（包括国家人群的分布、地理和区域、历史传统、国民性格的了解和认同）、情感成分系统（指人们对于自己国家和人群的情感、情绪和评价等，如对自己国家身份的主观凸显性、对自己国家和人民的依赖程度、归属感、民族自豪感和自尊心等）。④

国家认同是自我认同的一部分，对国家的认同也是对自己身份的一种确认。澳大利亚学者罗斯·普尔认为："民族国家是一个共同体，归属一个国家就是通过归属赋予自己一种身份，如成为一个澳大利亚人、德国人或法国人，从而知道我们是谁。……我们的国家认同感是一种自我意识的形式，也是一种他者意识的形式，即识别了那些与我们有共同身份的人以

---

① 杨玉玲：《最坚固的国防》，转引自光明网，2006 年 2 月 3 日。

② 王立新：《美国国家认同的形成及其对美国外交的影响》，《历史研究》2003 年第 4 期。

③ 郭艳：《全球化语境下的国家认同》，博士论文，中共中央党校，2005 年，第 17 页。

④ 佐斌：《论儿童国家认同感的形成》，《教育研究与实验》2000 年第 2 期。

及我们具有特殊责任去帮助的人。”①

人类学家鲁斯·本尼迪克特精辟分析了文化认同的重要性：“人的一生首先要适应本社会传统的模式和规范。从他的出生开始，本民族的习俗就塑造了他的经验和行为。到他开始说话，就成为文化的创造物，到他长大并参与社会活动，文化的习惯就成为他的习惯，文化的信仰就是他的信仰，文化的局限就成为他的局限。每一个出生于某个文化群体的儿童都与这个群体的其他成员分享同样的文化，而出生在地球另一端的孩子却没有受这一文化的影响。”②

根据丹尼尔·贝尔三种社群（Community）的划分，民族国家属于记忆性共同体，拥有共同的历史记忆和道德传统。这种记忆是集体的记忆、历史的记忆，是在历史中形成的，是国家认同的前提。研究者也普遍认为：存在着这样一种东西，它叫做集体记忆或社会记忆。……我们会注意到，过去的形象一般会使现在的社会秩序合法化。这是一条暗示的规则：任何社会秩序下的参与者必须具有一个共同的记忆。对于过去社会的记忆在何种程度上有分歧，其成员就在何种程度上不能共享经验或者设想。③

所以，一个人文化认同感和国家认同感的形成，也需要以部分地习得并内化群体的其他成员所共有的某些信念、态度和价值观为基础。也就是说，一个人的文化认同和国家认同并不是先天具有的，而是后天习得的。这个学习和培养的途径固然有许多，但在视觉图像繁盛的今天，电视的影响不可忽视。

然而，正如美国学者阿尔君·阿帕杜莱所说：各种媒体提供了五花八门无所不包的形象、叙事和人种图景，尤其是以电视、电影和音像磁带的形式。商品世界、新闻世界和政治世界在这里全都搅成了一团，莫辨彼此，现实景观和虚构景观的界限在人们的眼里已经模糊难辨。④ 这种全球化“媒体图景”的叙事改变了人们对自己国家的现实、历史的认识，自

---

① Ross Poole，Morality and Modernity，Routledge，1991，pp. 95 – 98. 转引自郑富兴、高潇怡《经济全球化与国家认同感的培养》，《教育研究与实验》2005 年第 3 期。

② 转引自［美］拉里·A. 萨默瓦、理查德·E. 波特《跨文化传播》，闵惠泉等译，中国人民大学出版社 2004 年版，第 47 页。

③ ［美］保罗·康纳顿：《社会如何记忆》，纳日碧力戈译，上海人民出版社 2000 年版，第 3 页。

④ ［美］阿尔君·阿帕杜莱：《全球文化经济中的断裂与差异》，载汪晖、陈燕谷主编《文化与公共性》，三联书店 1998 年版，第 532 页。

然也改变了其对所在国家的认同。

当观众拿着遥控器选取着各式各样的信息的同时，每一次转台即经历了一次时空的错乱。也许当父亲指着新闻报道中的钓鱼岛事件，训诫子女应有的民族情操时，遥控器按钮按下的那一刹那，日本宇多田光的情歌专辑却吸引了更多的注意……属于地域的独特性已不再存在。人们丧失了地方感与空间感。符号交换则成为此种影像空间的主要例行实践。[①] 正是这种全球日益同质化的电视媒体制造出“没有位置感”的共同体，使我们所生存的这个世界仿佛是无根的，甚至是精神分裂的。

随着经济全球化程度的加深，追求同质化的经济对民族文化独特性的消解和对公民国家认同感形成的影响也相应地增强。大量黄皮白心的“香蕉人”（东方人种西方思想的人）出现，文化习俗和价值取向也面临着同质化的危险。社会学家帕森斯认为，一个社会体系的维持在很大程度上依赖于共享的价值。“价值观是一套作出选择和解决冲突的习得的规则。”[②]“一套共同的价值模式与成员人格的内化需要——性格的结构整合是社会系统动力学的核心现象。除了稍纵即逝的互补过程外，任何社会系统的稳定都取决于这类整合的程度。”[③]

1991 年，新加坡政府曾以“白皮书”的方式对外宣布说：“如果在更长的时间里新加坡人变得与美国人、英国人和澳大利亚人难以区别，或者更坏，成为他们可怜的仿制品（一个无所适从的国家），那我们就丧失了与西方社会的区别，而正是这些区别使我们能够在国际上保持自我。”[④] 各个群体的人之间最大的区别是文化上的，而不是生物或种族上的。所有人类都属于同一物种，对人类生活至关重要的生物特征对我们所有的人来说都是共同的。因此，一个国家如果缺乏鲜明的文化特色，在国际舞台上是很难被认同的。从内部来讲，一个没有文化核心而仅仅以政治信条来界定自己的国家，也很难做到长期的稳定团结。

因此，有学者认为：文化全球化的发展，已经将文化身份置于了一种

---

① 李天铎：《想象空间与认同破裂：媒介全球化的后果?》，原载孟建等主编《冲突、和谐、全球化与亚洲影视》，复旦大学出版社 2003 年版，第 69 页。

② ［美］鲁凯克：《人类价值的本原》，自由出版社 1973 年版，第 161 页。转引自张志君《全球化与中国国家电视文化安全》，中国传媒大学出版社 2006 年版，第 21 页。

③ 于海：《西方社会思想史》，复旦大学出版社 1995 年版，第 387 页。

④ ［美］塞缪尔·亨廷顿：《文明的冲突与世界秩序的重建》，周琪等译，新华出版社 2005 年版，第 370 页。

新的语境之中，人们的民族性和主体意识受到了挑战，文化身份的自觉意识与自我认同也就受到影响，从而民族的集体无意识和精神向心力受到削弱，国家与民族的文化抵抗与文化发展也就失去了动力和方向。因而在文化全球化背景下的跨文化交流中，有文化自主性的国家都更加有意识地不断寻找或明确自己的文化身份，决不放弃自己的民族传统文化，以守护自己的文化版图。①

民族国家需要社会成员提供忠诚。民族身份有多重功能，而其心理学功能就是产生忠诚。所谓忠诚，就是共同体成员对“国家”这个符号的认同，以及在认同基础上的支持。这种忠诚之所以可能，在于民族这个“臆想的共同体”确实满足了一种心理需要，即人要找出并知道他们自己在各个世界上的确定位置，并希望能归属一个有力的集体。②

第二节　是门镜也是窗口：电视对国家形象的塑造

每个国家都以一定的形象出现在纷繁复杂的国际舞台上。提起某个国家，人们的脑海中总会产生某种相对固定的印象：或富强，或贫弱，或民主，或独裁，或友好，或霸道……因此，国家形象对于我们来说并不是一个陌生的现象。“国家形象是一个综合体，它是国家的外部公众和内部公众对国家本身、国家行为、国家的各项活动及其成果所给予的总的评价和认定。国家形象具有极大的影响力、凝聚力，是一个国家的整体实力的体现。”③ 有的学者则主要从国家形象的内涵上进行界定，认为“国家形象是一国内部公众和外部公众对该国政治（包括政府信誉、外交能力与军事准备等）、经济（包括金融实力、财政实力、产品特色与质量、国民收

---

① 杨瑞明：《电视“文化版图”与我国的文化安全战略》，《中国社会科学院院报》2007年1月2日。

② 于炳贵、郝良华：《中国国家文化安全研究》，山东人民出版社2007年版，第19页。

③ 管文虎：《国家形象论》，成都科技大学出版社2000年版，第23页。关于国家形象，目前尚无统一的定义，杨伟芬认为国家形象是“国际社会公众对一国相对稳定的总体评价”，见杨伟芬《渗透与互动——广播电视与国际关系》，北京广播学院出版社2000年版，第25页。李寿源认为国家形象是“一个主权国家和民族在世界舞台上所展示的形状相貌及国际环境中的舆论反映”，见李寿源主编《国际关系与中国外交——大众传播的独特风景线》，北京广播学院出版社1999年版，第305页。张毓强认为国家形象是“一个主权国家系统运动过程中发出的信息被公众映像后在特定条件下通过特定媒介的输出”，参见张毓强《国家形象刍议》，《现代传播》2002年第2期。

入等）、社会（包括社会凝聚力、安全与稳定、国民士气、民族性格等）、文化（包括科技实力、教育水平、文化遗产、风俗习惯、价值观念等）与地理（包括地理环境、自然资源、人口数量等）等方面状况的认识与评价”[①]。可见，国家形象包含两个维度的内容：一是内部公众的评价与认定，即国内形象；二是外部公众的评价与认定，即国际形象。

一个国家的形象，从根本上来讲，当然主要取决于该国的综合国力及其在国际事务中所扮演的角色、所起到的作用等综合表现，但是，在媒介繁盛的今天，一个国家的形象，从很大程度上来讲，还是由媒体来建构和塑造的，尤其是在国际形象方面。源于强大的影响力及其媒介特点，电视已经成为本国国民洞察认识外部国家的“门镜”和他国公众了解认识本国的一个重要“窗口”。因为人们要了解本国或他国情况形成自己的价值判断，必须建立在掌握大量相关信息的基础上，而大众传媒日常的关于本国及他国情况的报道无疑是人们最主要和最经常的信息渠道。所谓“耳听为虚，眼见为实”，音像并茂的电视传播自然成为人们认识一国形象的重要依据。

西方学者科特勒认为，形象就是指人们所持有的关于某一对象的信念、观念与印象。也就是说，形象是人们对对象物的主观感知。既然是主观反映客观，那这种反映就有可能与客体本来的面貌有所出入甚至是相去甚远。一个事物的形象可以显示为该事物的真相，也可以显示为一定程度的假象。这说明形象是客观存在，亦可主观塑造。

一个国家形象的形成实际上就是一个不断塑造的过程，既有本国对自身的塑造（自塑），也有他国对该国的塑造（他塑）。一般来说，自塑的形象是正面的，它可能接近真实也可能被美化；他塑时，如是盟国或友国基本上也是正面形象，而敌国或非友国的塑造则可能有接近真实的部分，更可能出现歪曲和丑化。在目前的国际形势下，民族和国家的矛盾依然存在，因此，“在实际操作中，国家形象的塑造往往会受到来自政治、经济、文化等各方面因素的制约和影响，呈现在传媒中的各国的国家形象无论是正面的还是负面的，与该国的实际状况往往存在着各种各样的差异”[②]。这也正是国家形象呈现出复杂性的一个重要原因。

---

① 何兰：《发挥传媒功能　塑造国家形象》，《现代国际关系》2005年第10期。

② 李良荣：《新闻学概论》，复旦大学出版社2001年版，第149页。

一 电视对国家形象的塑造

国家形象对一个国家在国际关系中的地位和作用有着非常重要的影响，也是一个国家在涉外交往中最大的无形资产，它往往关系着国家在国际交往中的声誉、影响力和吸引力。所以各国普遍非常重视媒介的国际传播，一方面下大力气加强本国的对外传播，通过各种传播媒介报道本国状况，以期对外塑造有利于本国的国家形象；另一方面又都呼吁他国传媒能客观、公正、全面地报道本国社会状况，避免歪曲本国形象，损害本国的国际地位和影响。电视的媒介特点不仅可使国家形象亲切可感，易于接受，更由于其可以通过卫星、网络等传播介质，出现“溢波”“越位”等对象国较难控制的一些漏洞，产生更大的影响。

1. 洞察他国的“门镜”

即使是在交通和通信都高度发达的今天，对于一个国家的广大民众而言，也不可能亲自到世界的每一个地方去了解每一个国家，因此，人们对这个瞬息万变的世界的把握和认识依然不能完全依靠直接的经验，而只能甚至更多需要凭借大众媒介的传播，尤其是声画并茂甚至可以同步直播的电视，从此意义上，电视媒介毫无疑问是人类眼睛和耳朵的延伸。通过电视屏幕，我们领略了美国的发达繁荣和暴力犯罪，见识了中东的富饶资源和宗教纷争，也看到了非洲的自然风光和贫穷落后，在此基础上，我们以为自己已经认识了这个世界，并由此形成了对这个世界的固定认识，并为不同的国家贴上了各异的文化标签。

不错，从理想的角度来看，电视媒体应当全面公正、真实客观地传播每个国家和地区的信息，以利于受众掌握关于这个世界的真实图景，从而形成正确的世界观。然而，现实的情况可能并非如此。电视媒体由于分属不同的利益集团，必然受到各自政治、经济、文化等多方面利益的制约，从而在报道题材的选择、评论观点的确定等方面呈现出各自不同的价值取向。因此，受众通过电视媒体所看到和认识的外部世界，只是一个被选择和建构的“媒体世界”，与真实的世界有着一定程度的差异。所以，电视媒体只是我们紧闭国门而洞察其他国家和地区的一个“门镜”而已。既然是门镜，就难免视野不够开阔，角度受到制约，甚至于形象还有些变形。

有学者专门研究了中美两国在不同历史时期，也即不同的政治语境中在本国大众媒体上有着不同的对方国家形象。从 1949 年到 1972 年，中美关系正常化之前，冷战的敌对观念极大影响了这一时期中美双方对对方国家形象的客观塑造，而这些扭曲的形象也深刻影响了中美两国之间的相互了解，进一步强化了两国之间的对立与隔绝。美国学者孔华润认为，这一时期美国人的中国观建立在恐惧的基础之上，强烈的反共意识将中国塑造成了一个可怕的红色妖魔。国家利用媒体大量报道朝鲜战争，宣传“中国佬和朝鲜佬”的“人海战术”，渲染“伤心岭”和整个战场的血雨腥风。中国在非洲地区、印度和越南等国所扮演的角色，也被视作富有侵略性和危险性的。中国人则被塑造成一群“蓝蚁”的形象——全都穿着肥大的蓝色“毛制服”，没有任何个人特点，拥挤在荒凉的土地上从事劳役，中国大陆被描绘成一幅人民被洗脑、受管制、遭屠杀、闹饥荒的图景。同样，这一时期中国媒体中的美国形象也是僵化的，遍及全国的反美宣传占领了所有的大众传播媒介，美帝国主义成为邪恶的代名词。20 世纪 50 年代有着广泛影响的《学习》杂志曾用五个“敌人”概括了美国的形象，即美国是“和平的敌人”“民主的敌人”“文化的敌人”“全世界人民最凶恶的敌人”“中国人民最凶恶的敌人”。生动描绘美国形象的“纸老虎”一词更是妇孺皆知。纽约“就是一座黑乎乎、阴森森的摩天大厦，那高楼上的明晃晃的窗户透出大腹便便的资本家剪影，他们嘴里叼着雪茄烟，肥胖的手指托着盛满劳动人民血汗的红酒杯，身旁是装满带着美元标志的钱币的口袋，而街头的寒风中倒伏着的要饭人，瘦骨嶙峋……”这就是人们脑海中通过大众媒体建构起来的美国形象。

而到了 20 世纪 70 年代，当国际与国内情况出现变化时，中美两国都根据现实的需要调整了对美与对华政策，昔日的敌人变成了今日的合作者，中美两个大国关系的变化无疑会对整个冷战格局的演进产生重要的影响。观念的改变也促使国家形象出现了巨大的转变，中国人善良、勤劳、聪明，中国也以发展的改革国家的形象出现在美国媒体的报道中；而在刚刚实行开放的中国，“一天天烂下去的美帝国主义”形象也逐渐发生变化。

不同时期中美两国大众媒体中的对方形象，可谓天壤之别，判若两国。通过大众媒介（在当时的历史条件下，可能主要是报刊和广播，电视的影响力还相对较小）这个门镜，人们只能片面甚至是歪曲地认识了他国，而在脑海中错误地建构了他国的国家形象。

在信息化的现代社会中，电视媒介作为最重要的传播形式，已越来越多地参与到国际事务之中，它在国家形象的塑造中也起着至关重要的作用。电视是一门选择的艺术，通过对事实有选择的报道来表达无形的意见，在貌似客观的镜头中渗透资讯传播者的思想和观点，体现一定的立场和政治倾向，而这些观点和倾向在受众接受事实信息的同时，会被不知不觉地接受。这种非同一般的潜移默化作用使电视具有左右社会舆论的力量，并通过长期的涵化培养，影响受众的价值判断。在特殊的历史时期，电视更可以成为一种战斗的武器，通过国际报道和时政评析可以直接影响公众对某一国家的认识和看法，影响该国国家形象的定位。而且通过引导和制造舆论，它可以美化或丑化一国的国家形象。正因为如此，电视的作用愈来愈为各国政府所重视，利用电视媒体构建与国家利益相符合的国家形象，已成为各国外交制胜的有效策略。

2. 展示本国的“窗口”

一方面，受众希望透过电视这个门镜更全面、更真实地认识其他国家，而该国电视机构则由于种种制约和出于种种目的，总是力图塑造有利于本国利益的别国形象；而另一方面，电视机构又总是希望通过电视这个展示的窗口，向其他国家和人民传递尽量美好的本国形象。这似乎永远构成了一对矛盾，而矛盾的背后无疑是为了维护各自国家的根本利益。

我们可以以韩国近几年展示国家形象的电视旅游广告为例，通过对这些广告的主题语和图像的分析，看韩国如何通过电视媒介塑造本国的国家形象。

1999 年韩国旅游电视广告的主题是“来与新的韩国相遇”。在片中，通过“现代摩天高楼”与“传统宫殿建筑”、“现代舞蹈”与“传统歌舞器乐表演”、“现代运动装束”与“传统服装”的对比与切换突出韩国从“传统”走向“现代”的主题。广告的最后是以当时的韩国总统金大中说“韩国正在改变，来与新的韩国相遇”结束并突出主题。在这个广告中，韩国的形象强调“变”与“新”。此外，不断通过给各种人物的笑容的特写，显示出韩国人热情、友善和对未来充满信心的精神状态。

2000 年韩国旅游电视广告的主题是“令人耳目一新的韩国”。广告主要通过“过山车”“高科技的视频系统”“高档的百货商场”等具有现代气息的符号来表现韩国已经成为一个现代化的国家，同时，通过“在湍流中漂流”“从高山上滑雪”等动感画面表现出人民积极“进取”的精神面貌。

2001 年韩国旅游电视广告的主题与 2000 年相同，但是其表现侧面则有所转移。广告主要表现了韩国的自然风光以及人们乐在其中的景象。

2002 年韩国旅游电视广告的主题是“5000 年的回声”。广告通过表现人们敲击传统的钟、鼓、木鱼，和着传统的音乐起舞，切韩国泡菜，烧烤韩国各色特色食物的图景和声音，表现出韩国具有深厚久远的历史传统文化，以此来吸引受众。

2004 年韩国专门拍摄了针对中国的旅游广告，广告主题为“开心胜地，好客邻邦”。广告片以一位韩国女明星游览兵马俑开头，兵马俑被这位女明星所吸引，“复活”了。这位女明星手持一个水晶球，从这个水晶球里可以看到韩国的种种图景——热闹有趣的大型娱乐场、传统的歌舞、激情四溢的歌手演唱会、热血沸腾的足球比赛、诱人的各色美食、优雅的时装表演等。最后，“复活”的兵马俑受到吸引，与女明星一起到韩国“观光”。

通过这一系列的广告，我们可以看到韩国国家形象的变化，即从 1999 年开始，韩国力图摆脱原来封闭、保守、传统的形象，展示出韩国在向西方的现代物质文明靠近、求新求变的“新”国家形象。到 2002 年，韩国的国家形象又从追求现代物质文明走向对传统文化的展示，尽量显示出与西方物质文明的区别，突出自己的特色。到 2004 年，韩国则表现出现代与传统相结合、充满活力和欢乐的国家形象。在整个系列的广告中，韩国人民的核心精神——进取、坚强、和善是始终如一、贯穿一致的。无论是从图像还是富有激情的音乐节奏都综合地体现了韩国人民的精神内核。①

2007 年，王众一、朴光海在《日本韩国国家形象的塑造与形成》一书中认为：“1988 年首尔奥运会、1993 年大田世博会，特别是 2002 年韩日世界杯等更是对韩国国家形象的转变和提高起到了助推器的作用。”书中还特别引用了一名外交官的话说：“几十名外交官经过数十年的努力取得的成果，还不及一部电视剧。”情况确实如此。据《新华每日电讯》报道：韩国公布的一项调查结果显示，出口韩国电视连续剧对提升韩国国家

---

① 汤孝锦：《韩国旅游电视广告中国家形象的变迁与原因》，《当代经理人》2006 年第 8 期。

形象起到了积极作用，外国人看韩剧越多，越容易对韩国产生好感。韩国国政弘报处海外弘报院院长俞载雄通过对日本东京和中国北京成年市民进行问卷调查，得出了被调查者收看韩剧的次数和数量与其对韩国产生的善意联想、情绪和行动意图成正比的结论。俞载雄在其报告《收看韩剧对韩国形象的影响》中说，接受问卷调查的中国人和日本人人均收看过的韩剧数量分别为4.82部和4.5部。其中，女性比男性更喜欢韩剧，访问韩国次数多、收入较高的人群对韩剧的喜爱程度较高。俞载雄认为，韩剧目前对提升韩国的国家形象起着积极的作用。①

1993年中韩实现了邦交正常化，随后就短短的几年工夫，韩国商品在中国市场上似乎已随处可见。大到现代轿车，小到韩国烧烤，今天的中国人，好像走到哪儿都能碰到韩货。另据韩国联合通讯社2006年3月9日报道，韩国2月份出口增长17.4%，重新恢复两位数增长，其中对华出口增长31.6%，增速居第一位，汽车、半导体继续保持主力出口商品地位，其他商品出口也都有较好表现。此间专家预测，韩国商品在中国市场热销局面将继续得到保持。②

对于大多数中国人来说，真正地近距离接触认识韩国，可能还是这几年的事。韩国影视作品蜂拥而入，其浪漫的爱情、传统的伦理、唯美的场景、纯净的镜头，让大量的青年男女以至中老年家庭妇女为之倾倒，韩国形象也在中国民间大幅度提升。随之，韩国产品大量涌入，韩国留学生纷至沓来，韩国旅游持续升温，甚至出现“哈韩”一族。《韩国电子新闻报》等多数媒体认为，中国是“韩流”的发源地，“韩流”发威是“带动韩货热销的重要因素”。韩流效应的基本原理是：通过韩国影视文化商品展示韩国充满活力的文明国家形象，提高韩国企业的品牌价值，将“韩流”效应由文化产业扩散到整个产业部门。该报还指出，近期以来，“韩流”已从初期的影视剧向游戏、服装、饮食、美容、医疗、观光等与韩国文化相关的产业迅速扩散，由此带动了家电、手机、汽车等制造业产品销售。

韩国政府高度重视并有意识地通过影视剧改善国家形象，如政府就曾出资购买《情定大饭店》《秘密》《四姐妹》等韩剧的版权，免费向数十

---

① 新华网，http://news.xinhuanet.com/mrdx/2007-07/18/content_6394349.htm。

② 《影视剧打头阵　韩货借“韩流”热销中国》，《环球时报》2006年3月10日。

家阿拉伯电视台提供播放，希望以此加强韩剧文化外交，加强与阿拉伯世界的联系。《韩国经济新闻》在《品牌经营》专题报道中指出："在想到某个国家和企业时，首先浮上人们脑海的是那个国家和企业的品牌。现在，品牌具有的意义已经超越单纯的商标和标志，它不但是企业，也是一个国家竞争力的源泉。"开罗阿因·夏姆斯大学语言学院的法蒂玛也承认："我是因为看了《冬季恋歌》才学韩语的。"2004年年底，埃及播出了韩剧《冬季恋歌》后，引起了很大反响。一些钟情韩剧的人还自发组织了一个联谊会，会长萨米尔说："韩国电视剧撼动了埃及人的灵魂。"在埃及，很多年轻人将韩剧主题曲设为手机铃声。韩剧的CD、VCD也可以很容易找到。很多人因为韩剧而迷上了韩国。①

但其实，和韩国电视剧中塑造的清纯人物形成鲜明对比的是，韩国民众在一些场合表达自己不满时，却往往会出现暴力等过激举动。韩国官员对中国某些媒体的报道不满时，不是冷静解释，而是采取反复向媒体抗议的手法，态度十分强硬。这些都与影视中的韩国形象大相径庭。由此可见，韩国通过影视剧等大众传播媒介，成功地向世界塑造了本国的国家形象，营造了有利于国家政治、经济、文化等各方面发展的良好外部环境。但不容否认的是，这种自我塑造并非完全属实，难免有一种"老王卖瓜，自卖自夸"的溢美之嫌。

二　中国的国家形象与和平崛起

1. "妖魔化中国"与刻板印象

目前，在媒体世界中有"两个中国"：一个是别国媒体塑造尤其是西方媒体"妖魔化的中国"；另一个是本国媒体构建的中国，其实它们与客观上的中国都是有一定差别的。前者是我们力图扭转改变但又深感无能为力的，后者是我们需要足够重视和着力塑造的。有调查显示，全世界重大新闻的80%源自西方几家主要媒体，因此国际上的中国形象在很大程度是受西方主流媒体影响的。

2007年4月16日，美国弗吉尼亚理工大学发生美国历史上死伤最惨重的校园枪击事件：33人在惨案中丧生，数十人受伤。枪击案发生后，《芝加哥太阳报》的专栏作家迈克尔·史涅德仅仅根据凶手黑眼睛、黑头

---

① 《环球时报》，http://biz.163.com/05/1219/13/25BB5J2900021GLN.html。

发、黄皮肤，就武断推论凶手是“中国上海人”。这一消息很快被各大媒体争相转发，在全世界引起了巨大反响，从而给中国的国家形象带来巨大的负面影响。最后经警方调查，元凶是23岁的韩国学生赵承辉。人们普遍认为，史涅德在警方和校方都表示暂不公布疑犯名单的情况下，仅根据枪手可能是亚洲人即把嫌疑焦点指向中国留学生，不仅有违记者的职业道德，而且有歧视中国人的倾向。当时的中国外交部发言人刘建超也正式予以谴责。

其实，出现这种问题也许并不是偶然的。出于种种原因和目的，国际上各种版本的“中国威胁论”甚嚣尘上。尤其是美日等国媒体的涉华报道议程设置，往往集中在诸如台湾问题、环境污染、人权状况、暴力事件、知识产权等负面话题上，而忽略中国在各方面做出的重大变革和取得的进步。对这些议题反复的负面报道自然使其民众对中国形成较深的成见，比如可能因此就认为中国是一个专制、好战的国家。事实上，这不仅歪曲、诋毁了中国的形象，损害了中国的国际声誉，给中国开展和平外交、争取稳定健康的国际环境带来了困难和阻力，而且制约了这些国家政府的对华政策，这种不实的报道其实最终也将损害到该国的利益。

纵观冷战后的十多年，美国媒体几乎每年都要选择、利用或制造一两起借机妖魔化中国并引起两国媒体对阵、世界舆论关注的媒体事件：1989年所谓的“天安门事件”，1993年“银河号事件”及对中国“申奥”的反宣传，1994年“中国间谍事件”，1995年“吴弘达事件”，1996年“上海孤儿院事件”，1997年“政治献金事件”，1999年至2000年“误炸”使馆事件、“李文和案件”，2001年“撞机事件”……李希光在《妖魔化中国的背后》中也认为：长期以来，我们在美国的报纸、杂志、图书、电视、电台、电影以及最先进的Internet上可以频频看到或听到下列词汇：政治运动、极权主义、阶级斗争、钩心斗角、贪污腐化、帝王统治、异见分子、惨无人道、阴谋、荒淫无耻、侵犯人权、核扩散、走私军火、盗版、堕胎、饥饿、猥琐、愚昧、性无能、兴奋剂、西藏问题、台湾问题等。就像一堆零碎而又尖锐的玻璃碴！美国媒体偏好以此构筑中国形象，这不是丑化中国，不是，比丑化更严重，是妖魔化中国，是Demonizing China！

由于日复一日长期的灌输和熏陶，国外受众就很容易形成对于中国的某种思维定式，即“刻板印象”。早在1922年，李普曼就指出：刻板印象是将各种形象组织成一些固定和简单的分类，并用来代表所有人的方法。刻板印象几乎可以在所有跨文化状况中找到，它如此普遍的原因是人类本身有着区别和分类的心理需求。你所面对的世界是如此庞大、复杂和瞬息万变，以至于你无法了解到它的每一个细微之处，因此就想要去分类和记忆。刻板印象因为其简便快捷而帮助你进行这种分类。显然，刻板印象并不是与生俱来的，而是从多种途径中培养出来的，尤其是由大众媒介带来的。问题是对很多人来说，这种错误的不断重复便成为他们所理解的现实。在很多情况下，刻板印象是局限、懒惰和误解的产物。

刻板印象假设个别群体中的所有成员都具有完全相同的特征。他们基于部分事实以歪曲和常常不真实的内容为前提，为与进行交流的人刻画了不准确的图像。它不断重复强调某些信念，直到这些信念被接受为“事实”，成为一种“自圆其说的预言”。因此，其过分简单化、过分概括和夸张，将妨碍我们进行有效的跨文化交流。一旦有了刻板印象，我们就不免用刻板印象去观察别人，并认为他的行为举止证实了我们的刻板印象，即使这种行为举止不存在，我们也会这样认为，这就好比中国古代的著名寓言“邻人盗斧”。也就是说，不管正确与否，负面的刻板印象思想都证实你的预期。

在 2006 年 6 月下旬召开的中国国际公共关系大会上，时任中国国务院新闻办公室副主任的王国庆向外界公布了一份有关国际传播和中国国家形象塑造的材料，分析了美国《纽约时报》《华盛顿邮报》和《今日美国报》2005 年涉华报道的内容和倾向。据介绍，美国这三家主流媒体前一年关于中国的报道共有 243 篇，其中客观报道占报道总数的 25% 左右，偏见报道约占 33%，平衡报道的比重是 40%。国务院新闻办的结论是：在倾向性上，三家美国主流媒体对中国的中性报道占多数，负面报道略多于正面报道。而在 20 世纪 90 年代，西方主流媒体妖魔化中国的报道占涉华报道总数的 60%—70%。两相比较，可以看出，西方主流媒体对中国的报道已经发生了变化，但妖魔化中国仍是西方一些媒体涉华报道中隐约的主题。

周庆安认为，这种立场是难以彻底转变的。由于意识形态、政治制度上的巨大差异，西方的媒体和受众绝大多数对中国的认识有一种根深蒂固的预设。尽管在西方对中国的报道中，像“赤色中国”这样的词使用频率在减少，但面对中国的发展，各种“中国威胁论”也迅速增加。《华盛顿邮报》的编辑也承认，美国的媒体包括主流媒体，仍然存在对中国的误解。美国不少记者都是以追逐危机为动力的，有时“唯恐天下不乱”，个别人为制造轰动效应，对中国的报道有时就会以偏概全。

但另一方面，全球化和中国实力的迅速发展使中国和西方相互依存程度大大增加，西方国家调整了对中国战略地位的判断和对华关系的定位，即使从西方国家的国家利益出发，那种简单的出于意识形态对立的妖魔化报道也已经显得很愚蠢。公众对中国的了解越来越多，也使媒体在报道中国时不能再像以前那样信口开河。①

2. 和平崛起与复兴之路

无数事实都表明，有着960万平方公里土地、13亿人口、五千年文明史的中华民族这条巨龙，注定要崛起腾飞。尤其是改革开放30年来，中国的经济、军事实力逐步增强，在国际上的政治、经济和文化影响日益巨大，中国的崛起显然势不可挡。于是，世界上越来越多关注和忧虑的目光投向了东方。

同时，诸如“中国威胁论”“中国崩溃论”“中国发展论”“国际体系的挑战者”等各种论调和猜测也日益弥漫：“在21世纪初期，美国可能面临的最危险前景是中国成为东北亚的潜在霸权国”，“富裕的中国不可能是一个维护现状的大国，而将是一个决心获取地区霸权的雄心勃勃的国家”。因为，总有人相信大国崛起必然导致悲剧的发生，认为国际体系是一个险恶而残忍的角斗场，要想在其中生存，国家别无选择，只得为权力而相互竞争。

中华民族历来是一个爱好和平的民族，在国际舞台上种种负责任的作为也足以说明这一点。中国正在走着一条内涵式发展的和平复兴之路，不张扬、不称霸，更不会侵略。然而，正如有学者认为的：“历史已经证明，实行韬光养晦，不提中国崛起，中国威胁论照样泛滥。”②

特殊的国情，特殊的历史时期，决定了中国必然选择一条迥异于其他大国崛起的发展道路，然而充分研究历史上其他国家发展强大的历史，对于今天的中国尤其大有裨益。基于这样的认识，中央电视台2006年年底

---

① 参见《西方媒体如何写中国　妖魔化报道比例下降》，《环球时报》2006年6月30日。

② 阎学通：《和平崛起的分歧、意义及策略》，《中国社会科学》2004年第5期。1989年，邓小平同志从对当时国际局势的分析和我国战略全局的高度，提出了“韬光养晦、善于藏拙、决不当头、抓住时机、有所作为”的基本方针，其核心是韬光养晦。

推出了12集电视政论片《大国崛起》，详细论述了15世纪以来，葡萄牙、西班牙、荷兰、英国、法国、德国、日本、俄罗斯、美国这九个先后崛起的国家，在历史兴衰和发展方面的典型意义，阐述其发展历史，探寻其发展轨迹，总结其经验教训。该片也确实从中总结出了一些普适的原则，如科学、教育、激励人们创造力、消除社会弊病等如何在起着催化社会发展和保障社会健康的作用。它同样指出了历史上的一些教训，例如，以军事扩展来刺激“崛起”无可避免地会导向幻灭和灾难。

然而，从该片所涉及的历史上的九个大国来看，其崛起的道路上无不遍布着侵略的鲜血和掠夺的足迹。使一国强大至周边无法抗衡的力量集中还是体现为军事实力，尤其是对短期而言，军事强大是一国崛起的充要条件，它决定着一国的发展空间及其稳定性。二战后重新崛起的日本、德国，虽然没有强大的军事力量，但那是因为有盟友美国强大的武力作其后盾。这是特殊历史情境下发生的个例，不可视为普遍规律，也难以持久。当然，除军事力量外，国力的强大还表现为经济实力、科技实力的强大，此二者是衡量一国力量大小的长期性指标，也是长期保持军事力量强大的必要条件。军事、经济、科技，三者共同构成一个国家的“硬实力”。而衡量一国强弱的标准，首先正是其硬实力的大小。

《大国崛起》播出后，受到社会极大的关注和国内受众的普遍好评，认为能够鼓舞士气，振奋人心，颇有一种大国气象，但同时恐怕也引起周边国家和西方世界的多种猜测：中国真的能寻找到一条充满鲜花和橄榄枝的和平崛起的路途吗？为此，该片总编导任学安在接受采访时一再申明，希望用理性态度看待：“我们的意图只是通过解读15世纪以来世界性大国崛起的历史，探究其兴盛背后的原因，进而让我们思考，中国的和平发展，可以从中借鉴什么样的经验和教训，我们如何从容地立足于世界去探索自己的和平发展之路？”①

有学者认为：“和平崛起意味着不走战争崛起的传统路径，但这并不等于不发展强大的、世界一流的国防力量。把和平崛起同放弃建设强大的国防力量画等号是不明智的，是误国误民的，在学理上也是讲不通的。但武力崛起不等于战争崛起，强大的国防力量对正义的和平具有保护作用，对正义的和平的破坏者具有强大的威慑力。武力的存在并不意味着一定会

---

①　新华网，http：//news. xinhuanet. com/zgjx/2007 －06/11/content_ 6227292. htm。

使用、滥用这种武力。"① 在和平与发展的时代主题下，我国不可能依靠强权和武力去开拓海外市场，而必须立足国内，靠拓展国内市场需求来解决工业化过程中的市场问题，走内源式的发展道路。

那么，中国应当如何走出一条有着不同于西方大国的复兴之路呢？在《大国崛起》之后，该片的几乎原班人马创作了其姊妹篇《复兴之路》。这是中央电视台第一部全面、系统地梳理中国近现代历史的系列政论片，全片分为六集，赶在中共十七大之前在中央电视台一套黄金时间播出。这部片子按照历史线索，逐集表现中国如何在国家危亡之际开始了民族觉醒，如何在民族救亡的探索之中选择了社会主义道路，如何在社会主义建设的过程中实现了改革开放的历史性突破，如何在中国建立起社会主义市场经济体制，如何在新的历史时期提出科学发展、建设富强、民主、文明、和谐的社会主义现代化国家。② 这两部大型政论片从不同的角度形象论述了中国的和平崛起之路，对于国内外受众明确认识、澄清误解起到了重要的作用。

3. 电视的责任与使命

有学者认为："一个国家的崛起归根结底是精神状态的崛起，精神崛起是一个民族崛起的真正原动力，也是支撑崛起后盛况的基础。没有精神状态的任何崛起都是虚假的崛起。先有汉唐精神，才有汉唐盛世；汉唐精神首先衰退，然后才有汉唐盛世的终结。中国的崛起应伴随与之相符的精神状态。"③

电视媒体既是社会精神状态的建设者和传播者，也是国家形象的塑造者和构建者。从某种意义上来讲，国家形象也是一种生产力，对内体现为凝聚力，对外则体现为吸引力。如何塑造有利于中华民族伟大复兴的国家形象，为国家的发展营造健康和谐的舆论环境，是摆在今天电视媒体面前的时代任务和历史使命。有学者也认为："高质量的、民族风格浓郁的影视艺术作品对于增强本民族在世界舞台上的思想文化影响力度、塑造本民族在国际社会中的美好形象，有着不可替代的重要作用。"④

---

① 倪乐雄：《和平崛起与国际文化环境的思考》，《中国社会科学》2004 年第 5 期。

② 央视国际，http://finance.cctv.com/special/C19478/20070928/101537.shtml。

③ 倪乐雄：《和平崛起与国际文化环境的思考》，《中国社会科学》2004 年第 5 期，第 58 页。

④ 黄会林：《中国影视美学建设刍议》，此文系其为"中国影视美学丛书"所作的总序。引自黄会林等《中国影视美学民族化特质辨析》，北京师范大学出版社 2001 年版，第 2 页。

在电视媒体的各类信息传播中，及时、公正、全面、准确既是一个基本的准则，也是一个最高的追求。国内外的受众主要通过以电视为代表的大众媒介来监测环境、感知世界，大众媒介就是社会这艘巨型航船的指引者和守望者。实事求是地讲，今天中国的电视媒体为国内外受众交上的并不是一份令人十分满意的答卷。从其所营造的“拟态环境”中，人们很难看到一个足够真实和客观的中国形象，而在此基础上，不太准确的信息获取自然很难推导出足够正确的价值判断。

以新闻专题为例，在日常的新闻专题类报道中，尤其是所谓的社会新闻中，电视媒体的选材更多地聚焦于社会奇闻、明星逸事等娱乐搞笑的软性新闻上，忠实地履行着“狗咬人不是新闻，人咬狗才是新闻”的选材标准。至于社会转型期的改革阵痛、民生疾苦，各电视媒体尤其是地方性电视媒体往往是无暇顾及甚至是熟视无睹的。诚然，这其中有着非常复杂的原因，比如，娱乐化时代受众的收视需求，较大的经营压力和较小的政策风险等，但不可否认的是，其中也不乏文化责任的缺失。

特别是在国家和社会遭遇到一些危机时，如果电视媒体不能忠实履行职责，出现了传播缺位或传播失当，则很有可能使国家形象蒙受影响。传播缺位之所以带来严重后果，与公众心理，特别是危急状态下的公众心理有关。突发性危机事件来临时，人们往往会陷入恐慌之中，对事件带来的后果产生深深的忧虑。这个时候，由于自己的生存环境和生命安全受到威胁，受众往往会主动、积极地寻求信息，以便做出正确的判断来规避风险。也就是说，此时人们对信息的寻求，已经超出一般意义上对信息知晓的需要，而是出于自卫的本能。如果电视等主渠道的信息满足不了他们的需要或者不足以令他们信服，他们就会转向非主流渠道，寻求补充性的信息，各种猜测也会随之而起。受当时情境的影响，人们的猜疑往往会朝着夸大或背离事实的方向延伸，一旦得到某些传言的“印证”，他们就会产生接受传言的倾向，并成为传言链条上的一个新的环节。2003 年北京“非典”初期，由于主渠道信息不畅，各种传闻在全国大范围蔓延，就充分说明了这一点。由此可见，乘危机之乱有意造谣生事、蛊惑人心者固然存在，但却只是少数，绝大部分人相信和传播谣言，是对信息过度渴望和过分敏感所致。①

---

① 参见程曼丽《国家形象危机中的传播策略分析》，《国际新闻界》2006 年第 9 期。

对于国外的受众，如果他对中国的对外媒体评价一般或者不高，而他对自己通过其他渠道了解到的SARS情况却确信不疑，据“奥斯古德的调和理论”[①] 推测，他就会改变对信息来源的态度，即对中国对外媒体产生不信任的态度。若国外受众中有相当一部分持有这种态度，那么，作为传播者的中国对外媒体，其信誉将大打折扣，中国对外媒体的传播效力也大受影响；而一国或他国新闻媒介播放的新闻和言论报道所展现的形象是国家形象形成的主要因素，据此，中国的国际形象也将大受打击，并在政治经济上产生一系列不堪设想的后果。

国家形象危机下的传播，是一种高度策略性、技巧性的传播，其方法、手段不同，效果也完全不同。例如，1986年美国“挑战者”号航天飞机在空中爆炸，7名宇航员全部丧生。面对这场突如其来的危机事件，时任美国总统的里根很快通过电视向美国人民发表演讲。在演讲中，他将罹难的宇航员视为“英雄”，并深情地说：“宇航员们挣脱了大地的束缚，去触摸上帝的面颊。”里根这篇“如诗般美好”的演说词，被称为“变失败为胜利”的讲话，对于扭转美国乃至世界人民悲痛、消沉的情绪，将其升华为对“英雄”的崇敬与礼赞，转化为完成“英雄”未竟事业的勇气和信心，起到重要的作用。因此，如何引导传播，使事实的报道，数据资料的运用产生与己有利、有益的效果，从而化危机为良机、为契机，是传播者应当认真面对的问题。[②]

再以纪录片为例，纪录片是电视节目的一种重要体裁，因其忠实记录社会的发展和历史的进程而兼具史学意义和审美价值。近年来，随着小型DV摄像机的普及，使个人化的创作成为可能，于是在民间出现了一个规模不小的纪录群体。他们的身影遍布全国各个地区和各个领域，纪录片的选材广度得到了极大的拓展，也产生了一些比较优秀的作品，并因此成为主流纪录片的一个重要补充。

但是，对于大多数DV纪录者而言，由于缺乏对中国各民族历史文化

---

① 美国心理学家C. 奥斯古德和P. 坦涅朋提出了一种对信息的来源和客体两种态度相一致的理论（这个理论只有当信息来源和信息客体在人的意识中是互相联系时才产生）。按照这种理论的基本原理，态度总是同信息所由传出的来源和信息所谈到的客体相一致的。当信息来源的态度和对信息客体的态度具有相同一种评价记号（肯定或否定）时，就会出现相一致的状态。详见 http://www.66wen.com/05wx/xinwen/xinwen/20061027/47560.html。

② 程曼丽：《国家形象危机中的传播策略分析》，《国际新闻界》2006年第9期。

整体性的把握，拍摄的作品难免是零碎的、不系统的和粗疏的。而对生存的焦虑和对成名的渴求又常常使DV拍摄者刻意标新立异：他们更多青睐于边缘性题材，打着“底层人情感”的旗号，在记录中夸大并扭曲“底层人”的实际感受，用怪诞和无内涵的影像博取评委会或猎奇者的眼球。当这些片子以各种渠道传入国外并出现在大众传播领域时，极易造成他国公众对中国“下意识的误读”，这类现象在中国当下的DV影像中屡见不鲜。

常青的纪录片《老田》就赤裸裸地拍摄了老田招妓的床上镜头，从他采用的镜头和机位来分析，有研究者认为很难保证这个妓女就不是作者花钱给老田找来用于创作的。这种行为不仅愚弄了拍摄对象，违背了职业道德，伤害了整个民间DV纪录片创作群体，最终也必将给中国的国家形象抹黑。无怪乎中国视协纪学会会长刘效礼先生曾多次大声疾呼：纪录片要拍出中国人的尊严！

影视剧无疑是当今电视媒体的最主要节目样式之一，可能也是普通受众消磨时间最多的收视客体。据统计，中国每年的电视剧产量已经超过一万部集，是世界上电视剧产量和消费量最大的国家。时任国家广电总局副局长的胡占凡在“2007年优秀电视剧创作研讨会”上表示，中国已经成为世界第一的电视剧生产、播出大国，“目前，全国平均每天生产电视剧40集左右，在全国1974个电视频道中，播放电视剧的频道有1764个，占总数的89.4%”①。

影视剧在繁荣我国的文艺创作、满足百姓的审美需求方面自然功不可没，但是如果冷静地审视一下，情况可能也并不容乐观。当前，一些影视剧作品并没有能够完整、准确、积极地向世界介绍发展中的中国。一些所谓成功的影视大片不外乎皇上加奴才、拳头加枕头，我们当然不能完全否认这些影视作品所取得的艺术成就，可它们所展示的不是宫里宫外的钩心斗角、尔虞我诈，就是黄土高坡上的贫穷与愚昧，更有不少影视剧老是把镜头对准十几亿中国人中龌龊、卑劣的阴暗角落，以此去换回大把的钞票和一个个地区或国际大奖。

中国五千年的历史，自然应当成为影视剧创作最大的题材库，况且古装戏、历史剧尤其是戏说剧能够最大限度地规避现实的各种风险。于是，

---

① 《广电总局：中国成世界第一电视剧生产大国》，《北京娱乐信报》2008年2月26日。

从秦始皇到汉武帝，从贞观之治到开元天宝，从成吉思汗到康乾盛世，一个个皇帝被塑造得栩栩如生：一方面，他们别妇抛雏、开疆拓土，他们清正廉明、以身作则，他们文治武功、风流潇洒，在“人性化”的关怀下，他们亲切地向我们走来；而另一方面，冷酷的宫廷权谋争斗，残忍的父兄喋血杀戮，又血淋淋地展示了人性丑恶的一面，令人胆战心寒。至于文官武将、太监奴才、市井小民，大多是贪婪自私，阴险狡诈的。大量的古装武打戏，充分渲染了血腥暴力和江湖恩怨。至于戏说剧，更是无中生有、插科打诨，庸俗的思想披上历史的戏服。民族的历史就如此被今天的观众给消费了！

反观国外，韩国电视剧《大长今》《明成皇后》等同样是写宫廷的戏，在其中我们不仅看到了宫廷的权谋，而且看到了韩国式的饮食和针灸，韩国充满仪式化的礼仪，更看到了韩国人温和、自尊和关爱的个性文化因素，而这正是这些电视剧取得成功的原因之一。如果我们做到这一点，所谓的“中国奇观”，就不会再是阴沉而华丽的宫殿、变态的帝王、封建权力欲对个人自由的光明正大的剥夺，也不会再是电子游戏般的大场面血腥杀戮和脸谱化人物的结合，更不会是国家认同对个人认同的淹没。而我们的某些导演对于人性化的理解，就是给“英雄们”增加绯闻故事，增加三角、四角的花边感情纠葛，或者说是恶俗的欲望化，而在这些策略的背后，依然是对人性和人道的不尊重，缺乏对英雄人物平民化和人性化的理解。①

中国的影视剧出口，主要是历史题材和武侠题材的古装剧，国外的观众通过大量这般影视剧的教育培养，很自然地认为中国是一个贪婪好战的国家，中国人大多都自私自利、愚昧落后。长此以往，对中国就形成了一种不良的“刻板印象”，认定中国是一个“危险”的国家。

因此，今天的中国影视肩负着神圣的塑造国家形象的民族责任和历史使命，电视媒体应当通过不同的体裁样式，全面、客观、艺术地传播中华民族的传统美德、精神风貌和改革成就，为国外的受众准确认识中国提供翔实的影像资料，从而培养他们对中国友善良好的“刻板印象”。德不孤，必有邻。良好的国家形象在历史上曾使得中国身为万乘之国而怀柔万邦。同样，这种无形的力量在今天也必将会为中国的和平崛起创造出不可估量的亲善资本。

---

① 王滨、房伟：《中国电视剧应如何实施国家认同》，《中国艺术报》2007年5月18日。

第三节　边界的交错与游移：国家的电视文化安全

美国心理学家亚伯拉罕·马斯洛的需求理论认为：人的需要虽然多种多样，但是有着重要性和实现的先后差别，并因此从强至弱分为五个层次：生理需要，安全需要，归属与爱的需要，尊重需要，自我实现需要。越是低级的需求，对个体的重要性就越强，获得满足的力量就越大。同时，只有低一级的需求被满足时，人们才会向高一级需求转化。作为生物意义上的人，生理需求自然是最基本的，在解决了温饱问题以后，紧接着就是对安全的需求。而安全主体既可以是个人和群体，也可以是国家。

"安全"就是指没有危险、不受威胁或者不出事故。从字面意义上看，与安全概念相对应的就是威胁和危险。一般认为，安全不仅表达了一种客观存在的事实或状态，也是一种心理感受，同时还是一种手段，即要具备实现安全的手段与实施的途径。只有客观上不存在威胁，主观上不感到威胁，同时又有某种消除威胁的有效力量，主体才能有真正的安全。

1943 年，美国专栏作家李普曼首先提出了"国家安全"（National Security）的概念，当时的美国学界将其界定为有关军事力量的威胁、使用和控制，长期以来国家安全几乎变成了军事安全的同义语。随着人们认识的加深，国家安全的内涵也有了极大的拓展，大致包括政治安全、军事安全、经济安全和文化安全等方面。

国家安全是指国家面临内外威胁的现实和心理感受，以及保障安全所运用的各种手段。国家的政治安全、军事安全和经济安全的重要性自不待言，历来受到执政党和政府的高度重视，而文化安全由于其隐蔽性、长期性等特点，往往被有意无意地冷落。随着直播卫星、电脑网络、影碟磁带等技术的日趋完善和普及，电视文化安全已经日益成为影响国家文化安全的重要因素。由此可见，中国电视可以通过自身实现对国家文化安全的维护，其实这也正是其文化责任的重要体现。

一　世界是平的

《世界是平的》原本是一本书的名字，曾经荣登《纽约时报》《商业周刊》、亚马逊图书排行榜第一名，近两年风靡全球，在知识阶层尤其受到重视和好评。作者是三度普利策奖的得主美国的托马斯·弗里德曼。

在书中，弗里德曼认为人类的全球化大致经历了三个时代：第一个时代从1492年持续到1800年，此为全球化的1.0版本。这一阶段肇始于哥伦布远航开启新旧世界间的贸易，世界由此从大号缩水为中号。当时全球一体化的进程取决于一国的实力及其应用形式，即一国有多少人力、马力、风力和后来的蒸汽动力。在这一时期，受到宗教影响或帝国主义影响（或两者的结合），国家和政府利用暴力推倒壁垒，将世界的各个部分合并为一。第二个时代从1800年左右一直持续到2000年，中间曾被大萧条和两次世界大战打断，此为全球化的2.0版本。这个阶段让世界的规模从中号缩水为小号。在这一时期，推动全球一体化的主要力量是跨国公司，这些公司到国外去的目的就是要寻找市场和劳动力。在这一时代的前半阶段，铁路和蒸汽机带来了运输成本的下降并推动了一体化的进程，而后半阶段的全球化进程则得益于电话、电报、电脑、卫星、光纤电缆和初期互联网等带来的通信成本下降。第三个时代即全球化的3.0版本，开始于2000年，世界进一步缩小到了微型。如果说全球化1.0版本的主要动力是国家，全球化2.0的主要动力是公司，那么全球化3.0的独特动力就是个人在全球范围内的合作与竞争。①

全球化是指人类从以往各个地域、民族和国家之间彼此分隔的原始闭关自守走向全球性社会的变迁过程。② 一般来讲，全球化包括如下三个相对公认的角度：第一，信息角度，认为是信息与通信自由传递导致的全球化。第二，经济角度，认为全球化与资本全球流动、资源全球配置、世界性市场的形成、跨国公司及多国公司的出现等有着因果关系。第三，环境角度，认为环境污染与保护是全球性的共同问题，需要达成全球性共识。

英国经济学家大卫·李嘉图基于比较优势，创立了自由贸易理论。他认为：如果每个国家专门生产自己具有比较优势的产品，然后用各自的产品进行交换，贸易双方都会从这种交换中得到好处，各国总体的国民收入水平都会提高。自由贸易理论在西方世界受到普遍的欢迎和切实的施行，因此，所谓的全球化首先也主要是经济的全球化。

诚然，在政治、经济和科技等综合因素的作用下，世界正变得越来越

---

① ［美］托马斯·弗里德曼：《世界是平的》，何帆等译，湖南科学技术出版社2006年版，第8—9页。

② 张骥、刘中民等：《文化与当代国际政治》，人民出版社2003年版，第367页。

平坦，人类历史进入了一个从未有过的阶段："越来越多的人会发现他们能够找到越来越多的合作对象和竞争对手，人们将和世界各地越来越多的人互相竞争和合作，人们将会在越来越多的工作岗位上互相竞争和合作，人们的机会将越来越平等。将他们联系在一起的是电脑、电子邮件、网络、远程会议和各种新软件。"①

其实早在1848年，马克思和恩格斯在《共产党宣言》中就曾经天才地预测："资产阶级，由于开拓了世界市场，使一切国家的生产和消费都成为世界性的了。……过去那种地方的和民族的自给自足和闭关自守状态，被各民族的各方面的互相往来和各方面的互相依赖所代替了。物质的生产是如此，精神的生产也是如此。各民族的精神产品成了公共的财产。民族的片面性和局限性日益成为不可能，于是由许多民族的和地方的文学形成了一种世界的文学。……资产阶级，由于一切生产工具的迅速改进，由于交通的极其便利，把一切民族甚至最野蛮的民族都卷到文明中来了。……它迫使它们在自己那里推行所谓的文明，即变成资产者。一句话，它按照自己的面貌为自己创造出一个世界。"②

从历史的角度加以考量，每一次技术的革命性进步都带来了传媒格局的重组，而最近以卫星电视和数字网络为代表的技术进步则打破了民族国家的边界，带来了传播的全球化。从理论上来讲，电视媒体几乎可以随时进行全球的现场直播，实现"天涯共此时"的同步体验。2003年，全球的人们就通过电视直播，共享了伊拉克战争的"饕餮盛宴"。《哈利·波特》的全球同步上映，《越狱》《反恐24小时》等的迅速蔓延，还有奥运会、世界杯等事件的电视和网络直播，人们似乎已经习惯了这个日益平坦的"地球村"。

地球虽然是圆的，但世界已经变平了！

二　文化霸权与文化多样性

1. 从文化全球化到文化美国化

随着世界平坦化进程的迅速加快，很多人也产生了相当的忧虑，担心

① ［美］托马斯·弗里德曼：《世界是平的》，何帆等译，湖南科学技术出版社2006年版，第7页。

② 《马克思恩格斯选集》第一卷，人民出版社2012年版，第276页。

“全球化即西方化”。这样的担心并非没有道理，由于经济上的先发优势，使得发达国家拥有较多的话语权，又由于他们往往是技术的发明者和标准的制定者，所以也往往因之而成为跨国信息流动的“单向度流出方”，而广大的发展中国家则基本上成了“单向度流入方”。

目前，就信息传播来看，西方十大全球媒体巨无霸支配着全球大众传媒市场，主导了全球信息的流通与诠释权，它们依次是：美国在线—时代华纳、迪斯尼、威望迪环球、维亚康姆、新闻集团、美国电报电话宽带公司、索尼、康姆卡斯特公司、美国全国广播公司、甘乃特。在这些传媒产业巨头的引导下，全球 50 家媒体娱乐公司占据了当今世界上 95% 的传媒产业市场。目前传播于世界各地的新闻，90% 以上由美国等西方国家垄断，其中又有 70% 是由跨国的大公司垄断，美国控制了全球 75% 的电视节目的生产和制作。现在，全世界的卫星电视节目共有 300 多套，其中有一半以上来自美国。全世界共有 137 个国家接收美国的 CNN 昼夜新闻节目。许多第三世界国家的电视节目有 60%—80% 的栏目内容来自美国，几乎成了美国电视节目的转播站；而在美国自己的电视中，外国节目的占有率只有 1.2%。美国公司出产的影片产量只占全球影片产量的 6.7%，却占领了全球总放映时间的 50% 以上。世界上超过 2/3 的人口所生产的音像制品在世界上只占到了 1%。在跨国流通的每 100 个小时的音像制品中，就有 74 个小时的制品是从发达国家和新兴工业国家流向发展中国家的。2000 年 1 月，EXCITE 公司对全球 6.4 亿左右的互联网用户进行语言认证，结果是英文信息占 71%，日文占 6.82%，德文占 5.08%，法文占 1.75%，中文仅占 1.52%。凭借这些优势，目前美国文化占据了网上信息资源的 80%—90%，人们一进入因特网就好像进入美国文化的环境之中。①

因此，在很大意义上来讲，所谓的“西方化”其实就是一种“美国化”：全球各地充斥着美国制造商和服务提供商、美国的品牌和美国的电影制作人、美国的歌星和美国的演员、美国的服装设计师和美国的快餐连锁店。他们在柏林墙倒塌和世界平坦化的过程中占据着最好的有利位置，是第一个尝到甜头的人。他们不可避免地会利用平坦的世界推销美国文化，不管当地独特的服装、语言、食物或音乐多么顽强地固守自己的风

① 参见孙晶《文化霸权理论研究》，社会科学文献出版社 2004 年版，第 268—270 页。

格，最后人们还是会担心，自己的文化传统可能被轻易地侵蚀。在这场旷日持久的斗争中，美国文化似乎注定要获得胜利。全球化长了一张美国面孔，有着一副美国神情，充满了美国味道。[①] 于是，国际文化的交流出现严重的失衡，新兴国家的文化发展空间被严重地挤压，这样就会使我们的后代只能通过很狭窄的渠道来了解世界上众多的不同文化。

在全球化理论中，试图用文化全球化替代文化西方中心主义的说法实际上更隐蔽地维护了西方中心论的文化霸权。今天，一些全球化的学者以后现代主义的思维方式，看似在自觉解构西方中心主义，主张多元、差异与边缘，主张多民族的文化平等共存，但资本主义文化自形成之日起就与西方中心主义难解难分了，它实际上不可能平等地容纳其他国家与民族的文化模式。说全球化文化，表面上以更灵活的话语为西方中心论松动边界，其实目的还是为了西方中心论文化霸权。[②]

当然也有人对此持不同的观点："担心全球化会粉碎传统文化是有道理的，但是我们若忽视了它对于提高个人能力、丰富文化内容的意义，将会忽视其潜在的对人类自由与多样化的积极作用。"[③] 中国播客网的领军人物、土豆网（Tudou. com）的创始人王微也认为："我们有（与美国）不同的歌曲，并且我们想表达不同的想法，不过愿望是一样的"，"我们都想被看到、被听到，都想能够创造出自己喜欢的素材，并且想同他人分享它们……世界各地的人们将可以从采用同种科技的平台里获取知识和灵感，平台的技术虽然一样，不过在这个平台上繁荣的却是不同的文化。土壤是相同的，但生长的树木却是不同的"。[④] 因此，与其说平坦世界中的竞争平台能同化各种文化，不如说其导致世界以一种前所未有的程度创造多样化的潜在能力更为强大。

显然，事情并非如此简单，《世界是平的》一书的译者何帆最后也不无忧虑地总结道："这个世界可能看起来比以前更平坦了，但事实是，它仍然是崎岖不平的。与其赞叹和赞美技术进步给我们带来的无限机会，不

---

① ［美］托马斯·弗里德曼：《世界是平的》，何帆等译，湖南科学技术出版社 2006 年版，第 373 页。

② 孙晶：《文化霸权理论研究》，社会科学文献出版社 2004 年版，第 81 页。

③ ［美］托马斯·弗里德曼：《世界是平的》，何帆等译，湖南科学技术出版社 2006 年版，第 377 页。

④ 同上书，第 380 页。

如探讨这种急剧的变化给不同的人群、不同的国家所带来的冲击、困惑和挑战，这才是更有意义的题目。”①

2. 从文化霸权到媒介帝国主义

文化霸权是来自西方的一个概念。所谓霸权与领导权，在英文中虽然是同一个单词，即“hegemony”②，但在汉语中却有着明显的区别。全球化时代的资本主义意识形态的灌输不是赤裸裸的，而是通过科技手段、大众媒介等潜移默化的形式，在人类文明的相互融合和渗透中，把他们的文化产品巧妙地包装起来以推行他们的文化与生活方式，达到文化霸权的目的。

在葛兰西看来，统治阶级主要用两种方式进行统治：第一，是以实力直接仗势强制控制，即霸权统治的方式；第二，领导权的方式，也就是通过社会主要团体积极同意而取得的道德和哲学的领导。二者的区分大致相当于中国传统思想中的“霸道”和“王道”。在“文化霸权”这一概念中的霸权，其实并没有强制统治和接受的意思，而应是以服从和同意为基础的统治权，即“一种非暴力的文化意识形态控制手段，它需要通过社会中的大多数自觉自愿的认可赞同来实现”③。概括地来讲，权威、服从与合法性是文化霸权或领导权得以形成的必要条件。而究其实，文化霸权是一种新型的殖民主义。

从历史的发展脉络来看，殖民主义大致经历了三个阶段。第一个阶段也称旧殖民主义阶段，一般被限定在二战之前，殖民地宗主国在政治上、军事上对殖民地国家进行武装侵略，然后实施赤裸裸的直接统治。第二个阶段是新殖民主义时期，即二战以后，在民族国家纷纷独立的历史语境下，绝大部分殖民地国家在政治上纷纷独立，取得了国家主权，但由于种种原因，他们在经济和政治上仍然无法彻底摆脱对原宗主国的依赖。第三个阶段是后殖民主义时期，也就是帝国主义在其凭借武力实施经济掠夺之后，转而使用文化手段向第三世界国家实施文化渗透和扩张政策。在这个

---

① ［美］托马斯·弗里德曼：《世界是平的》，何帆等译，湖南科学技术出版社2006年版，第429页。

② 据考证，“hegemony”一词的希腊文和拉丁文形式为“egemon”和“egemonia”，本意是指一个国家的领导人或统治者，一般用来表示国与国之间的政治统治关系。见陈燕谷：《“Hegemony”（霸权/领导权）》，《读书》1995年第2期。

③ 孙晶：《文化霸权理论研究》，社会科学文献出版社2004年版，导论第2页。

意义上来看，后殖民主义又可以被称为“文化帝国主义”（Cultural Imperialism）。

据考证，文化帝国主义的概念是由美国著名的传播学者赫伯特·席勒（Herbert I. Schiller）于1976年在《传播与文化支配》一书中首先使用的。萨义德认为文化帝国主义“运用政治与经济权力，宣扬并普及外来文化的种种价值与习惯，牺牲的却是本土文化”[①]。也有的学者认为文化帝国主义是指：西方统治阶级对人民进行文化上的渗透和控制，以达到重塑被压迫人民的价值观、行为方式、社会制度和文化身份，使之服从于帝国主义统治阶级的利益和目标。

汤林森认为，目前谈论文化帝国主义主要有四种途径：一是作为媒介帝国主义的话语；二是作为一种民族国家的话语；三是作为批判全球资本主义的一种话语；四是作为现代性批判的一种话语。[②] 由此可见，尽管西方学者在谈论文化帝国主义时切入的角度不同，但基本观点却大体相近，即文化帝国主义作为当代西方社会的一种强势话语，不仅对西方世界的公众形成了一种怀柔统治，更主要的是作为文化扩张的一个具体策略，已对第三世界国家构成了一种文化侵略，从而导致了第三世界国家本土文化的变异甚至消失。[③]

有研究指出：文化帝国主义的文化渗透有三种方式：一是在理论层次上推行以西方中心为基础的人文、哲学、社会科学理论，宣扬西方社会制度和价值观。二是在大众文化层次上通过各种文化媒体传播他们的文化，如通过电视、国际互联网络、书籍、刊物、广告使广大民众耳闻目睹。三是在文化性的物质产品以及人们的衣食住行等日用品方面大做文章，使人们的环境和生活方式西化。[④]

美国的强大，其实不仅仅体现在政治、经济、科技和军事上，通过影视塑造的美国可以掌控全球的力量，能够激发别人的梦想和渴望，吸引着大批学生奔赴美国求学深造。有研究认为：“美国文化，不管是阳春白雪

---

① ［美］爱德华·萨义德：《文化与帝国主义》，蔡源林译，台湾立绪文化事业有限公司2001年版，第41—42页。

② ［英］约翰·汤林森：《文化帝国主义》，李琨译，上海人民出版社1999年版，第38—57页。

③ 王一川主编：《批评理论与实践教程》，高等教育出版社2005年版，第188页。

④ 参见《马克思主义与现实》1999年第4期。转引自孙晶《文化霸权理论研究》，社会科学文献出版社2004年版，第65页。

还是下里巴人，其传播的力度与当时的罗马帝国不相上下——且颇有新意。罗马及前苏联的文化影响止于其军事力量的尽头。但美国的软力量统治着一个日不落的帝国。”①

何谓软力量？约瑟夫·奈认为：软力量就是通过吸引而非强迫或收买的手段来达己所愿的能力。软力量即能够吸引人的力量，它往往导致被吸引人在许多事情上采取默许的态度。有民意调查显示，流行文化使美国被他国视作“令人兴奋、具有外国情调、富饶、强大、有吸引力、引领潮流——处于现代化和创新的前沿”②。

葛兰西认为，资产阶级文化霸权的形成，并不是靠把自己的意识形态灌输给从属的阶级，而是需要依靠被统治阶级自愿的赞同。也就是说，统治集团取得文化霸权的过程并非消灭其对立面的过程，而是将对立一方的利益纳入自己的价值观念中，最终使对立方认同自己的价值观念的过程。而为了夺取文化霸权，葛兰西注意到了“常识”与“大众文化”的重要性。巴克指出：“在葛兰西看来，所有的人都是通过大众文化中的‘常识’来思考这个世界，并组织他们的生活和形成他们的经验的，因此，常识成为一个意识形态冲突的至关重要的场所……因为这是一个‘被认为理所当然的’的地带，是一种引导日常世界之行为的实践意识。更多的哲学观念的粘连物，都在常识领域里角逐并转化到这一领域。因此，葛兰西非常关心流行思想与大众文化的特性。”③

从“人性本善”的基础出发，进行跨文化传播的双方理应把自己最好的东西交换给对方，但是在现实的环境中，出于种种原因和考虑，情况似乎并非如此。这其中可能既有客观上的原因，如传播文化中难免鱼龙混杂、泥沙俱下，很难详细甄别，或者异质文化由于到达被传播区域的水土不服甚至产生变异。更多的可能是出于主观上的原因，即传播主体有意要对传播对象的文化进行同化式的改造和颠覆。更甚至通过大众传媒尤其是电视这种具有非协商性质的媒体，在把自认为最好的东西（如民主、自

① ［德］约瑟夫·杰弗：《谁害怕“大块头”先生?》，载《国家利益》2001年夏季刊，第43页。转引自［美］约瑟夫·奈《软力量——世界政坛成功之道》，吴晓辉等译，东方出版社2005年版，第11页。

② ［美］约瑟夫·奈：《软力量——世界政坛成功之道》，吴晓辉等译，东方出版社2005年版，第12页。

③ Chris Barker，*Cultural Studies*：*Theory and Practice*，London：Thousand and New Delhi：Sage Publications，2000，p. 60.

由等观念）传播的同时，也将自己所无法摆脱的毒瘤（如暴力、吸毒等）有意识地传染给对方，以期把对方变成跟自己一样的人，甚至自己所不屑的人。而“西方的毒瘤一旦植入另一个社会，便很难根除，病毒会继续存在但并不致命，病人能活下去，但永远不会是个完好的人”①。美国学者乔治·格伯纳在1993年开展的一项研究发现：“美国生产的暴力内容节目更多地用于出口。通过一项仅在美国收看的一组节目的调查，他发现犯罪片节目仅占这类节目的17%，但在销往国外的节目中，犯罪及动作片题材占46%。”②

媒介帝国主义在文化全球化“合理性”外衣的装扮下，对文化传入国的受众进行着耳濡目染的渗透和同化，长此以往，后果是相当严重的。因此，全球化传播还是具有着某种不平等的“隐喻”，相对处于传播弱势的一方往往会担心不同文化交流时自身“主体性”的丧失。正如有的学者所忧虑的：“这种互补性的交流是肯定主体在交流中不会丧失自我的交流，不是一种主体化为另一种主体的交流。”③

现在国外全球化文化的研究者更多地认为全球化文化是不同地域、民族、国家之间的文化互动与交流，他们注重的是不同文化与文明交流过程中的相互理解。也就是说，他们认为的全球化文化是一种在动态与差异甚至是矛盾冲突中运动的过程，是一种你中有我、我中有你、相互理解、同中存异、共同发展的文化，它是一种关系定位而不是本质主义式的定位。比如，汤林森认为，真正要理解文化帝国主义这个概念，必须首先对西方媒体这种中介的本质进行分析。而西方媒介在非西方民族国家的散播的效果其实不是同质的，不同的个体会有不同的互异的体验，西方的消费文化以及外来的文化价值观被不同的接受者接受时会出现复杂的情况。不仅西方文本与被传播国家的文化融合或发生矛盾时发生了变化，而且观众在欣赏西方的媒体节目时，也都会把本族、本人的价值判断渗入进去，因此，对外来文化体验的过程，事实上同时也是强化其本身的文化价值的过程。一般人的话语解读能力是超过媒介批评家的想象的，他们对外来文化观念

---

① ［美］塞缪尔·亨廷顿：《文明的冲突与世界秩序的重建》，周琪等译，新华出版社2005年版，第166页。

② 《美国向国外输出电视暴力节目》，原载中国国际广播电台研究室等主办《世界广播电视参考》1995年第9期，第25页。

③ 孙晶：《文化霸权理论研究》，社会科学文献出版社2004年版，第286页。

的操纵也有种种化解与抵抗的主动性。总之，汤林森是有媒介中性论的主张的，认为媒介平等地扩散了外来的文化，但它并没有把这种文化意识形态强加于被传播国家。由此看来，汤林森实际上还是想以消解的方式维持事实上的文化帝国主义现象。[①]

3. 文化多样性的现实与前景

综观当今世界的文化格局，存在着明显的失衡状态：以美国为首的西方发达国家依托强大的政治、经济、军事、科技等优势，牢牢掌握着文化传播的话语权，而广大的第三世界国家，尽管有着悠久的历史文明和灿烂的文化传统，也被无奈地边缘化。而如果一个国家和民族的文化传统长期处于被遗忘状态，这个国家和民族就必然会丧失民族精神和民族意识，可能最终导致其灭亡。“文化对于一个民族和一个国家来说，是一种能够凝聚和整合民族和国家一切资源的根本力量，这种力量的任何形式的丧失，都将危及一个民族和国家的生存安全。正是因为如此，文化安全就成为能否确保一个民族和国家的生存安全的一种战略安全。”[②]

今天，世界文化多样性的危机主要表现在传统文化、民间文化、边缘文化、弱势文化、异质文化方面，他们正面临两种不同的命运：一种是被轻贱、被打压、被丢弃、被歧视、被埋没、被遗忘；另一种是被掠夺、被收藏、被吸收。[③] 以语言为例，据报道，按目前语言消失的速度，在未来100 年间，世界上现存的 6700 多种语言将会消失一半，另外还有 2000 多种语言也将面临极其严重的威胁。

对于整个人类社会来讲，文化的多样性就如同生物的多样性一样重要。所谓生物多样性，是生命有机体及其借以存在的生态复合体的多样性、变异性、丰富性和复杂性。目前，全球生物多样性丧失情况十分严重。其中，热带森林生物数量最多，据专家估计，地球上约有 1000 万种生物，热带森林物种占 50%—90%。而按如今热带森林砍伐速度来算，今后 30 年内有 5%—10% 热带森林物种可能消失。生物遗传学告诉我们，遗传基因越丰富多样，适应能力就越强，在遭遇到环境变化时，生命就越有可能得以维持。若是基因品种单一且不具备变异性，遭遇环境变化时缺

---

① 孙晶：《文化霸权理论研究》，社会科学文献出版社 2004 年版，第 140—141 页。

② 杨建新：《维护国家文化安全的战略意义》，《中国社会科学院院报》2006 年 7 月 16 日。

③ 沈卫星：《论全球化与中国文化多样性》，博士论文，北京师范大学，2006 年，第 60 页。

乏适应能力，生命可能因此终结。基于这种认识，1992 年联合国环境与发展大会签署了《生物多样性公约》。1993 年联合国环境规划署、世界资源环境所及国际自然与资源保护联盟等机构又主持编写了《全球生物多样性策略》。这些文件提出，人类应通过不减少基因与物种的多样化或者不毁坏重要的生物和生态系统的方式保护和利用生物资源，以保证生物多样性的持续发展。

前几年，曾出现过国外研究人类基因的科研人员到我国盗取基因的事件，这是由于在我国一些封闭的山村，其人口基因谱系保存完好，这成为人类基因研究独特的资源。北京农科院有我国保存完整的 1000 多种水稻基因资源，就是引用古水稻的基因，才培育出了抗病虫、抗倒伏的新品种。① 今天的美国之所以在许多方面保持领先地位，一个重要原因就是吸引了大批来自世界各国的优秀人才，有“民族熔炉”之誉。美国人类学家博克认为，多样性的价值不仅在于丰富了我们的社会生活，而且在于为社会的更新和适应性变化提供了资源。② 马克思也曾经生动地论述过精神世界的客观多样性：“你们赞美大自然令人赏心悦目的千姿百态和无穷无尽的丰富宝藏，你们并不要求玫瑰花散发出和紫罗兰一样的芳香，但你们为什么却要求世界上最丰富的东西——精神只能有一种存在形式呢?”

2001 年 11 月 2 日，联合国教科文组织第三十一届（部长级）会议通过《世界文化多样性宣言》，指出：“文化多样性——人类的共同遗产文化在不同的时代和不同的地方具有各种不同的表现形式。这种多样性的具体表现是构成人类的各群体和各社会的特性所具有的独特性和多样性。文化多样性是交流、革新和创作的源泉，对人类来讲就像生物多样性对维持生物平衡那样必不可少。从这个意义上讲，文化多样性是人类的共同遗产，应当从当代人和子孙后代的利益考虑予以承认和肯定。”同时，联合国大会将 2001 年确定为“文明间对话年”，提出了“不同文明对话全球议程”的倡议。

2003 年 2 月，在法国和加拿大有关政府部门的支持下，法国文化观察委员会与加拿大文化多样性联合体在巴黎共同召开了文化专业组织第二

---

① 沈卫星：《论全球化与中国文化多样性》，博士论文，北京师范大学，余兴安等译，2006 年，第 41 页。

② ［美］P. K. 博克：《多元文化与社会进步》，辽宁人民出版社 1988 年版。转引自郑园园《尊重文化多样性》，《人民日报》2005 年 10 月 23 日。

次国际会议，30多个国家的130多个文化专业组织派代表307人出席会议。会议对经济全球化给文化多样性带来的威胁展开研讨并提出对策，呼吁各国政府抵制对文化产业实行自由化政策，在世贸组织新一轮的谈判中坚持“文化产品例外原则”，在制定保护本国文化特性及文化多样性的政策时不要受世贸组织有关规则的影响，呼吁各国积极参与起草并最终通过一项维护文化多样性的国际公约，该公约应独立于世贸组织或其他国际贸易组织框架之外并具有法律约束力。

“面对异质文化凌人的攻势”，2004年9月，包括季羡林、许嘉璐等先生在内的一部分有着强烈文化责任感的中国知识分子在北京召开了“文化高峰论坛”，题旨是“捍卫世界文明的多样性”，向国际社会阐述了中国知识分子的精神立场和保护文化多样性的主张，并向全球发出了《甲申文化宣言》，号召中国人反对“文化入侵”：“每个国家、民族都有权利和义务保护和发展自己的传统文化；都有权利自主选择接受、不完全接受或在某些具体领域完全不接受外来文化因素。”[①] 2005年10月在杭州召开的由人民日报社与文化多样性全球联盟发起的“第三届全球化论坛”，其题旨就是“尊重文化多样性，共建和谐社会”。

在当今时代，一方面，整个世界在经济上越来越走向全球化或一体化；另一方面，随着政治上的独立和经济上的发展，从20世纪80年代以来，许多非西方国家迫切地感觉到文化重建的重要性，不约而同地都出现了一股反西方化的浪潮，比如伊斯兰世界里的原教旨主义复兴运动。在20世纪的冷战时代，宗教—伦理价值系统之间的文化差异完全被政治意识形态之间的对立给掩盖住了，全世界的人民都是根据“姓资”还是“姓社”这种政治意识形态来进行心理认同的。但是随着苏联的解体，两大政治阵营的对垒不复存在，人们也不再按照政治意识形态的区分来进行认同了，而是重新以传统的宗教—伦理价值系统作为心理认同的标准。非西方世界的人们纷纷转向了自己的文化根源，试图从中发掘出建设现代化的精神支柱。如何把自己的传统文化资源与现代化事业有机地结合起来，这是放在所有非西方国家和地区面前的一个重大问题。在中国，从20世纪90年代开始，无论是在台湾、香港还是内地，都开始倡导弘扬民族文化，出现了传统文化热，海外的新儒学更提出中国现代化建设的希望在于

① 许嘉璐、季羡林等：《甲申文化宣言》，《中国青年报》2004年9月8日。

复兴儒学。同样的，我们看到近两届的印度领导人也在大声疾呼，要用印度教的精神建设一个现代化的印度。至于伊斯兰教世界，这种文化认同的强烈程度就更不用说了，许多穆斯林都对西方基督教徒有一种情感上的隔阂和冷漠，有些人甚至还怀有深切的仇恨心理。这样一种历史的宿怨，是未来世界可能发生文明冲突的重要原因。即使在西方基督教世界中，近20年来也出现了一种保守主义的潮流，在经历了两百多年的启蒙和世俗化过程之后，西方世界同样也表现出某种再神圣化的要求。以基督教信仰作为文化认同的根本纽带，似乎已经成为西方人的一种心照不宣的潜规则。①

历史学家汤因比认为：当初当西方人向非西方世界的人们推销他们的价值观念时，他们是真诚地对全世界开了一个玩笑，买卖双方都以为是货真价实。然而结果却不然，盲目地接受西方价值观念的结果，使得非西方世界陷入了西方所始料未及的一种普遍的灾难之中，这种灾难使得非西方世界的人们忍受着比西方世界的人们更大的精神苦恼，从而在非西方世界的知识分子中导致了一种普遍的“精神分裂”现象。这种“精神分裂”是指什么呢？那就是，一方面，你自己的文化传统在底下拉着你；另一方面，西方的价值观念又把你往上拽。你原来以为你自己的文化传统就像蜥蜴的尾巴一样，可以轻易地丢掉，但是随着你与西方文化的进一步接触，你就会发现自己是不可能完全摆脱固有的文化传统的，正如你不可能拔着自己的头发把自己拉到天空上一样。这种认识就会使你陷入一种“精神分裂”的苦恼之中。总而言之，盲目地接受西方的价值观念，会导致一种可怕的效应，这种效应被汤因比称为“文化溶血”现象，就好像给一个A型血的人输入了B型血一样，它会引起全身性的严重反应。事实上，在一些第三世界国家中，这种“文化溶血”现象明显地存在着，它使这些国家的现代化进程呈现出一种畸形发展的趋势。这样一种深刻的认识，是非西方世界的知识精英们经历了一个多世纪的痛苦反省以后，才逐渐地意识到的。在当今的非西方世界里，越来越多的知识分子意识到，完全接受西方的文化模式，或者采取“全盘西化”的方式是不可能真正解决本国的现代化问题的，一个民族要想强盛，老是跟在别人后面亦步亦趋是没有出息的。如何走一条现代化而不是西方化的道路，这是摆在非西方世界

---

① 赵林：《赵林谈文明冲突与文化演进》，东方出版社2006年版，第37—38页。

的知识分子面前的一个时代性的重大问题。[①] 亨廷顿则称之为“文化精神分裂症”。

在抽象的意义上，文化全球化意味着一种超越国界、制度、意识形态的全球价值和全球伦理开始具有现实存在的品格，最终趋向全球文化共同体。但是情况也许并不会如此糟糕，有的学者就辩证地如此来看：“经济全球化的影响固然使现有的各种文化增添了一些同质化的成分，带来诸如全球性文化市场和文化产业的新事物，但是并不能从根本上消除各种文化之间的差异。相反，在经济全球化进程的同时也要看到强劲有力的文化多样发展趋势，文化的多样性并不会因为经济全球化而消失。”[②] 但是不管如何，正如联合国教科文组织艺术和文化产业处项目专家亚历山大·西斯克里克所言：“面临经济全球化浪潮的冲击，如何使本国文化产品参与到国际竞争当中，是发展中国家面临的共同难题。”[③]

三 文化版图与文化主权

文化版图这一形象的概念是由著名的电视人张子扬在世纪之交提出的，意为：“在高新技术支持下产生的卫星电视、电脑网络等媒体，可以使各种信息、各种意识形态以最快的速度，最广泛地传播到世界的各个角落。这些信息、意识形态可以在不改变任何地理版图的情况下，悄然改变着人们的生活习俗、行为方式、思想观念等，从而改变一个国家的文化版图。”[④] 因此，“如果没有对‘文化版图’的重视、固守与拓展，没有健康的人文精神给以关怀，我们中华民族之优秀文化的传统很可能会在全新技术的现实中被外来文化所蚕食——吞噬”[⑤]。

不错，当代媒介帝国主义实现文化霸权的一种主要控制形式，就是借助大众媒介——广播、电视、电影、广告、国际互联网等对第三世界国家进行文化控制。由于跨国公司在全球市场的支配地位，使它们便于在世界各地依托强大的经济实力和高科技手段大批量地生产文化工业产品，使他

① 赵林：《赵林谈文明冲突与文化演进》，东方出版社 2006 年版，第 41 页。

② 沈卫星：《论全球化与中国文化多样性》，博士论文，北京师范大学，2006 年，第 84 页。

③ 《民族文化的独特性与世界文化的多样性》，《人民日报》2005 年 11 月 10 日。

④ 张子扬：《视境心语》，中国广播电视出版社 2003 年版，第 82 页。

⑤ 张子扬：《文化版图的固守与拓展——电视人面对 21 世纪的思与虑》，《人民日报》2000 年 3 月 5 日。

们的文化成为发展中国家大众社会的日常消费品。同时，又由于这种跨国媒介的产品也是以西方文化作为普遍的价值标准面目出现的，这样，西方国家依靠媒介手段就在世界各地传播与扩散了西方的文化意识形态与生活方式。面对西方掌握全球媒介所有权与控制权的媒介强势，第三世界的民众在消费媒介产品时，在某种程度上，他们没有选择不消费这种产品的余地。这些媒介产品会不断强化他们西方至上的观念，使他们在无意识中对西方价值观或“美国生活方式”具有优越性这种神话欺骗形式深信不疑，从而致使有分裂第三世界各国自身的文化传统的危险。

事实表明，“柏林墙早在1989年倒塌之前就被电视和电影凿得千疮百孔。如果不是多年来西方文化形象在柏林墙倒塌前就对其进行了渗透和破坏，锤子和压路机也不会管用”①。在导致2000年10月斯洛博丹·米洛舍维奇下台的一系列示威爆发之前，已有45%的塞尔维亚成人收听自由欧洲广播和美国之音，而只有31%的成人收听国家控制的贝尔格莱德广播电台。②

中国电视文化产业作为一个未受系统化开发的庞大市场，蕴藏着丰富的回报潜力，西方跨国媒体集团一直对此表示出了浓厚兴趣和积极姿态。现在默多克的新闻集团已设驻京办事处，其旗下的“凤凰卫视”和全新综艺频道——星空卫视及美国在线—时代华纳所属的“华娱电视”已正式获准落户广东，迪斯尼已携手“海虹”进军中国互联网，美国福克斯公司也在上海设办事处，维亚康姆公司则选定MTV音乐电视频道这一娱乐形式先行来中国。而早在2001年1月，BBC的24小时国际电视新闻频道已获准在中国三星级以上饭店及外国公寓播出，2001年3月美国《读者文摘》中文版也在我国正式发行。

据统计，目前笼罩在中国上空的卫星电视频道有上百家，已经获准在三星级以上宾馆及一些涉外等特殊社区落地的就有30多家。如若再考虑上网络电视、影碟光盘以及小规模卫星天线对境外电视节目的私自接收等因素，中国的电视领空已经不再固若金汤，电视文化版图也出现了不同程度的游移。当然同时，由于近几年我国电视事业的高速发展，在境外的有

① ［美］约瑟夫·奈：《软力量——世界政坛成功之道》，吴晓辉等译，东方出版社2005年版，第51页。

② 同上书，第117页。

效覆盖和在西方主要国家的纷纷落地，尤其是在东南亚地区的强势影响，也使我国的电视文化版图有了极大的拓展和延伸。我们既要固守“文化版图”的完整，又要拓展“文化版图”的疆域，使国家或民族的文化得以继承和发展。其实这正是一个问题的两个方面。

一个普遍的现象是，与现实的地理版图相较，国家之间的电视文化边界出现了模糊和交错，导致国家的电视文化主权也受到一定程度的冲击，文化安全从而受到威胁。维护国家的电视文化安全，最终目的是要维护国家文化主权，防止他国电视文化对本国民族文化的侵蚀，以及抵制相对立的意识形态和价值观念、行为方式的渗透与影响。它没有直接的武力冲突或直接的对抗与对峙，是一场没有硝烟的战争。为此，“要守卫国家民族的文化领土或文化领空，我国电视媒介应构筑自己的文化版图，守护这一电视文化版图的安全，从而在参与全球化语境下的跨文化交流中保持充分的主体性和保有自己的民族文化个性，以此作为抵制文化霸权或传播霸权的前提和条件，在与世界文化的交流和对话中，争取中华文化的生存与发展，使中华文化昂首立足于世界文化之林”①。

所谓国家电视文化主权，就是指一个国家在本国范围内，对电视文化领域拥有的最高权力。根据这种权力，国家有权独立自主地决定电视文化事业和电视文化产业的对内对外政策，独立自主地处理与电视文化有关的一切事务，而不受任何外来干涉。② 文化主权的最大威胁毫无疑问就是文化霸权。当前世界源于政治、经济、军事、科技等基础之上建立起来的不合理的信息传播秩序，决定了广大发展中国家成为单向的信息流入国，电视文化安全在一定程度上受到了威胁。其实，即使是发达国家，在面对美国强势传媒的压力下，也举步维艰，各种矛盾由此产生。

众所周知的比如美国与加拿大之间的“特洛伊木马”之战，即是一场电视文化战争。虽然两个国家都是世界贸易组织成员，有将近 8900 千米共同边界线，对多数人来说使用共同的语言，来自英国历史的共同传统，接近的政治经济制度、共同的防卫体系以及贸易和投资关系等。然而，在总的友好关系中，也有不和谐的音符。二战以后，美国电视率先发

① 杨瑞明：《电视“文化版图”与我国的文化安全战略》，《中国社会科学院院报》2007 年 1 月 2 日。

② 张志君：《全球化与中国国家电视文化安全》，中国传媒大学出版社 2006 年版，第 63 页。

展起来，而加拿大是从1952年才开始电视广播的。由于大多数加拿大人生活在美加边界以北沿线一带，处于美国电视覆盖之下，20世纪40年代至50年代初，加拿大观众广泛地接收美国电视节目。其后，加拿大线缆系统发展起来，并热衷于从边境美国电视台转播节目信号。终于，位于边界线以南的24家美国电视台卷入了争议。美国电视节目被称为"特洛伊木马"。几十年的争论，无外乎两大因素，一是经济利益，二是文化观念。加拿大担心自己的文化被美国吞噬，他们追求的是文化的发展，他们把广播当作提高文化和民族特征的工具使用。他们不承认所谓"简单的保护主义和沙文主义"的罪名；而美国却强调自由经济，市场竞争，借助实力，建立霸权，他们追求的是消费者的选择。他们也不承认所谓"帝国主义和商业侵略"的大帽子。①

"文化例外"这个词最早源于20世纪90年代初，在关贸总协定的谈判中，法国人敏锐地意识到国家和民族文化独立的重要性，坚决而果断地提出反对把文化列入一般性服务贸易，认为在文化领域不能适用WTO贸易自由原则，同时指责美国低俗化的文化产品和文化发展方面的商业倾向对于别国文化构成了毁灭性的威胁。随后，其他欧洲国家和加拿大等国纷纷响应支持这一主张，确定了界定"文化例外"的六条标准，其主旨就在于保护本国文化不遭受别国文化冲击。

其实，在国际贸易领域，美国可谓是"文化例外"的首倡者：在1950年的《佛罗伦萨协议》中，美国坚持协议应有"保留条款"，允许各国不进口那些"可能对本国文化产业发展构成损害的文化商品"②。然而，当国际市场对于美国文化产业的发展越来越重要时（1996年文化产品出口首次超过汽车等传统工业的出口，上升为美国出口的第一产业），美国也越来越坚持全球文化市场的自由开放，坚决反对法国、加拿大等国通过贸易壁垒、政府补贴、配额制等形式对国外文化产业活动的限制。

美国学者认为，法国、加拿大等国的文化保护主义妨碍了"声音的自由表达"，限制了受众的自由选择，因而损害了"文化多样性"。而在法国看来，以强大金钱力量为支持的美国文化产业，将挤垮资金薄弱或受众相对较少的地方文化、个性文化，使得地方文化与个性文化无法发出自

---

① www.mediaren.net，2003年2月14日。

② 李怀亮：《当代国际文化贸易与文化竞争》，广东人民出版社2005年版，第121页。

己的声音。更有学者指出，美国的“文化多样化”，是在全球美国化的背景下，将一个个民族文化变成“景观”或“奇观”，这是在“多样化”掩盖下的“同质化”。

施莱辛格认为：“一个部落敌视另一个部落是人类最本能的反应之一。”① 当世界上操有不同语言、拥有不同信仰、来自不同民族和种族的人们尝试着在一起工作和生活时，就很容易产生冲突。亨廷顿也认为冲突具有普遍性：“憎恨是人之常情。为了确定自我和找到动力，人们需要敌人：商业上的竞争者、取得成功的对手、政治上的反对派。对那些与自己不同并有能力伤害自己的人，人们自然地抱有不信任，并把他们视为威胁。”他还进一步指出：“冷战的结束并未结束冲突，反而产生了基于文化的新认同以及不同文化集团（在最广的层面上是不同的文明）之间冲突的新模式。”②

文化冲突实际上是不同文化争夺文化空间与文化财富的斗争。从本质上说，文化或文明自身是不会产生冲突的，文化冲突的真正根源在于经济利益和权力平衡的破坏，文化和意识形态冲突是利益冲突的表现形式，它们往往会引起非暴力的文化斗争以至暴力的战争。对于一个民族来说，能否在文化冲突中居于有利地位，有时会具有是否可以保存与发展本民族的文化生命和文化财富的重要意义。③

我们一方面应当对这种有可能威胁国家电视文化版图和文化主权的冲突保持时刻的清醒和足够的重视，另一方面也应当看到这种冲突将会长期而普遍地存在。“文化因不同而冲突，冲突是文化多样性寻求平衡的方式，冲突也是推进文化向前发展的动力。因此，文化冲突是文化多样性存在的常态。”④

---

① 转引自［美］拉里·A. 萨默瓦、理查德·E. 波特《跨文化传播》，闵惠泉等译，中国人民大学出版社2004年版，第10页。

② ［美］塞缪尔·亨廷顿：《文明的冲突与世界秩序的重建》，周琪等译，新华出版社2005年版，第135页。

③ 孙晶：《文化霸权理论研究》，社会科学文献出版社2004年版，第195页。

④ 沈卫星：《论全球化与中国文化多样性》，博士论文，北京师范大学，2006年，第52页。

第四章　电视文化传播论

中国的电视文化传播在整体层面呈现出了诸多问题，表现为在国内不能被受众完全接受，在海外传播中不能很好地适应跨文化环境。相对于日本、韩国等国家电视文化清晰而明确的定位，中国电视文化呈现出一种历史、文化背景的复杂性和表意的复合性，不容易给国内受众较为统一的印象，并被海外受众迅速地理解。相对于欧美电视文化的娱乐性，中国电视文化还显示出较强的功利性，过于重视对受众的教化，结果却并未达到应有的教育作用。此外，中国电视文化还缺乏某种针对性的传播手段，忽视对国内和国外受众欣赏趣味的细致研究，显示出个人化、主观化的特征。总之，背景的复杂性、表意的复合性、动机的功利性和传播手段的盲目性是中国电视文化传播的主要问题。

第一节　中国电视文化传播的问题呈现及其原因

作为当代文化的重要组成部分，电视文化既深受文化传统的影响，也受当代社会现实情况的影响，还受到电视媒体自身运作机制的制约。电视文化在传播过程中出现的问题也有多个层面的原因。首先是传统文化的影响，丰富的传统文化使得中国的电视文化展现出多样化的价值取向，成为一种既多元又复杂的文化形态。其次是当代中国社会现实的影响，社会转型期的各类问题都反映在了电视节目中，很多电视节目虽然在制作方面显示出较高的水平，但受社会环境的影响，显示出过多的负面因素，而部分电视节目却为了提高收视率，更是放弃了媒体应当坚守的社会责任，最终遭到受众的排斥和拒绝。最后是国内电视媒体自身运行过程中诸多问题的影响，由于电视媒体在中国既是事业单位，需要承担宣传国家政策、法规的职责，又有企业的属性，以广告效益为其重要的衡量标准。这就导致很多电视媒体自身文化建设和传播方面显示出前后矛盾的杂乱状态。总之，中国电视文化受到历史与现实状况的影响，呈现出自身的特色，在传播中也出现了一些问题。

一　背景的复杂性

背景的复杂性主要是指中国电视文化中的各种信仰、理念源自相对复杂的历史文化背景和现实国情。

中国的传统文化并不是单一的文化，而是儒家、道家、法家、佛家等各种文化和学说的杂糅，所以在整体上呈现出极大的丰富性。崇“仁”尚“礼”的儒家学说，讲究“清静无为”的道家学说，强调“严刑峻法”的法家学说，都有其合理性，在中国传统价值体系中都占据一席之地，构成了中华文化不可分割的一部分。所以，儒家的理念、道家的认识、法家的观点乃至佛家的信仰都潜移默化地影响着作为文艺产品之一的电视文化产品，使其价值观层面呈现出一种复杂的取向。

与中国相比，同处儒家文化圈的韩国、日本的历史文化背景是相对单一的。日本与韩国的传统文化以儒家文化为主流，虽然经过各自民族化的改造，但仍以儒家价值体系为核心。例如，日本的武士道精神来自中国的孔孟之道，传达出“忠”“义”“勇”的信念，各种电视节目大都脱离不开这样的核心价值观。近现代韩国和西方国家的交流也有很多，但是西方文化到现在基本上没有进入其文化的核心层，儒家文化依然是韩国的主流文化，所以日、韩电视节目清晰的价值观呈现和其文化的相对单一性密不可分。此外，由于美国文化的历史沉淀较少，虽然境内不同民族都有自身的文化传统，但“自由”“平等”“个人奋斗”是整个国家统一的价值诉求。正像有学者对好莱坞电影统一的文化意蕴概括的那样，“个性张扬、英雄主义、理想情怀是好莱坞电影独有的文化意蕴，基于科幻片、动作片、喜剧片以至动画片的混合类型片，如《蜘蛛侠》《骇客帝国》《终结者》《史酷比》《功夫熊猫》等，风行一时，吸引了许多受众，是不无原因的”①。美国的电视文化也是美国价值观的集中体现，谈话节目、新闻节目、真人秀节目也都渗透着对“个性”“奋斗”的推崇和对“传统”的颠覆。相对于美国、日本和韩国，中国

① 丁亚平、卢琳《好莱坞与中国电影工业——改革开放30年的电影、市场与身份想象》，《解放军艺术学院学报》2009年第3期。

电视节目中的各类观念、信仰来源于较为丰富的历史文化背景，在整体上呈现出一种多元化的倾向。

现实国情主要是指中国社会转型时期的信仰多元化。社会的转型实质是一种政治、经济和文化结构的变迁，旨在寻求一种更合理的结构，为社会发展提供一种有效的环境与保障机制。西方社会的转型有两百余年的历史，而我国市场经济的形成仅仅30余年，由于中国的现代化进程有着与西方不同的方式，因而面临着与西方不同的社会环境。在这30余年中，政治、经济、文化体制剧烈变化，中国社会以历史浓缩的方式将各类社会问题同时呈现出来。概括地说，“西方是以‘匀速’的、人们能够接受的方式而分别展开前现代性、现代性和后现代性的；而我们则要在西方现代性已经相当发达以致提出后现代性要求的背景下来建设现代性，这种时空上的错置，使得我们不得不走一条‘并置’的道路：在设置现代性的基础上后置前现代性、前置后现代性。当我们按照前现代性的思维方式和交往方式建设我们的生活的时候，现代性以其不可阻挡的方式向我们走来，从而被先行给予”①。因此，中国社会便处于一个前现代、现代和后现代多元价值观并存的时代。

社会转型时期多元价值观的博弈也体现在了电视文化中。某些节目传达的是享乐主义，某些提倡的是无私奉献，某些节目表现出了过度的权力崇拜，某些却传播着独立和自由的信念。有学者对此精辟地论述道：“由于对中国传统文化的继承创新能力缺乏自信，对马克思主义历史观、美学观缺乏自信，因而又出现了从过去一概排斥帝王将相、才子佳人的极端，走向违背唯物史观美化帝王将相、才子佳人的另一极端，从过去一度在创作中混淆历史真实与艺术真实界限的极端，走向随意解构历史、戏说历史、消费历史、杜撰历史的另一极端。再如，由于对中国传统美学精神生命力与独特魅力不自信，一些电视作品又从过去一度忽视受众视听感官的愉悦快感的极端，走向误把营造视听感官生理上的快感当成艺术的唯一旨归的另一极端；从过去一度盛行的‘高大全’式英雄塑造的极端，又走向将‘好人不好、坏人不坏’的‘非英雄主义’当作创作时尚的另一极端。”②

---

① 晏辉：《现代性语境下的价值与价值观》，北京师范大学出版社2009年版，第304页。

② 仲呈祥：《文化自信的力量》，《求是》2011年第7期。

背景的复杂性是中国电视文化传播存在的首要问题，它给外国受众的理解带来了一定的困难。由于面临的历史文化背景和现实国情过于复杂，让中国的电视文化在国内外受众面前无法形成一个简单、清晰的文化形象。

二　表意的复合性

表意的复合性主要指我国电视文化中各类观念、信仰的意义过于丰富，缺乏统一指向。表意的复合性也源自中国的文化传统。中国的文化含义丰富，一个理念在不同的情况下就会有不同的解读方式。中国的文化强调意境，主张从有限的画面、文字当中表达出无限的深意，将想象、情感和理念诸因素引向并不固定的方向，使其变得自由而宽泛。中国的语言也是有丰富的多义性的，一个词可以表达多种含义，达到一种“言有尽而意无穷”的效果。受到这种文化理念的影响，中国电视文化中的各类观念和信仰也往往是意蕴无穷的，不能够被单一化、绝对化的理解。如对“忠”的信仰，在某一情况下提倡坚守，在另一情况下就提倡放弃，不然就是“愚忠”，再如对“自由”的信仰，既可以是一种积极向上的态度，也可以是一种淡然洒脱的态度。而表达这些价值诉求的语言也往往是一语双关或一言多义。这都造成了中国各类电视节目在意义层面的松散和宽泛。

表意的复合性尤其给外国受众欣赏中国电视节目带来了较大的困难。当外国受众欣赏中国电视节目时，尤其是接触到其中的文化层面时，容易有一种“一头雾水”的感觉，理解不了作品的意图，或是对作品的理解出现偏差。这种表意的复合性在中国电视剧、纪录片和动画片中都普遍的存在，使得外国受众由于理念、语言的含义过多而无法把握。

与之相比，欧美国家的电视文化较少出现内容的多义性和宽泛化，外国受众很快就可以理解其中的信仰、诉求。日本、韩国虽然与中国有类似的文化背景，但其电视节目也不过多表达意义朦胧的理念和诉求。日剧、韩剧中“坚韧”“友爱”“孝道”等理念也都有清晰的意义和表达方式，更不会在不同情况下出现不同含义。相对于美国、日本和韩国，中国电视节目中的各类观念、信仰都有复合性的表达方式，给受众的理解和认同带来一定难度。

三　动机的功利性

动机的功利性指我国电视节目在创作和传播中蕴含的目的性过强的动机。

动机的功利性表现为过度看重教化性，忽视电视艺术本身的创作与接受规律。这主要表现在部分节目急于向受众展现中国的政治理念、经济成就和文化理想，忽视受众的欣赏习惯。传达官方的意志，体现官方的政治需要的节目往往向受众极力展示中国改革开放的经济成果、中国政治体制的先进性和中华文化的优越性。这在某些主旋律电视剧、文献纪录片中体现得比较明显。有学者就中国电影过度看重教化性的论述也同样适合于中国电视，“教化是指比较直露的题旨显现，耳提面命式的归纳教育，不能否认，比较长的历史时期中政治教化要求已是中国电影的明显特点，提及这一点绝不意味着否定电影的教育功能，相反，没有好的主题，电影的价值是容易被怀疑的。问题在于，是否只需要简单的主题？生活的指向就是单一的吗？更重要的是没有了活生生的形象，教化还有效果吗？实际上，相当一些影片的思想超过了形象，教化目的超出了生活可信度，就使中国电影的艺术之味大大降低，没有人格魅力，又使主题乏味瘦弱”①。可见，这种过度看重宣传、教化的创作观对中国电视文化的传播来说是无益的。

功利性的创作动机和中国传统的文艺创作理念不无关系。中国自古就有“文以载道、诗以采风”的文艺理念，将艺术和政治紧密地联系在一起，突出艺术作品的政教功能。在古代的美学当中，突出艺术政治功能的理念也是由来已久，并且被长期地坚持下来。所以，绘画、诗歌、小说等文艺形式都具有强烈的政治功能和政治性质，而电视艺术也未能摆脱这种理念的束缚。此外，由于中国的特殊国情，电视被看作是党和政府的宣传工具，在很大程度上还属于事业单位，其作为党和政府的宣传部门的属性还很明显。所以，在中国的电视产品进行海外传播中，某些固有的“宣传”“教育”的理念难以迅速改变。

动机的功利性直接导致很多观众不能完全接受中国的电视宣传的各种理念。由于教育性有余，故事性、趣味性不足，中国电视节目中的各种信仰和追求显得苍白和生硬，缺乏一定的感染力。

---

① 周星：《论中国电影教化传统与道德表述特点》，《宁夏社会科学》2004年第4期。

除过度看重教化性以外，动机的功利性还表现为某些创作者过度看重奖项，这集中表现在部分纪录片创作者为得到国内、国际评委的认可，有意在作品中体现出精英群体的意志与需要，展现精英化的追求，甚至表现边缘人群个人化的理念与需要，忽视普通大众的接受能力和审美需求。这些作品往往传达曲高和寡的精英意识，脱离普通受众的审美趣味。对国际奖项过度看重的一个直接后果就是某些纪录片不断获得评委的认可，却对纪录片行业整体的发展缺乏帮助，并往往成为孤芳自赏的艺术品。

美国、日本、韩国等影视产业强国的电视文化强调大众化定位，具有较强的商业性质，体现出来明显的大众文化特征。即便个别作品体现出精英化或边缘化的理念，也不能掩盖其整体上以受众需求为标准的定位。这些国家电视节目并非完全忽视能否得奖，但其艺术性往往以娱乐化的形式潜移默化地展现给外国受众，达到了艺术性和娱乐化的较好统一。有学者以文化定位的角度分析好莱坞电影流行于世界的原因，对中国电视文化的传播有一定借鉴意义，“好莱坞电影的优势还体现在长期的娱乐工业发展中形成了一种大众文化传统……这也是好莱坞虽然难产生革命性电影，但却始终能够保持其时尚性和流行性的重要原因”①。美国能够产生《美国偶像》《学徒》等有较强影响力的电视节目，也和其电视节目凸显大众文化特征有很大关系。

美国电视文化的大众文化定位对中国电视文化有一定的参照意义。本书认为，不带明显宣传意图和精英意识的创作观是美国的电视节目也和好莱坞电影一样流行于世界的重要因素。无论是凸显宣传性、教化性，还是重视奖项的电视节目，都体现出强烈的目的性，承载功利化的创作意图，忽略普通受众的心理感受和收视习惯，不利于中国电视文化在更广泛的范围内传播。

四 表现手段的盲目性

表现手段的盲目性主要指中国电视节目中的理念、信仰缺乏有效的转换策略，没有根据传播对象的不同而进行时代性、地域性的调整，从而显示出某种程度的主观性、盲目性。

---

① 尹鸿：《跨越百年：全球化背景下的中国电影》，清华大学出版社2007年版，第51页。

在进行跨文化的传播中，中国电视文化不可避免地会碰到文化差异，尤其是中西价值观差异。例如，中国人重视天人合一，强调顺应和内敛，不突出个人的努力与奋斗，而西方人强调征服自然，推崇勇敢的行动和气质。中国人重视“和谐”，西方人强调“对立”，中国人重视集体和国家，有明显的家族本位和国家本位的意识，西方人重视独立人格，有明显的个人主义倾向。中国人重视整体、宏观，西方人注重个体、微观。中国人重视电视文艺作品的功能性，西方人重视电视文艺作品的真实性。此外，国内进行的电视文化传播也需要进行一定调整。中国已经处于传统社会向现代社会过渡的社会阶段，新的文化逐渐形成，整个社会已经形成具有普适性、现代性的文化基调。完全传播传统的或是官方主流的文化已经不再能够让当代社会的受众完全接受。这些都是中国电视文化在传播中需要面对的文化和时代差异。

面对这些差异，中国电视倡导的各种理念和诉求需要根据传播对象的不同，进行有针对性的调整。然而，很多电视节目编导、导演国际视野狭窄，不熟悉国际市场，不了解海外受众欣赏趣味和审美心理，也不懂得根据国内社会、文化的变化调整电视节目的文化取向，呈现出一种主观化、个人化的创作理念。例如，很多电视剧过于突出一种“权力崇拜”，和喜欢淡化权力意识的西方受众有很大的距离；很多纪录片喜欢宏观叙事，不利于重视微观、个体的西方受众接受；很多战争片的民族意识过浓，缺乏一种全人类都能接受的普世情怀。还有一些创作者将中国传统文化中某些特有的负面因素，如“权谋逻辑”“性别歧视”在国内受众面前过度展示，使得受众对于自己国家的文化传统产生质疑。这些不善于根据对象做出调整的传播方法，为海外受众理解中国电视文化带来一定难度，也不利于在国内形成良好向上的文化氛围。

此外，很多电视节目创作人员缺乏对各种理念、信仰的表现手段，往往是生硬地进行灌输。理念、信仰往往是抽象的，在不同的文化背景下难以被理解，其感染力也会随之下降。某些直观化、视觉化的表现手段有利于减少受众的理解障碍。目前，中国电视文化也缺乏这样的表现策略，更多的是忽视传播对象的盲目传播。

第二节 电视文化传播的价值定位及个案分析

文化的核心是价值观，即人们对待各种事物的信仰和理念。电视文化传播中最核心的要素是价值观的定位及具体呈现，清晰、准确的价值观可以吸引电视受众的关注，也有助于其被理解、接受和广泛传播。本书将对中国、日本、韩国三国几部具有代表性的电视剧进行价值观定位策略的对比，便于从国际化的视野和文化的核心层面，理解文化价值观对电视文化传播的重要意义。

一 历史性与现代性的有机结合：以《大明王朝1566》为例

（一）剧情简介

《大明王朝1566》全剧展现了中国封建史上商业经济和手工业作坊经济十分发达、市井文化空前繁荣的时代，也是中国封建史上商业经济与农业经济的社会矛盾空前尖锐的时代。土地兼并使得大量的农民失去了赖以生存的基础，贪墨横行使大明朝的统治濒临崩溃的边缘。全剧以“倒严”为主要线索，全面展现了这一时期的一幅幅历史画面——从朝廷到各级官府惊心动魄的政治斗争，从官场到商场波谲云诡的尔虞我诈，忠勇的官兵和忠义的百姓风起云涌的抗倭之战；国与家命运的休戚与共，敌和友关系的错综变化，大情大我和小情小我的矛盾交织在这里折射出历史精神的伟大理想和人生命运的严酷现实。剧中刻画了一批赫赫有名的历史人物：海瑞、嘉靖、严嵩、严世藩、徐阶、高拱、张居正、胡宗宪、戚继光、李时珍等，从历史的迷雾中有血有肉地向观众展示了朝廷中上至皇帝下至底层官员的众生相。如明嘉靖年间，中国封建历史上最为独特的皇帝朱厚熜，他在20多年间避居西苑，练道修玄，却始终牢牢掌控着整个大明朝政治、财经、军事和民生大权。又如严嵩，他是明朝历史上唯一一个20年把持内阁的首辅，《明史》将其定为奸臣之首。他党羽密布，权倾朝野，但是却能在家产被抄没、儿子被砍头之后，仍然独保其身，直至寿终正寝。而数百年来民间广为传颂的清官典范海瑞，敢于挑战皇权、斥责皇帝、不惧牢狱和死亡的威胁，虽地位卑微，却敢向几千年的封建制度发出震古烁今的挑战。

（二）国内外影响

根据《新京报》2007年1月25日的统计数据，《大明王朝1566》在国内的收视率仅为0.41%，与《雍正王朝》《康熙帝国》等历史剧有一定差距。但本剧得到了学界的高度评价。思想理论界、文化理论界和历史学界的专家学者一致认为："《大明王朝1566》用当代先进的科学历史观，并运用了当代艺术审美手段，对历史作了深刻而生动的解读。该剧从一度创作到二度创作，并不仅仅满足于表现那些扣人心弦、催人泪下的故事，而是在这些故事里面展示了命运的逻辑。将我国历史题材的电视剧提升到了一个新的高度。"①

在国外，《大明王朝1566》受到部分国家政要和知识分子的高度关注。根据总编剧刘和平在《大明王朝1566》研讨会上透露，《大明王朝1566》在海外引起了巨大反响，新加坡总理李显龙号召内阁成员集体观看《大明王朝1566》，学习海瑞精神。"我通过朋友把碟送给李光耀看，他不到五天时间全部看完，并立刻给现任总理李显龙看，李显龙总理看后也要求内阁成员观看，而且发来邀请，希望我到新加坡去。还有像哈佛大学东方文化学会，希望以《大明王朝1566》这部作品为契机，来讨论一下东西方文化。"② 但是，即便本剧被部分国家政要追捧，却也未能在海外受众中引发类似"韩流"的"华流"。

（三）传播的价值定位

《大明王朝1566》讲述的是明朝嘉靖年间这样一个商业经济与农业经济的社会矛盾空前尖锐的时代。导演、编剧通过明代的社会矛盾影射出了当代中国社会许多难以解决的问题。"以古喻今"是这部历史剧的重要价值。然而，当代中国社会的众多社会矛盾，从根源上说，有着政治体制现代化转型中的必然性，也反映出政治、经济和文化价值观转型过程中政府和民众必然面对的种种不适乃至阵痛。这些问题的解决需要政治制度和文化观念地逐步调整，反映这些问题的电视产品，要拥有更多的现代意义，需要文化价值观层面的现代化转型。《大明王朝1566》在文化价值观上，如实反映了传统封建社会的"家国同构""忠臣""清官""良民"等价值取向。正是在这种历史与现实的强烈鲜明的对比中，让受众对现实的制度、文化价值有了更深刻的认识和思考。具体如下：

① 选自部分专家学者2007年5月在《大明王朝1566》研讨会上的发言。

② 选自《大明王朝1566》编剧刘和平在2007年5月本剧研讨会上的发言。

1. “家国同构”与爱国爱家

中国古代社会政治结构的特点是“家国同构”。这种由带有某种血缘温情的宗法制度和中国一脉相承的专制制度相结合的社会政治结构，深刻影响着中国传统文化。

所谓“家国同构”，是指家庭、家族和国家在组织结构方面具有共同性，均以血亲——宗法关系来统领。家族是家庭的扩大，国家则是家族的扩大和延伸。在家国同构价值观的规定下，家是小国，国是大家。在家庭、家族内，父家长地位至尊，权力至大；在国内，君王地位至尊，权力至大。简言之，父为“家君”，君为“国父”，君父同伦，家国同构，宗法制度因而渗透于社会整体，甚至掩盖了阶级和等级关系。

“家国同构”是中国封建社会典型的价值取向。儒家之所以将“家”和“国”等量齐观，是想把君臣关系转化为父子关系。也就是皇帝想让臣子以孝顺父亲的方式服从于自己。“家国同构”表面上是一种为国家奉献的价值观，实则是一种提倡臣子无限度地忠于朝廷和皇帝的信念。这种“家国同构”的价值标准与当前社会的国与家关系、集体与个人关系形成鲜明的对比，启发了受众对现代社会的国家问题的更多思考。

2. “臣民”与“国民”

传统社会往往把统治者凌驾于一切人之上，是一种君本位的价值观。虽然传统社会中有“民贵君轻”“为民做主”的政治信仰，但“民贵君轻”是统治者为稳定人心的策略，而“为民做主”和“让民做主”也有本质的区别。

《大明王朝1566》客观展现了那个时代的君臣关系、君民关系，强调官员对百姓的“爱护”，百姓对清官的感恩戴德。如浙江灾民齐大柱等人被贪官诬陷通倭，并即将被处决时，海瑞将其救出。被平反的灾民们依旧是“感谢青天老爷”之类的话，并仅仅因为要要回基本的生存权就自告奋勇地上前线杀敌。此外，全剧不止一处提出所谓“君为轻，社稷次之，民为重”的儒家“民本思想”，未能对其有任何现代性的重新阐释，并同时提到“君父”“愚民”的概念。这些确实与现代的国民意识、权利意识相违背，而正是通过这种历史与现实的强烈对比，让受众深有体会。

3. 清官崇拜与法制社会

《大明王朝1566》播出后也引起人们对海瑞等清官形象的关注。清官戏在我国有较长的传统。有学者指出：“以人治为特征的封建官僚体制导致百姓长期处于受压迫、受剥削的黑暗之中，因而清官一直是劳动人民期待和渴望的对象。”①

按照中国传统的伦理价值观，清官是忠君和爱民的典范，是社会公正的最大保障。无论是包拯、寇准还是海瑞，都是中国古代官员独立人格和正义精神的最佳代表。清官是封建时代老百姓的抚慰剂。老百姓在绝望的环境中，只要遇到清官，就毫无保留地百依百顺。这其实是人治的表现，是社会最大的无奈。所以，清官崇拜是典型的封建社会传统价值观。

现代社会的基础是民主与法制。《大明王朝1566》也体现出一定的现代意识和价值取向，如创作者表现海瑞时时刻刻都用《大明律》作为断案的指导原则，并在赵贞吉审讯自己时以《大明律》为依据要求其回避，体现出一定的法制意识。

4. 女性的卑微与解放

在封建时代，受压迫最深的就是妇女，女子的地位是卑微的，不论是政治、经济上，还是人格上，几乎都是不独立的。甚至有“女子无才便是德”的思想，来限制女性通过学习知识来增强自我意识、提升自身地位的机会。事实证明，社会的现代化进程，是女性地位不断提高、女权观念不断成熟的过程，女性冲破封建观念的束缚，争取各项权利，也是中国传统的封建价值观现代化转型，乃至和世界其他文明国家价值观融合的实质性内容。20世纪初，李大钊在总结世界女权运动史时也写道：“二十世纪是被压迫阶级彻底解放的时代，亦是妇女解放的时代，是妇女寻觅她们自己的时代，亦是男子发现妇女的意义的时代。”② 可见，女性价值的提升，是民主主义平等价值观实现的核心因素之一。

在《大明王朝1566》中，有关女性的价值观依然有浓厚的传统意味，无论是裕王妃还是李芸娘，都没有表现出任何独立的价值，全剧展现的是她们如何艰难地生存，依附于权贵而左右为难，随时都会成为权力斗争的牺牲品的命运。

二　民族性与普适性的有机结合：以韩剧《大长今》为例

（一）内容简介

公元1482年，禁卫军军官徐天寿奉命赐毒药予废后尹氏，回家途中，

---

① 何吉：《超越官场浮世绘的道德丰碑——〈评大明王朝1566——嘉靖与海瑞〉》。

② 李大钊：《现代的女权运动》，《李大钊全集》第4卷，河北教育出版社1999年版，第9页。

不幸跌落山谷，幸得道士相救。道士预言天寿一生可悲，命运由三个女人支配，最终会被第三个女人所杀。此后十四年，燕山君继位，天寿辞去内禁卫军官之职，希望避开厄运；未料在溪边遇到一位垂死姑娘，天寿知道这位姑娘就是当天道士提及的第二个女人。宿命安排，两人结为连理，生下一女，名为长今。从此天寿带着妻女归隐为贱民。可惜命途多舛，1504年发生甲子士祸，燕山君下令搜捕当年参与杀母的所有人，天寿一家三口最终被迫分离。小长今失去父母，无处可去，幸得宫廷熟手姜德久夫妇收留。长今按照母亲遗言，顺利入宫当御膳房小宫女。长今与常人不同，她个性好奇，读书用心，爱帮助别人，亦经常犯错；她的常识较一般人丰富，味觉更独特敏锐。御膳房各人对长今另眼相看，特别是韩尚宫，对她更为爱惜。

在争取御膳房最高尚宫竞赛的那天，韩尚宫被崔判述及崔尚宫设下的奸计延误了回宫的时间，长今只好代替韩尚宫跟崔尚宫比赛。中宗被长今做菜的真诚感动不已。韩尚宫终于当上御膳房的最高尚宫。长今得知韩尚宫是母亲当内人时的好友，百感交集，两人相认后，难掩兴奋与悲伤的双重情绪，相拥而泣，关系更密切。崔尚宫不甘心在竞赛中落败，她处处打击韩尚宫。多病的中宗洗过温泉浴后，无故昏迷，崔判述和崔尚宫灵机一动，诬告是因吃下韩尚宫泡制的硫磺鸭子所致，结果韩尚宫和长今被判定为逆党，被流放到济州岛为官婢，韩尚宫更不幸在途中逝世。

在济州岛做官婢的长今，认识了一位名为张德的首医女，并且跟随她学医。之后长今参加朝廷医女训练，以医女身份进入内医院，再次入宫。可是崔尚宫并未放弃陷害长今的机会，她千方百计要把她赶出宫，可惜事与愿违。长今终于查清昔日中宗昏迷的真正原因，她大着胆子向中宗请求，为已去世的韩尚宫翻案，亦替被行私刑的母亲洗脱冤情。长今在宫中用心钻研医术，刻苦寻找治疗各种疾病的处方；期间，她治好久医不愈的王后娘娘，亦成功劝勉不肯就医的王太后，内医院的医官及医女，渐渐抛开成见，接受长今的医术地位。最后，长今凭个人的努力、精湛的医术、无限的爱心、无私的关怀，成为朝鲜第一个女御医，更被中宗命名为“大长今”，封为正三品堂上官。

（二）国内外影响

《大长今》这是一部在东西两半球均创收视奇迹的电视剧。据相关资料，《大长今》2003 年 9 月 15 日开始在韩国播放，收视率一直保持在

50%左右，并以47.8%的高收视率获得2004年度收视之冠，尤其是2004年3月23日大结局时的收视率竟然达到57.8%，播放达七个月之久，直接收益100亿韩元。

2004年5月起，《大长今》在台湾热映3个月，不仅创下历年来韩剧最高，跃居全台湾第一，甚至连本土剧《台湾龙卷风》也甘拜下风。2004年10月8日开始，日本NHK卫星电视台开始播放《大长今》，前半部分的收视率就已经达到了《冬季恋歌》的2.5倍，打破了韩剧在日本的收视纪录。2005年4月，《大长今》在香港无线电视台播出，大结局时平均收视47点，最高收视50点，收看人数多达321万，差不多占全香港人数的一半，为无线自1991年设立个人收视纪录以来最高收视节目，同时也跻身于香港25年电视剧收视纪录排行榜三甲之首。

《大长今》不仅在亚洲地区取得了收视奇迹，这股劲风甚至刮到大洋彼岸的美国，2004年美国芝加哥的WOCH-Ch电视台播放了该剧，引得很多芝加哥的中产阶级每周六晚准时聚集在咖啡馆，集体观看讨论。据说除了芝加哥之外，纽约、西雅图、夏威夷、加利福尼亚等地也有很多《大长今》迷。中文字幕版的《大长今》在美播放，观众人数超过10万人，“收视率超过了当时ABC电视台播放的《改头换面》、WB电视台的《小明星》等节目”①。

2005年9月1日起，《大长今》在湖南卫视播出，自开播以来，平均收视率稳定在4%，平均收视份额17.3%，收视表现一直稳居全国同时段的第一位。《大长今》生动的人物形象和曲折的情节安排是它吸引受众最重要的因素，据央视索福瑞全国31个城市的收视数据调查显示，9月1日开播当日收视率为2.13%，此后最高收视率达到4.9%。在“十一”期间，《大长今》的收视率达到4.8%，收视份额19%，收视率比第二名高出82%，收视份额高出83%。

（三）传播的价值定位

《大长今》的成功与其传播的文化价值观有密切的联系。《大长今》的文化价值观适合被不同文化背景下的东西方受众接受。在价值观民族性与普适性的定位中，全剧准确地找到了适合自身的位置，并达到了国内外传播的成功。

① 选自朱芹《“韩流”与文化软实力—以〈大长今〉等韩剧为中心》。

1. 在儒家文化下传达了人类共同的诉求

部分研究者认为,《大长今》乃至韩剧的成功,在于将儒家传统价值观在现代社会绝妙地体现出来,对自己民族传统的文化尤其是价值取向向世界不断地宣扬,并认为《大长今》是表面上时尚、现代,内在却传统、朴实。这种对本民族文化的回忆或坚守是《大长今》等韩剧在亚洲乃至欧美广泛传播的重要成功因素。本剧之所以能够被不同文化背景下的受众接受,原因恰恰相反。正是由于全剧在价值取向上坚持了共通性、普适性,并以传统文化为点缀,才让国内外受众既欣赏了东方儒家文化的"奇观",又可以从内心深处认同全剧的价值观。是民族性点缀普适性、传统性补充现代性,才造就了《大长今》的收视奇迹。

2. 不以人为"手段",以人为"目的"的创作态度

封建专制主义价值观的一个本质特点就是不尊重平民的独立人格,把人作为专制统治的纯粹目标,甚至把人作为一个实现统治的工具。无论是"民贵君轻"还是"为民做主"的政治信念有多大的积极意义,但其根本目的仍是维护专制统治。无论是《康熙帝国》《雍正王朝》还是《大明王朝1566》,平民甚至是官员,都是实现朝廷长治久安的媒介,中国历史剧很少涉及人的独立价值,而是传达一种崇尚"权谋逻辑""强权政治"的价值取向。这是中国电视产品不能适应海外市场的关键原因之一。而韩剧表面上传播了很多儒家"孝道""忠义"思想,但核心价值观仍然是"爱""善良",是对人尤其对普通人的尊重。在《大长今》中,康德的"人是目的,不是手段"的价值标准也非常清晰。《大长今》让观众产生了对"平凡人"生活的感动,平民的善良、智慧乃至小小的缺点都在作品中正面表现出来。正如有专家指出的那样,"韩剧追求一种来自现实生活的'世俗的美',这种美真诚地描摹世态人情的无奈,充满人类质朴的爱、质朴的同情与关怀,易于被普通大众所感触和理解"①。《大长今》中没有沉重得让人难以走出压抑的国家兴亡,也不轻浮地恶搞,而是在平凡而伟大、琐碎而真实的普通人生活中,向世人展示了一种对个人的尊重。所以,《大长今》牵动全世界观众神经的奥秘其实很简单,就是它关注平民阶层,关注草根阶层,它反映普通人物的喜怒哀乐。

此外,在《大长今》中被浓墨重彩渲染的韩国医药和膳食,就是基

① 沈林:《韩剧靠真情感动外国》,人民网2005年10月31日。

于普通受众的欣赏趣味，这些元素的出现不是为了传播精英阶层的所谓思索或反省，而是为让大众在其中得到知识或快乐。正如有学者指出的那样，“导演李丙勋决定选择饮食这一传统元素，并不是从历史真实的角度考虑，而着眼于在物质发达、生活质量提高的现代社会中大众消费的欲求，使之成为现代流行的时尚元素”①。总之，《大长今》对剧中人物和受众都有真正的关注和尊重，这种对人的价值的独立展现具有普适性的意义，也正是中国类似题材的电视剧所缺乏的。

3. 尊重女性的独立地位

“妇道”和“孝道”一样，是东方儒家文化和价值观的一个基础。在几千年的历史发展中，其理论内核都没有发生过根本变化。它被封建统治者所用，随着封建制度的发展，逐渐成为维护男权统治的精神工具。自宋代以来，由于统治者的提倡，女性地位在社会上越来越低，社会上关于女性的价值观中消极落后的因素也越来越严重，“妇道”成为压迫妇女、残害妇女的伦理工具。在中国现代化的进程中，对于轻视妇女地位的各种价值观的批判，在争取妇女解放、推动社会进步方面起了重要的作用。

在现代文明社会，女性无论是从政治、经济、教育、婚姻哪一方面来说，其地位都有了突破性提高。男女平等的观念是文明国家的共识。女性自强不息也使得她们无论在政界、经济上还是教育界都取得了巨大成功。尊重女性的独立地位是现代价值观的基本特征之一。但是，我国部分国产电视剧，尤其是历史题材的电视剧，在对于女性的刻画上，却依然有浓重的传统或是封建文化的色彩。女性往往是附庸，不但得不到男性的尊重，连自身都没有觉醒的意识。当受到压迫与不公正待遇时也大都忍让、沉默。如前文所述，在《大明王朝 1566》中，有关女性的价值观依然有浓厚的传统意味，无论是裕王妃还是李芸娘，都没有表现出任何独立的价值，全剧展现的是她们如何艰难地生存，依附于丈夫或是权贵，左右为难地生活。这样的价值取向难以得到海外受众的理解，更缺乏感染人类的积极意义。《大长今》的成功，离不开其对女性价值的看重和重新反思。在古代女性地位极其低下的情况下，长今坚忍不拔，最终实现了个人愿望，让世界上众多女性受众感动。在中国历史题材的电视剧存在严重的男尊女卑的价值取向下，《大长今》凸显弱小女性的自信与坚韧。正如有学者指

---

① 选自陈林侠《论当下韩国电视剧的审美悖论——以〈大长今〉为核心》。

出的那样，“她历经从宫女到医女二度入宫的身世磨难，为韩尚宫、母亲雪冤屈的决心信念始终难以动摇”①。这种以身处底层的女性迎难而上的故事，充分展示了颇具普适意义的价值观，既容易感动受众，也使得男性受众重新意识到了女性的力量。

当然，在展现对女性地位关注的同时，《大长今》并未抛弃儒家文化的道德操守。传统文化中女性的“坚韧”“善良”“忍耐”乃至“孝道”在片中都有所涉及，甚至也出现了“宫中的女人都是大王的女人”的台词。但是，全剧在表现儒家价值信仰的同时，并未将核心的价值观定位于传统文化之中。传统的价值体系是《大长今》保持东方文化特色的手段，是在西方受众面前凸显“文化奇观”的点缀，而真正让受众接受和认可的，是浓浓的传统文化包裹下的现代价值观，这其中就包括对女性价值的肯定。

4. 展现积极向上的人生态度，没有消极乃至扭曲的观念

积极向上的价值观对一个国家和民族的形象，都具有至关重要的意义。积极的价值观代表了一个国家在现代社会应当具备的精神状态，它是培育新公民乃至新文化的核心因素。一个国家的国民如果都具有积极向上的精神面貌，崇尚通过奋斗来取得自身理想的生活，这个国家的主流文化应当说是健康和有引导力的。梁启超在关于对国民思想价值观改造的相关论述中曾指出：“欧洲民族之所以优强于中国者，原因非一，而其富于进取冒险之精神，殆其尤要者也。”② 积极向上乃至崇尚冒险精神的价值观，是形成一个强大民族不可或缺的精神品质。

纵观影视产业强国，其海外影响力广泛的产品，大都蕴含一种奋发向上的价值观理想。无论是好莱坞电影个人主义的奋斗，还是日、韩影视产品团队主义的进取，都是一种昂扬向上的价值取向。《大长今》同样以“青春励志”成功地超越了中国最擅长的历史题材电视剧，将个人成长与历史传奇等元素糅合在一起，成为既具观赏性，又极具励志性的佳作。还有学者指出：“在此剧的媒体宣传中，以文艺娱乐节目而雄霸一方的湖南卫视把2005年最具娱乐性的‘超女’与《大长今》相链接，‘超女’带动了《大长今》的人气，而《大长今》却诠释了成就梦想的现代‘超

① 选自陈林侠《论当下韩国电视剧的审美悖论——以〈大长今〉为核心》。

② 梁启超：《饮冰室合集·专集之四》，第23页。

女’。现实中成就大众明星的梦想与虚构的古代医女坚强的人生追求形成了一个典型的互文现象，这实则用青春的‘励志’打通了古典与现代的时空隔阂，从正面回应了当下现实社会中竞争激烈而又身处低层的大多数受众的内心要求。”① 可见，展现积极向上的价值观是全剧可以鼓舞无数年轻受众的重要原因。

《大长今》的成功不得不让中国的电视从业人员反思：为何我们那么多电视剧宣传的价值观并未深入人心。要么传达的是精英或主流价值取向的曲高和寡，要么传达的是一种颓废和无奈。在一些历史题材的电视剧中，弥漫着一股失落的、无可奈何的落寞感。部分创作人员甚至以此种消极或颓废的价值观作为其作品艺术价值的标志。一个国家影视产业的繁荣与推广，不能完全依赖政府的扶植或是技术的力量，其内在有一种振奋人心的力量，才能成为世界文化的重要组成部分。无论是20世纪八九十年代宣扬人格独立、展现爱情与梦想的日本偶像剧，还是以《大长今》为代表的韩剧，都在儒家文化的背后展现了一种个人的拼搏奋进，展现了一种民族特有的自信、自强，而这正是中国电视文化作品所缺少的。

三　专业化与社会化的有机结合：以日剧《白色巨塔》为例

（一）剧情简介

本片为日本富士电视台45周年台庆剧，改编自山崎丰子同名小说。白色，象征着崇高的专业知识和伟大的济世使命，亦是医护人员的代表颜色。白色巨塔，是指故事发生之地，一个集合拯救生命及培育下一代的地方——大学医院。《白色巨塔》反映的是一个有能力、有技术的医生为了达到欲望的巅峰，不择手段地排挤他人，博得教授位置，却因为对病人的高傲埋下隐患，造成医患官司失败，最后心力交瘁而病故的过程。剧中糅合了医院的风云、政治与黑幕，成年人的坚持与梦想，强者与弱者的对抗，不可思议的转折、宿命与报应，反映的现实问题也是亚洲大部分国家与地区所共同都要面对的，其深刻表现的复杂人性和价值观更是超越了国家和民族界限。

（二）国内外影响

在中国，日剧《白色巨塔》在央视8套《海外剧场》一经播出就赢

① 选自陈林侠《论当下韩国电视剧的审美悖论——以〈大长今〉为核心》。

得了广大观众的喜爱，全国收视率近 4%，成为夜间收视高峰，在日本本国，它的最高收视率达到了 32.1%，一举拿下第 40 届日剧学院最佳作品、最佳导演等奖项。

（三）传播的价值定位

《白色巨塔》中各种信仰、理念处在共存的状态中，东方的和世界性的，正面的和负面的，现代的和传统的，但是全剧的核心价值观是正义、责任感、爱心、挑战权威等全社会普遍接受的信念，其他价值观的展现并未影响核心价值观的表达。与此同时，作品在展现医护人员专业水准、职业精神等方面与这种社会化的信念、价值取向融为一体，有力地塑造了人物形象。

1. 淡泊名利、坚持职业操守战胜为成功不择手段的权力崇拜

《白色巨塔》的主人公财前五郎自幼家境贫寒。依靠助学金读完医学课的财前拥有日本人的典型性格：野心勃勃，为了飞黄腾达而入赘妻子家，他一心想爬上教授的位置，在日本医学界成为权威，进而实现自己的理想。财前对待一般病人的态度相当草率，病人佐佐木因他的误诊而死亡。但是，他对权力和成功却有过度的偏执。财前五郎的人物形象有很强的日本特色和传统性——冷静、果断、野心、欲望，他秉持为了成功不择手段、不达目的死不罢休的价值观，他尊重权威、不愿公然挑战、认为病人的生命没有自己前途和医术重要的观念必须受到批判，当然他对事业的信念却是可敬的，这使得他的价值观兼具正面与负面、民族性和个人特殊性。

财前医院的同学和同事里见修二同样致力于癌症研究。但他专注于工作，不求名利，只希望能拯救更多病人，给患者更多关爱。里见与财前虽是相互信赖的挚友，但他们的人生观、价值观截然不同。里见真诚热心地对待患者，处处从患者角度考虑问题，以善待每一个患者为自己的工作理念。他热心于医疗实验，对争权夺利的人事活动不感兴趣，但因为生性耿直与讲究人情世故的教授们经常发生矛盾冲突。里见的价值观有较强的普适性，他信奉一个医生应遵守的职业道德——正义、低调、敬业、敢于挑战权威、博爱和勇敢。

《白色巨塔》的结尾有很强的启示性。不顾病人死活、热衷权力斗争的财前五郎虽然获得了学术会议会员选举的胜利，成功当选教授，但是却在医疗官司败诉和病魔缠身的双重打击下倒下，最终死于肺癌。里见协助

死者家属打赢和财前的医疗官司，并在自己的研究上面走上正轨。全局结尾，秉承淡泊名利、坚持职业操守的里见医生走上人生正轨，为成功不择手段的财前在短暂地获得成功之后随即陷入医疗官司并最终败诉、去世。两人不同的价值观决定了各自不同的命运。主创人员的用意深刻而明确。

2. 明哲保身的传统观念让位于对职业荣誉的坚守

剧中东贞藏教授为财前的导师，因看出财前在医德方面存在严重缺陷而排挤他。东教授含蓄、正直，虽有一定的嫉妒心，但他坚持正义、责任心、博爱的信念。大河内教授专心于医学研究，颇为赏识里见医生。他为了重整医大的风气，以德高望重的身份站出来主持教授选举。他是医生的楷模。他秉承尊重职业、生命、荣誉的价值观。

与之相对的是身为内科教授和医学部长的鹈饲教授更像一个政治家或商人，强烈的私欲使他把医生的使命弃于脑后，不仅收取贿赂，还暗中干预教授选拔。他的价值观中有日本传统文化中的负面因素——自私、看重权力、金钱又想明哲保身。

全剧关于三人的描述体现出创作者鲜明的态度。鹈饲教授接受财前贿赂，一手将其推向教授的位置，却被昏迷中的财前羞辱。东贞藏教授亲自为财前主刀，并在发现癌症已经扩散的情况下无奈地缝合伤口。大河内教授亲自为财前解剖遗体，作为后人医学研究的参照。看重医生的职业荣誉的两人送财前走完最后一程，而贪婪胆小的鸠饲教授无颜面对世人。

3. 坚持不懈、挑战权威的积极信念战胜仅为金钱而工作的消极态度

在医疗官司中出现的两位律师也秉承了不同的价值观。律师关口因众多败诉的医疗官司而债台高筑。事务所即将倒闭之际，他接下了佐佐木的案子，关口最终被病人家属、里见医生和东教授之女东佐枝子的真情打动，全力以赴，终将医疗事故真相大白于天下。关口律师坚忍不拔，敢于和最有权威的医疗机构——大阪浪速大学医院一较高低。他的价值观有很强的感染力。

同时，财前的辩护律师河野正德为了胜诉，竟然指使财前篡改医疗记录并威逼利诱证人作伪证。同为律师，人性的光明面与阴暗面在两人身上展露无遗。他相信欺骗、金钱的力量，并在见到财前已经无力回天的情况下黯然退出。全剧结尾让坚持不懈挑战权威的关口律师战胜仅为金钱而工作的河野律师，传达出积极的价值取向。

总之，在《白色巨塔》的各个主人公身上，东方文化中传统价值观

和普适性的价值观交织在一起，反映出各种价值观的博弈。剧中糅合了医院的风云、政治与黑幕，成年人的坚持与梦想，强者与弱者的对抗，不可思议的转折、宿命与报应，但《白色巨塔》最终传达的是一种全人类都应当坚守的善良、正义和坚韧，批判的是传统价值观或民族价值观中诸多负面因素。价值观定位的恰当，让全剧可以被各种文化背景中的受众接受，也让其在中国获得较高的收视率变得理所应当。

第三节　中国电视文化传播中的策略

在中国电视文化传播中，各种问题的解决，依赖于对电视文化进行整体的范围界定和具体的多层面定位。整体界定可以明晰在中国特殊的历史文化、社会现实和媒介运行体制下，电视文化应当如何在宏观上把握自己的范围，才被国内外受众更多地理解与接受。多层面界定可以具体明确中国电视文化在时代性、民族性等层面的定位，寻找适合各类电视节目传播的文化样态。

一　中国电视文化的整体界定

（一）立足于中国现实国情

1. 中国的电视文化不能离开民族文化传统

即便传统文化为中国电视文化带来一定的保守性和封闭性，但传统文化同时又是其重要支撑。中国电视文化要保持自身独特的民族风格，不能和中华民族的传统文化决裂。中国的电视节目想形成自己独特的感染力，尤其是价值观层面的影响力，传统文化也可以提供重要的精神支撑。如果一个国家的电视节目，缺乏本民族的文化理念，没有本国受众认可的价值观，其作品最终是空洞苍白的，最终成为一种毫无特性的“伪现代化”和“伪国际化”。如果中国电视节目的文化理念完全是“普适性”的，没有自身的独特性，也就失去了其存在的必要。从某种程度上来说，中国各类电视节目走向现代化、国际化的过程，也是重新认识、理解和提炼民族文化的过程。

2. 中国的电视文化不能脱离当代中国普通民众的精神信仰

中国电视文化应当根植于当代中国普通民众的信仰。无法引起本国普通民众共鸣的电视文化，其内容和形式都将很难被接受，沦为一种缺乏感染力的理念或口号。根植于现实、对普通受众生活有引导意义的、体现普通受众真实的需求的节目才有真正的感染力。如果中国电视节目传播的文化是一种不具备现实意义的、和受众真实生活相去甚远的观念，那么这种存在于理想世界的文化最终会被认定为是虚假的和不符合实际的，成为一种虚幻的信仰体系。

首先，中国电视文化不应是虚幻的宗教性文化。宗教是人的精神信仰。“从信仰的对象看，有社会理想信仰和宗教崇拜信仰；从信仰发生的机制来看，有理性信仰和非理性信仰。而在实际的社会信仰活动中，它们又往往是结合在一起的。但这绝不是说，社会理想信仰和宗教崇拜信仰就没有了本质区别。宗教信仰因其信仰对象是虚构出来的幻想存在物，信仰的结果只能是心理、情感和精神需要的某种满足，这种满足是以超脱现实世界的消极方式来实现的，它没有使现存的事物发生根本性的变化。而社会理想信仰则不同，它是立足于现实而走向未来的，其目标是使现实世界革命化。”① 可以说，相当多的中国普通民众都没有虔诚的宗教信仰，很多人的宗教信仰也都有浓重的功利倾向。中国电视文化要对现实世界产生积极的意义，就不能来源于宗教式的幻想存在。如果中国电视节目和某些国家与地区的电视节目一样，传达一种虚无缥缈的类似宗教信仰的观念，就无力对现实社会的受众产生感染力。

其次，中国电视节目曾经传达过某些不切实际的政治观念，希望它成为人民大众的信仰对象。由于中国人当时的实践水平和思想水平，这些观念曾经产生过一定影响。但是，面对与当时中国人所处政治环境不同的当代受众，这样的文化显然没有说服力。很多政治价值体系建立在特定的政治体制之中，超出这样的环境，此类文化在国内就会失去可行性，不被受众所理解和相信。其实，很多流行一时的政治、经济和文化观念超出当时的社会发展水平和政治环境，就会明显在可行性上显得匮乏和不足。

当然，提倡坚持传统、不脱离整体民众的价值信仰，并不意味着过度的民族化、世俗化。恰当的电视文化意味着现实性和长远性兼备、可行性和理想性结合。

（二）适合多样化的海外传播环境

中国电视文化的传播，不应仅仅立足于国内，更应以海外为重要目

① 晏辉：《现代性语境下的价值与价值观》，北京师范大学出版社 2009 年版，第 311 页。

标。所谓中国电视文化的海外传播，包括面向中国大陆本土以外的港澳台和东南亚市场的传播，包括面向日本、韩国等东亚国家市场的传播，也包括面向欧美等西方国家市场的传播。与国内传播不同，在海外传播中，受众分属不同的地区、国家、民族，拥有不同的文化背景，这会导致传播方式、传播过程和传播结果的极大不同。如同样面对中国的历史题材电视剧，与中国文化背景相似的日本受众和与中国文化差异较大的美国受众，在对作品内容和形式层面的接受程度方面就很不相同。因此，海外传播环境的多样性对我国的电视文化提出了更高的要求。中国电视节目中的各种理想、信念和诉求要能适应多样化、复杂化的海外传播环境，并根据不同的市场做出相应的调整。

1. 体现文化共通性

海外传播的环境既包括不同国家意识形态的差异，也包括不同文化背景下思维方式的差异，更包括不同国家媒体运行体制的差异。中国电视文化体现共通性，应当适应这些差异。

首先，中国的电视文化要适应意识形态差异。意识形态是一种具有行动取向的信念体系，一种指导和激发政治行为的综合性的思想观念。这种观念由一系列的概念、价值和符号组成，从总体上表达了对人性的看法，对人类行为的批评，以及对正确安排社会、经济和政治生活的意见。[①] 不同意识形态往往来源于不同的历史背景和政治体制。从世界范围看，意识形态主要有自由主义、保守主义、社会主义、无政府主义、法西斯主义、女权主义和宗教原教旨主义。

亨廷顿在《文明的冲突与世界秩序的重建》一书中，根据历史背景、文化渊源将世界划分为“西方世界”（或称“自由世界”）“俄罗斯及其近邻”“大中华及其共荣圈”“伊斯兰世界”四个不同的版块。“西方世界”主要包括美国和欧盟；“俄罗斯及其近邻”主要包括俄罗斯和在其领导下的以东正教为核心的集团；“大中华及其共荣圈”是“以汉族中国为核心，包括中国所属的但享有相当自治权的边缘省份（西藏和新疆），在一定条件下将要成为或者可能成为以北京为中心的中国之一部分的华人社会（香港、台湾），一个由华人占人口多数、越来越倾向于北京的国家（新加坡），在泰国、越南、马来西亚、印度尼西亚和菲律宾有重大影响

① 王惠岩：《政治学原理》，高等教育出版社2006年版。

的华人居民，以及受中国儒家文化影响颇大的非华人社会（韩国、越南）”[①]；“伊斯兰世界”指的是伊斯兰教占优势的国家和地区，主要包括伊朗、沙特、阿富汗、土耳其、印度尼西亚等。不同世界的人们由于所处的历史背景、社会制度不同，所以在意识形态领域存在较大差异。即便处于同一文化圈，不同国家的政治制度也不完全相同，在意识形态领域也容易出现差异。

在冷战以后的世界中，意识形态既是统一的力量，又是分裂的力量。虽然和谐世界是人类共同的愿望，但不同意识形态下的人们相互交流起来还是存在很多障碍。国家都倾向于追随意识形态相似的国家，抵制与它们没有意识形态共性的国家。不同国家中的人们拥有对自身意识形态的优越感。“正如我们所看到的，亚洲国家越来越坚信其价值观和政治体制的效力，并自认其文化比西方的文化优越性。另一方面，美国人倾向认为，特别是在他们取得冷战胜利后认为，它们的价值观和体制是普遍适用的，他们仍有力量左右亚洲社会的内外政策。”[②]

海外传播中我国的电视文化会面临不同的国家、社会制度下意识形态的差异。即便是同处于一个“版图”或是“世界”的国家之间，意识形态都不可能完全一致。在海外传播中，中国电视节目应当尽量避免含有意识形态尤其是政治意识形态过浓的观念。例如，主旋律电视所强调的政治信仰、纪录片或是专题片所强调的政治理念在国内适合传播，在与我国政治体制和意识形态差异较大的国家就不适合过多出现。

其次，中国的电视文化要适应思维方式的差异。思维方式是人的大脑活动的内在程式，是沟通文化与语言的桥梁。一方面，思维方式与文化密切相关，是文化心理诸特征的集中体现，同时，思维方式对文化诸要素尤其是价值观有决定性作用。可以说，不同文化背景下的人的不同的思维方式，决定了其拥有不同的价值观。

不同的文化背景下人们的思维方式会存在较大差异，这增大了中国电视产品对价值观的界定难度。比如，中国人往往从集体本位的角度思考问题，体现出一种趋同思维的倾向。这种集体观或者说整体观使中国人更多

---

① ［美］塞缪尔·亨廷顿：《文明的冲突与世界秩序的重建》，周琪译，新华出版社2010年版，第146页。

② 同上书，第201页。

地关注他人、集体和国家，而容易忽略个体或局部。个人的成功也往往被认作是他人与集体之间的帮助。体现在电视作品中，就是各类电视作品往往采用宏观叙事，忽视个人的情感和力量，显示出一种集体主义的价值取向。与之相反，西方人的思维方式往往是从小到大，从微观到宏观，强调关注个人，相信个人的奋斗乃至人生成功的基础。所以，在西方，尤其是美国，关注个体、突出个人奋斗的电视作品乃是主流。如西方的新闻报道喜欢从具体个人、个案讲起，再引发大的背景，中国新闻报道则喜欢从大背景引申到个人。这和中国文化重整体、重大局的价值观有一定联系。"在有关2008年北京奥运会的开幕式报道中，新华社和《人民日报》的报道就与美联社的报道有很大不同，这种不同不光体现在意识形态的差异上，还体现在它们的报道风格上。中国的报道从历史意义写起，以全球意义结束，着重报道的是开幕式的表演过程及参加开幕式的世界各国领导人；而美国的报道，则从具体的事件讲起，以一个普通人的评论结束。美国的报道采用了几个普通中国人的发言，反映了老百姓的骄傲和对北京奥运会的支持；而新华社和《人民日报》的新闻报道中，没有一个具体普通中国人的相关描述，都是以全国人民的反应来表达中国人民的自豪和对奥运的支持。"① 从报纸的报道方式看，西方人重个体表达和中国人重视整体描述的差异一目了然。

中国电视节目传播的文化要在西方被认同，就要尽量多适应西方人的欣赏习惯，如多关注个体、尊重个人的价值、不忽视个人的奋斗、重视个体的感受，同时多采用清晰易懂、直截了当的叙述方式，而不能过度沉迷在东方的人文精神中。有学者在中国电影走向世界的文化策略中指出："中国电影进入西方世界的一个重要而有效的策略，就是按照西方人的东方主义视野，来展示一个具有异国情调的东方。中国电影走向世界、走向国际，并非它们所传达的东方人文精神，更重要的是在于它们提供了一种东方浪漫传奇。"② 这对中国电视走向世界也具有重要的借鉴意义。

值得注意的是，全世界共通的文化，东西方之间有共通性的信仰，往往是进入人们的私人生活领域的规则。美国电视产品对"善良""勇敢"

① 彭凯平、王伊兰：《跨文化心理学》，北京师范大学出版社2009年版，第7页。

② 选自尹鸿《跨越百年：全球化背景下的中国电影》，清华大学出版社2007年版，第62页。

“乐观”“积极进取”的信奉和每个人的生活是密切联系在一起的。人们在工作中、家庭中都需要这样的信念支撑。中国儒家伦理的价值体系之所以能够几千年来被民众遵守和信奉，除去政府倡导的因素外，其思想多和日常生活密切相关，没有抽象的玄思、非理性的迷狂，在与各类人进行的与日常生活密切相关的问题的讨论中，指导着古人的为人处世。正如有学者指出的那样，儒家传统文化“多半是以语录式或对话体的形式阐发，期间并无柏拉图和亚里士多德似的严密推论，常常是就事论事，在讨论具体的伦理要求时透射出伦理上的智慧。唯其与人们的日常生活紧密相连，显得不是外在于生活而就是生活本身，极易践行”①。所以，中国电视节目传达的文化诉求如果与日常生活距离过远，也难以被外国受众理解。

2. 注重传达公共精神

中国的电视文化还应体现一定的公共精神。公共精神涉及经济、政治和文化等公共生活领域，包括独立的人格精神、社会公德意识、自制自律的行为规范、善待生命的社会慈悲胸怀。简单地说，公共精神可以理解为社会成员在公共生活中对人们共同生活及其行为准则、规范的遵守、执行，也包含“每一个个人、家庭、社团以及政府作为合理的、理性的行为体，都有明确表达其意愿、计划以及相应地做出决策的机会和方式”②的含义。公共精神是民主制度相对完善的社会的价值追求，它具有极强的普适性。在中国传统文化中，公共精神是不完善的，我们更多的是强调自身对于父母、君主乃至天下的责任，而忽视个体对社会大众的责任，而缺乏一种个体对社会的质疑和警醒，而这种质疑或警醒是文艺产品尤其是电视节目的价值所在，是中国电视赢得海外受众尊重的重要因素。

具备公共精神的电视文化首要表现的是追求共同的善。公共精神会把过度个人化的观念排除在外，而提供全社会共同的利益作为根本目标，它不是考虑少数人的需求，而是顾及大多数人的愿望。在中国传统文化中，惠及他人的价值取向是相对缺乏的。虽然孔子对君子的评定中有“夫仁者，已欲达而达人，已欲立而立人”的标准，但这种惠及他人的行为是不被列为五伦之内的，在古代社会也没有得到明确的提倡。家庭是传统社会中最紧密和有效的结合体，家庭内部成员彼此帮助，但是对于外人则多

① 晏辉：《现代性语境下的价值与价值观》，北京师范大学出版社2009年版，第482页。

② 同上书，第408页。

采取冷漠消极的态度。公共领域的一切，都是不值得过度关注的事物，全社会共同的善也被忽略，以致发展成一种只顾家族的自私心理。正如林语堂先生在《吾国和吾民》一书中提到的：“因为家族制度是中国社会的根底，中国的一切社会特性无不出自此家族制度。家族制度与村社制度——村社制度为家庭组织进一步而范围稍为扩大的范型——可以统括地说明一切中国社会生活的现象。面情，宠嬖，特典，报恩，礼仪，官吏贪污，公共组织，学校，基尔特（同业联合会），博爱，慈善，优待，公正，而最后全部中国政治组织——一切都出自此家族及村社制度，一切都从它摄取特质和状态，更一切都从它寻取解释特殊性质的说明。从家族制度里头产生了家族观念，更从家族观念产生社会行为的某项法规。将此等特性加以研究是很有兴趣的，吾们将看出人生在缺乏公共精神的环境里，怎样作为社会一分子而行动着。”① 如果中国电视文化也缺乏公共精神，显示出狭隘的自私和冷漠，在海外市场尤其是强调公共意识的西方国家也是缺乏吸引力的。

除了共同的善之外，公共精神还表现为一种质疑能力和公共舆论的表达能力。中国文化中服从的精神也多于质疑的精神。传统社会中，中国人视公开谈论政治为禁忌，也少有讨论政治的社团，而这些却是欧美国家的人日常生活的重要组成部分。中国电视节目尤其是新闻节目、纪实节目是否能够把民众的质疑甚至反对顺畅地表达出来，能否把传达民众的呼声作为节目水平的重要判断，是其是否具备公共精神的重要表现。在国内，由于历史传统和诸多现实条件的限制，电视节目的质疑精神体现得还不是十分充分。在现代社会中，以公共的质疑能力、话语权为基础的公共精神是形成公共舆论的基础。缺乏公共舆论的电视节目难以被现代社会的受众认同。在转型期的中国，很多和现代社会违背的陈腐的政治观念通过某些领导表达出来，很多和现代社会格格不入的文化观念通过某些所谓的文化权威表达出来，很多和生态保护不符的环境观念也通过一些地方政府表达出来。敢于维护公众的利益，挑战权威的言论，是电视节目责任感的体现，也是其树立国际形象的契机。目前，国内很多新闻节目的公共精神也越来越多地体现出来，如《新闻调查》《面对面》中就尖锐的社会问题对于官员质疑，对于真相的执着追求，这是海外传播中我国的电视文化应当进一

---

① 林语堂：《吾国与吾民》，江苏文艺出版社 2010 年版，第 175 页。

步增强的。

综上所讲，既立足于中国国情，又具备文化共通性和质疑精神的精神诉求是海外传播中我国的电视节目应当具备的。

3. 中国的电视文化应适应媒体运行体制的差异

电视媒体按其所有制和经营管理模式，可以大致分为“商业电视”和“公共电视”两大类。这两类电视机构具有不同的属性，其播出的节目也会体现出不同的价值观。商业电视是以盈利为终极目的的传媒企业。它往往以提高收视率为达到盈利的手段。因此商业电视台节目的价值观往往不能体现出公益的性质。公共电视是属于国家或社会公共资本所有的、以为全社会各阶层服务为终极目的的传媒机构。公共电视不以盈利为目的。

目前，中国电视媒体的体制属性仍不明晰，既有公共性质，又有商业属性。兼具“党和政府的喉舌”和盈利性单位的双重性质。随着 20 世纪 80 年代新自由主义的崛起，各国政府开始放松国内媒体的运行体系，私有化、商业化和自由化成为欧美国家和地区的电视台的显著特征，而商业电视台也成为各国、各地区电视传播领域最为普遍的播出机构。由不同的媒体运作机制产生的电视节目价值观的差异，也是需要注意的问题。中国电视产品有一部分是为收视率而制作，而还有很多被定位于宣传品、教育品，蕴含很多政治宣传、文化教育的观念，体现出一种政治性、教化性很浓的功利性价值取向。而与此不同的是，西方或者日、韩的电视节目大都是娱乐品。因此，西方或者日、韩的受众对电视节目的态度往往是随意的，不过度认真，希望从中得到放松和娱乐。这种差异导致我们长期以来养成目的性过强的电视文化不适合海外传播的环境。

在中国的各类电视节目中，强调宣传、教化的功利化价值取向尤为明显。纪录片、新闻节目凸显某些价值观，动画片也过度强调对儿童的教育意义，这可能引起外国受众的反感。总之，由于媒体运行体制的原因，我国电视节目创作者一直坚守的某些价值观，不能适应其他国家的媒介环境，也会遭到海外受众的抵触，这正好和我们的期望相反。所以，重视媒体运作体制的差异，减少功利性过强的理念也是在海外传播中的中国电视需要采取的策略。

二 中国电视文化的具体定位

中国的电视文化需要进行整体界定，也需要进行具体的定位。目前的中国，传统文化尤其是价值观在人们心中不再占据根深蒂固的位置，现代的价值观尚未完全确立，社会处于一种较为多元文化的博弈之中。是要传达传统社会的理想、信念，还是现代社会的价值取向？是要传达中华民族独特的文化观念还是普适性的文化观念？是要更多传达中国社会主流的、官方的观念还是非主流的精英或大众观念？我们需要根据国内外情况对中国电视文化进行多层次辨析。

（一）传统性和现代性的辨析

中国电视文化是更多地呈现出传统性还是现代性？很多电视节目在文化的时代定位上呈现出了混乱的状态。对于美国这样一个历史并不久远的国家来说，传统和现代的文化并不存在断裂状态。这也使得美国的电视文化相对清晰。美国电视节目中无论是美剧、真人秀、新闻节目和谈话节目，“崇尚自由、独立、个人价值的实现”是其核心的文化诉求。但是，在传统文化与现代文化交织的中国，电视文化的时代定位就较为困难。各个时代的文化都有其存在的意义，什么时代的文化适合中国电视传播需要兼顾各种情况，慎重取舍。

1. 中国电视文化的民族特色需要传统因素来体现

传统文化是中国电视保持民族特色的基础和源泉。每个国家电视节目所蕴含的文化都离不开于自身的历史和传统，中国电视文化也不能和传统决裂。有学者就中国传统文化在现代社会的作用和意义指出，中国传统文化是中华文化的灵魂，并“以强烈的色彩、底板、主调，展现出民族的心理、个性、品格特色，即便是在当今社会，它们依然闪烁着灿烂的智慧之光”①。在此意义上，传统文化是中国电视文化自身风格形成的基础。参照同处东亚的韩国，尽管很多韩剧对于传统的价值观有所反省和批判，但传统文化所蕴含的力量依然让这些作品蕴含独特的东方韵味。流行于中国乃至世界的经典韩剧如《人鱼小姐》《蓝色生死恋》《澡堂老板家的男人们》虽然都是现代韩国社会的故事，但儒家传统的“温情、和睦、重视家庭伦理”的价值观是韩剧风

---

① 选自黄会林《关于“第三极文化”的思考》。

格的重要组成部分。

从核心层次说，中国传统文化都有哪些呢？中国有五千年的文化传统，传统的中国文化尤其核心的价值判断，即儒家的五伦关系。伦理关系规范了君臣、父子、夫妇、兄弟和朋友之间所要担负起的权利和义务，形成了中国独特的“忠”“孝”“敬”“义”的价值观。这些价值观是中华民族的“文化名片”，是中国人之所以不同于西方人“平等”“博爱”“自由”信仰的深层原因。中国的电视节目要在国际市场上保持自身的文化属性，传统文化是我们必须借鉴的资源。

有学者对中国传统文化进行了较为细致的分类，具体体现在“合和”观念、伦理理性、礼仪社群、人格自由、民本主义、德治主义、福利国家以及大同社会八方面。第一是“合和”观念，即把世界看作由自然万物和人所组成的有机整体的观念。在这个整体中，人与自然万物相互配合，相互支持，共同参与创造。同时，中国人在文化上主张“和而不同”，认为一种文化不论其何种形式，只要能和睦四邻，劝人向善，就可以承认其价值，并与其他文化和平共处。第二是伦理理性，中国人肯定现实世界，肯定现实生活，主张人们应该有计划地处理日常生活，并要求人们遵守礼仪道德，以伦理纪律和理性自制来对待自我和社会事务。第三是礼仪社群，即中国人重视日常生活中的礼仪，希望能在一个礼仪化的社群中实现自我价值。“礼”是中国老百姓的平常日用，是人们日常生活的一部分。对于中国人来说，礼之于人就如同空气之于人那样不可分离。第四是人格自由，即中国人重人格尊严，强调人的主体能动性。《论语·为政》就是说人——那些努力追求自我实现的人，本身就是目的，而不是当作他人实现利益的工具和手段，人也不是任何形式的强势和权威甚至金钱的工具。第五是民本主义，即“以人为本”。它是中国人的“立国之道”，是中国人社会政治的理念。第六是德治主义，即“以德治国”。中国人认为，政治清明的关键不在威权和暴力刑罚统治，而在道德教化。第七是福利国家，即孔子所谓的“富之”“教之”“足食足兵”和“无讼”，孟子所谓的“仁政”与“井田”理想。第八是大同社会，是中国人最高的理想社会，这种理想社会，可用《礼记·礼运》中“大道之行”“天下为公”“选贤与能”和“讲信修睦”四句话来概括。

各种传统文化虽然是基于当时的社会情况提出的伦理理念，具有历史局限性，但是可以借助各种形式如文字、语言流传至今，所以，它具有被现代社会容纳的基础。同时，如果传统文化与现代生活无所关联，那么也就意味着它不需要被传播，但是很多问题如家庭伦理、经济伦理、政治伦理等并没有发生质的变化。传统文化提出的调整方法在现代社会依然有一定的作用。由此可见，传统文化有被中国电视容纳的基础。如果我们忽视传统的影响，传播没有根基的完全“现代”或“时尚”的文化，电视节目只会成为“昙花一现”的流行文化。例如，“清宫戏”“戏说系列”曾在东南亚市场上短暂流行，但最终将市场让位于在文化取舍上更为成熟的韩剧。这从一个侧面说明，让没有传统观念支撑的“伪历史剧”走出国门赢得海外受众欢迎是非常困难的。

当然，传统文化自身有很多不足。有学者指出，中国的传统价值观“内在性”有余而“超越性”不足，“人性”有余而“神性”不足，“实用”有余而“理性”不足，“特殊性”有余而“普遍性”不足，① 如果一味传达传统价值观，不利于海外观众认识现代的中国。例如，儒家鄙视辛劳和各种形式的体力劳动，儒学君子的理想是坐享清福，道家提倡清静无为，这导致了人们对劳动的鄙视。所以，“在世界上各种文化之中，像中国人这样崇尚无为而鄙视艰辛体力劳动的看法，是独一无二的。在中国人看来，希腊神话中所说的暴君西西弗斯死后入地狱，被罚推石上山永无休止，只是一个逗乐的笑话而已。肯定地说，在中国文化中，辛劳本身不是美德，而只是迫于环境不得已而为之”②。但对于美国人来说，艰苦工作是美德，是成功的必经之路，以《阿甘正传》《当幸福来敲门》为代表的影视剧都是肯定执着的奋斗和艰苦的努力。所以，不加甄别地传达传统社会的各种观念、信仰，等同于回避了对传统文化的创造性、时代性思考，放弃了对当代受众收视习惯的把握。

2. 中国电视文化不能与社会现实割裂

从社会整体系统的运行状况来看，有两类文化在起作用，一类是当时的经济模式推动的群体文化取向，另一类是各类学术、文艺作品承载的文化取向。经济模式基础上的文化观具有最深层次的决定作用。而学术、文

① 摘选于童世骏《当代中国社会价值观状况的背景分析》，载于王伟光总主编，潘维、廉思主编《中国社会价值观变迁30年》，中国社会科学出版社2008年版，第42页。

② ［美］塞缪尔·亨廷顿：《文明的冲突与世界秩序的重建》，周琪译，新华出版社2010年版，第307页。

艺作品中的各类信仰、观念则受到当时经济模式的制约。所以，电视文化也会受到当代中国经济模式的制约。如果中国电视文化与当代中国现实社会政治、经济和文化状况脱离，完全源自传统农业社会，那么它将会远离中国社会普通民众的精神世界。这样的后果是，电视文化与时代脱离，缺乏现实基础而变得不可信。

价值观是文化的核心组成部分。既然中国电视文化应当建立在中国社会现实基础之上，那么中国现实社会的价值观状况又是怎样的呢？根据相关学者于2007年从中国内地31个省、自治区、直辖市随机抽取的9个省、自治区、直辖市进行的当代中国社会价值观调查报告显示，“中国社会价值观已经形成了认可现代社会模式的主流，即现代社会价值观不仅在价值观本身总平均分的意义上基本形成，而且在社会构成的意义上在绝大多数社会成员中得到确立。根据对调查资料的深入分析，我们得出的结论是当代中国的社会价值观已经形成了这样的主流，那就是：对以市场经济、民主政治、全面福利、多元文化、现代社会生活为基本特征的现代社会模式的基本认可。这种主流不仅表现在社会价值观的各个领域的特征上，还表现在各社会人群的价值观特征上。……至此我们可以明确地说，现代社会价值观已经是当代中国的社会价值观主流”①。

这份调查报告是依据政治、经济、福利、文化和生活领域价值观的具体调查数据总结的。每个类型的价值观都有2943份问卷，问卷显示（表4－1），“除了文化价值观的平均总分没有达到及格线外，其他四个领域都在及格线以上，特别是经济价值观和政治价值观都超过了70分，而福利价值观也接近70分。在经济价值观方面，满分为60分的量表中，调查对象的平均总分达到43.02分，换算成百分制是71.7分，已经达到中等水平。在政治价值观方面，满分为40分的量表中，调查对象的平均总分为28.62分，换算成百分制是71.5分，已经达到中等水平。显然，市场经济、民主政治和全面福利已经成为中国社会普遍接受的经济模式、政治模式和福利模式”②。

---

① 赵孟营：《跨入现代之门：当代中国的社会价值观报告》，北京师范大学出版社2008年版，第22—24页。

② 同上书，第23页。

表 4－1 **中国社会价值观调查表**

总分类型	有效问卷数量	量表满分分值	实际平均值	百分制的平均值
所有量表	2943	275	183.34	66.7
政治价值观量表	2943	40	28.61	71.5
经济价值观量表	2943	60	43.02	71.7
福利价值观量表	2943	60	41.72	69.5
文化价值观量表	2943	55	32.71	59.5
生活价值观量表	2943	60	37.28	62.1

根据调查看，中国社会的价值观已经形成“现代基调”，那么这种“现代基调”是什么呢？了解价值观的现代精神特征，对中国电视产品的价值观的把握会起到积极作用。价值观的现代性和传统性有很大的不同，而“民主意识、法治意识、理性意识、宽容意识则是多数学者都强调的现代社会与传统社会相区别的四个较为重要的精神特质。要判定当代中国的主流社会价值观是不是现代的，就需要分析当代中国的社会价值观是不是具有民主意识、法治意识、理性意识、宽容意识。根据对调查数据分析，在当代中国的社会价值观中，民主意识形成，法治意识强烈，理性意识已经具备，宽容意识正在出现，也就是说，当代中国的社会价值观已经形成现代基调，而这种现代基调不仅呈现在民主、法治、理性、宽容方面，而且呈现在更广泛、更细致的领域内”①。这意味着，如果中国电视忽视中国现代社会的价值观状况，就和中国的现实国情脱离。尤其是涉及政治价值观和经济价值观的主旋律、历史题材的电视剧，更应当关注作品本身的价值观是否还有现实基础。

3. 以现代意识为基础，融合传统因素，是中国电视文化的准确定位

首先，中国电视要以现代文化为基础。因为在当代中国社会，文化的核心价值观已经形成“现代基调”，很多过于传统的价值观已丧失现实依据。同时，建立在现代社会尤其是市场经济基础上的价值观是克服不同国家政治制度、意识形态差异的有效工具。中国电视文化若仅仅立足于传统性，就难以和已经处在现代社会的东西方各国受众沟通。此外，世界上任

① 赵孟营：《跨入现代之门：当代中国的社会价值观报告》，北京师范大学出版社 2008 年版，第 38 页。

何一种文化体系都是在变化中不断发展，没有时代内涵的文化是缺少活力的。中国的很多历史题材电视剧制作精良、场面宏大，但剧中传达的更多的是封建社会中人与人的等级森严、怀疑和猜忌，“权谋逻辑”甚至成为了很多历史题材电视剧基本的价值取向，这些和现代社会的“宽容”“民主”等精神诉求相违背的观念不但难以被外国受众理解，也无益于国内文化环境的改善。

以传统儒家文化为例，传统儒家政治价值观中的“忠君顺主”“为民请命”“代民做主”、权力等级化、成才唯官化乃至所谓“君君、臣臣、父父、子子”在现代的中国社会已经逐渐失去合理性，就不适合过多地出现在电视节目中。与很多国产电视剧相比，韩剧中古代题材剧作就有着浓厚的现代意识，体现出现代人的诸多价值取向。韩国古装剧很少真正地反映历史，而是注重凸显现代社会人们普遍信奉的价值观。如在《大长今》中，宫廷中的钩心斗角很少涉及，女性为了事业奋斗成为主题，知识与努力是成功的前提，是全片的主要价值取向。可以说，《大长今》海外传播的成功，和它重视宣扬女性的价值、重视一种积极进取的现代价值观有直接关系，与之相比，中国的《汉武大帝》《康熙帝国》等作品过多关注封建社会政治斗争的险恶，缺乏现代人容易接受的价值理想。韩剧利用现代意识来处理传统价值观，沟通东西方文化的差异，使得民族文化传统通过全新诠释重新拥有生命力的做法很值得我们学习。

其次，传统文化是中国电视文化的重要组成部分。在中国各类电视节目中，历史题材比重偏大，历史题材的作品与传统文化密不可分。完全着眼于现代性，我国的电视节目就会失去深厚的文化资源。

当然，传统的文化要经历现代化、创新性的改造。“对本土资源的认同，并不是而且从来也不可能是对一种全球化趋向的反叛，确切地说，应将之理解为一种反思性的（例如，对传统价值的再认识和再估计）和选择性的（例如，有意识地强调传统中的某一部分，例如，新儒家强调儒家的超越性以便为采用西方的政治制度和民主观念提供一种合理性空间）文化行为。”① 传统文化形成于过去的时代，有其历史的局限性，同样的

① 赵剑英、干春松：《现代性与近代以来中国人的文化认同危机及重建》，载于王伟光总主编，潘维、廉思主编《中国社会价值观变迁30年》，中国社会科学出版社2008年版，第10页。

观念，在不同的时代和社会中，可能有不同的意义。许多落后的东西，如“对女性的歧视”，必须做出调整，否则不适合对外传播。认为中国古代思想能够解决所有现实问题，如“天人合一”“道法自然”可以拯救人类的观念，更是对古代思想资源不切实际的幻想。所以，中国电视文化中的传统因素不能不加鉴别的全部保留。摒弃与传承相结合、改造和创新相结合，是我们应当采取的策略。

传统文化穿上“现代化”的外衣还有利于消除部分西方受众的道德优越感。由于意识形态的隔阂，许多西方的受众在面对中国的文化产品时容易站在自身的立场上进行道德审判，对中国的传统文化指手画脚、妄加评论，从而形成所谓的“文明的冲突”。无论是文明的冲突还是误解，在很大程度上是由于人们对自己坚守的信念或习俗提不出任何具有现代意义的道理，让其他文化环境下的人难以理解。传统文化被现代化改造的过程，也是让外国受众能逐步接受的过程，这有助于消除文化的隔阂和意识形态的冲突。

（二）国际性和本土性的辨析

每个国家和民族都会有自身独有的文化体系和行为方式，这种独特性与每个民族的生活环境和生产方式相关，如重视伦理道德的中国文化和中国人生活在农耕文明发达的大陆地区有关，而希腊的海洋性生活环境培养了希腊人独有的民族性格，它很难随着时代的变迁而发生根本的改变。

霍夫斯泰德从四个文化价值维度，来分析不同国家间的文化差异，主要包括权力距离、不确定性的规避、个人主义与集体主义、男性化与女性化。他通过这些对比，发现不同国家之间的价值观缺失存在诸多差异，不同国家或民族的人，都存在自身独特的价值体系。亨廷顿也指出了亚洲国家相对于欧美国家的一些特有的价值观。例如，在亚洲国家，人们十分强调群体义务，尤其对家庭的义务，家族观念在中国或日本比在欧美要强烈得多，主张维持大家庭，反对离婚，重视社会整合，淡化个人成就，顺从权力当局，有高度的民族自尊心和民族主义观念可以称之为东亚文化的特征，而在西方文化背景下的人们则在这些事情上均持相反意见。但是，人类又有一些共通的文化，它们可以跨越文化的界限，成为普遍共识，如“尊重生命”“仁爱互助”“公平正义”“敬业与责任”等。对于中国电视文化来说，其民族性与普适性该如何取舍？

1. 本土性只有在国际性的视野下才能产生影响力

本土性的文化可以体现中国电视的民族特色和思想价值。正如有学者指出的，“中国电视走过的道路，是一条具有鲜明中国特色的民族文化发展之路，中国电视的成功与成就，正是民族化和本土化探索与追求的成功和成就”①。如果一个国家的电视产品的价值观毫无特殊性，那么该国电视产品也没有属于自己的文化价值。所以，中国的电视文化也需要体现自身的民族文化独性，“如果没有坚守自己的民族文化特性，以文化的差异作为开拓民族文化的国际生存空间的武器，便极有可能使文化的流动与交换变成单向的，一味被动地接受强势文化的入侵，进而在全球化进程中沦为臣服的物件”②。

但是，电视文化的本土性与国际性不能完全画等号，仅仅强调本土性的理念很容易造成外国受众的理解障碍。如有些特殊的文化理念和外国观众的文化背景不能很好融合，而本土的民族文化对电视节目来说也有正面和负面的作用，“从正面看是爱国主义、民族自信心的提升、民族文化体系的建立、反抗侵略的民族精神等，从负面看则是拒绝向先进的国家学习、复古倒退、闭关自守、反现代化、鼓吹种族优越论、国家主义的抬头、专制主义的强化等。在日本，极端民族主义就成了日本军国主义的温床。狭隘民族主义往往把本民族的价值观绝对化，盲目排外，这不仅不合乎世界潮流，而且会损害本民族的发展”③。所以，本土的民族文化缺乏国际视野，没有引起共鸣的因素，仅仅具有独特性，并不意味着会被广泛接受。

2. 文化的国际性在不同文化背景下是有限度的

文化市场的全球化意味着各国的电视节目都有机会在全球范围内传播。与此同时，受众越来越意识到有一些共同的文化在日常生活和电视节目中都能有所体现。这包含了人类的“底线伦理”、普遍价值的“最小化原则”，如“爱”“信任”“宽容”“正义”等。如果我们的电视节目富含这样普遍性、共同性的文化因素，拥有广泛意义的人文关怀，就会有助于全世界的受众理解和接受。所以，有普遍性、共同性的中国电视产品价值

---

① 选自时统宇《当好中国电视“走出去”的排头兵》。

② 颜纯钧：《全球化：文化差异与文化资本》，载于孟建主编《冲突·和谐：全球化与亚洲影视》，复旦大学出版社2003年版，第201页。

③ 选自刘大海《当代民族价值观的总体趋势及构建》。

观也是跨文化传播的桥梁。纪录片《含泪活着》在日本受到热烈欢迎，和作品中所传达的东方人都能理解的对家庭责任感的坚守有直接关系。拥有中日两国人民共同的家庭观是这两部作品感动了两国亿万受众的重要原因。所以，我们如果希望中国电视文化是国际性的，能得到广泛认同，必须包含全世界共同信仰的价值理想，比如科技伦理规范、人类和平追求、自然生态保持、真善美价值追求等方面。

但是，文化在全人类层面的共同性毕竟是有限度的。首先，作为文化主体的全人类只是一个抽象的概念，具体的主体形式是具有很大差异性的。那么所谓国际性的文化，也就只能是某种限度上的国际性。我们要尊重这种差异性，更需要重视我们民族自身的各种差异性。“每一个具体的个人或群体，每一个民族、国家、宗教、阶级、阶层、企业等社会共同体，都以一定的方式存在和活动着，并成为独立的现实的主体。并且，每一个具体主体都处在动态发展过程之中。”① 这些特定主体的文化是不能简单地被“统一”“一致”起来，并且越是强国、越是有国际影响力的大国，越是不遗余力地在文化产品尤其电视节目中倡导自己的文化，而弱势国家也通过各种渠道，加强对自身文化的保护。在此意义上，不存在绝对的国际性文化。其次，各种具体主体的现实需要也存在很大差距，甚至一个国家内部也有大量的分歧和冲突，在文化问题上就必然有很大的差异性。所以，电视文化的国际性会受到不同国家意识形态、价值观冲突的影响，难以绝对实现。再次，国际性的文化需要共同性的生活基础。电视文化来自现实生活，是从现实生活中抽象、升华出来的，而并非某些人或者团体凭空想象出来的，那么在全球化的环境中，是不是所有的受众的生活都共同化了？所有的受众都遵循普遍的价值准则了？在不同国家的受众之间远未形成真正的统一整体，各种边缘文化、亚文化层出不穷，与全人类的共同文化观念成为截然相反的两级，绝对国际性的文化只能成为某种意义和限度上的理想。最后，从最终的传播效果来看，文化的去差异化并不完全是中国电视国际化的有效途径。纪录片《故宫》《丝绸之路》等作品能够吸引外国受众的目光，其中的东方文化韵味还是起到至关重要的作用。如果作品只包含可以被国际接受的文化，没有中国独有的精神、理念

① 孙伟平：《论社会核心价值观与价值观多元化》，载于王伟光总主编，潘维、廉思主编《中国社会价值观变迁30年》，中国社会科学出版社2008年版，第142页。

作为支撑，就失去了稀缺性变得缺乏个性，成为一种“伪国际化”。

3. 中国的电视文化需要建立一种本土性和国际性的平衡

既然本土性和国际性的文化都有其重要意义和局限性，那么中国电视应该在两者之间如何定位呢？中国电视应善于寻找东西方乃至东方国家之间能理解的、有共性的文化资源，找到两者之间的平衡点。有学者就文艺作品民族性和世界性之间的关系论述道：“我们要强调文化的民族性，创造出具有民族风格和民族特色的艺术作品，我们注意到，凡是具有鲜明民族性和地域性的文艺节目往往更容易受到世界各国受众的欢迎。同时，我们也要强调文化的世界性，必须走中西文化融合之路，通过外来文化的吸收与转化，通过中西文化的会通交融，综合创造出一种具有现代文明色彩的中国当代文化艺术，真正做到‘民族性’和‘世界性’的统一。”①

在国际化与本土化的结合中寻求平衡并不是“折中主义”，而是根据文化背景、具体作品的题材与主题有所调整。国际性与本土性并非截然不同的两极，我国电视文化要找到不同文化环境下的交叉点。以价值观为例，“诚如法国女哲学家薇依所言，像真理、正义、义务、自由、爱这样的需要都是根植于人类的灵魂之上的，我们也可以把这些对人类而言最基本的价值观看作是不同民族和国家之间的共同价值，我们可以在这个共同价值的关照下相互交流、认同和宽容。但不同民族和国家在创造和实现这些共同价值的历史进程中，其道路和方式却是那样得不同，即便采取相同的道路，也只是相似、相近而已。正是在相似、相近、相异的发展道路上，每个民族和国家都形成了属于自己同时也属于整个人类的价值观”②。所以，一个民族自认为是独有的文化可能是人类共同文化的民族表现形式，如中国儒家文化中的“仁义”观和西方文化中的“博爱”就有相通之处。东西方文化中也都有对于勇气的推崇。一些东方文化中的理念如同情、公正、责任、义务、礼仪等也是在全世界可以普遍适用的共识。从中国人的传统文化中提取可以成为人类共同理想的因素融于电视节目中，或者从人类共同的理念中寻找中国人最为熟悉的因素融于中国电视节目中，都不失为合理的做法。对于中国电视文化传播来说，只有国际性和本土性

---

① 彭吉象：《中国艺术如何走向世界》，黄会林主编、王宜文副主编：《中华文明的现代演进——“第三极文化”论丛》。

② 晏辉：《现代性语境下的价值与价值观》，北京师范大学出版社2009年版，第480页。

的交汇才是合理的、有效的。

此外，中国的电视文化寻找东西方文化的汇合点，并不能仅仅寻找一些共同的理念，还要进一步纠正这些理念的民族性缺陷。所谓民族性缺陷，即某些在中国文化环境中的观念虽然也具有普适性，但同时包含特有的文化局限。如诚信观是东西方都具有的价值观。儒家传统向来推崇诚实守信的道德观念。孔子曰："民无信不立""人而无信，不知其可。"诚信观成为人们生活中的重要准则，影响了生活的方方面面。但是，传统的诚信观和现代意义上的诚信观还是有一定差别的，有学者指出了中国传统诚信观的一些缺陷，"首先，儒家的诚信是一种道德观念，是人自身修养的重要方面。人们要达到崇高的诚信道德境界，就需要'正心诚意'，严格自律。这种诚信观把诚信的获得当作一种与他人无涉的自我修养，以达到自我的道德完满。因而这依靠的是人的自律达到诚信，而不需要外在的契约约束。同时，这种诚信是重义轻利的，而市场经济的诚信观恰恰更多的是从功利出发，人们守诚是为了保证自己的利益不受损，而不是为了达到一种道德上的至高境界。每个人都是自利的，交易时必须签订外在的契约约束各方，而不靠内在的自律。其次，中国传统社会是一个以血缘、地缘关系连接起来的熟人社会。人们的诚信也就是囿于这样一个熟人社会的小圈子，即在自己的家庭、家族以及朋友的圈子里会遵循诚实守信的原则，而对于外部的社会经济组织则遵循相反的伦理。这种特殊主义的原则显然违背了市场经济的'契约面前人人平等'的普遍主义原则。最后，传统社会的诚信关系、诚信观带有'单向的义务性'。虽然很多思想家提出君臣、父子、夫妻、兄弟、朋友之间都讲求诚信，但'君为臣纲、父为子纲、夫为妻纲'注定了君、父、夫是处于支配地位的，这种地位上的不平等使得诚信观更应该是臣、子、妻要持有的观念。显然，这种不对等的诚信是违背市场经济的诚信观的"①。由此可见，以诚信观为例，中华民族的诚信观和现代意义上的诚信观有很大不同，并且注重自我修养，在操作性、推广性较差，如果不做出调整，是不适合中国电视传播的文化理念。

总之，中国电视文化要在从民族文化的基础上寻找全人类共同信仰的

---

① 赵孟营总执笔：《跨入现代之门：当代中国的社会价值观报告》，北京师范大学出版社2008年版，第128页。

因素，并去除其包含的一些特有的文化局限，才适于面向当代社会的各国观众传播。

（三）主流性和非主流性的辨析

主流文化，即官方提倡的文化，非主流文化，即精英和大众文化，何种文化适于中国电视来传播也需要具体定位。当然，官方提倡的主流文化和民间的精英文化和大众文化并不一定是冲突的，在很多情况下它们之间是重合或互补的，但它们也会呈现出不同的取向。对于中国电视来说，哪一种文化更适合于传播呢？

1. 中国的电视文化应是来自民众内部的理论自觉

中国电视传播何种文化不能被强行规定，而应是一种发自于创作者和受众内心深处的理论自觉。无论是官方文化、精英文化还是大众文化，都应当是自发的、经过合理性论证的信仰。只有经过合理性论证，才能被观众自然地接受，强行地灌输某种观念容易引起受众的反感。如果由某种集团倡导的文化被强行认定为适合传播，其是否真的能被海内外受众接受将是个疑问。所以是传达官方主流文化、精英文化还是大众文化，不取决于某个人或群体的主观愿望。进一步说，何种文化适合传播，要依赖于国内受众和海外受众的评价和接受程度。以文化的核心价值观为例，社会主义核心价值体系是我们的政府一直要树立和推广的。它包括四个方面的基本内容，即马克思主义指导思想、中国特色社会主义共同理想、以爱国主义为核心的民族精神和以改革创新为核心的时代精神，以“八荣八耻”为主要内容的社会主义荣辱观。这是政府倡导的价值观，对建设社会主义精神文明、增强民族凝聚力、提升公民的道德水平有很大的指导意义。但是，如果放在跨文化传播的背景下，外国受众和中国受众所处的政治环境不同，政治意识形态也会有很大差异，这样的价值观对外国受众有多大吸引力是存有疑问的，甚至反而会因其有较强的“中国特色”和政治色彩，容易被拒绝。总之，传播何种文化需要经过反复地论证、比较和调查，最终确立一个合理的定位。

2. 拥有民众自觉性的各类文化需要仔细取舍

来自创作者和受众的观念与信仰很强的自觉性和群众基础，对于电视艺术来说，这样的文化更有贴近性。但是，民众自发的理念和信仰中有很多负面的因素，表现为重视功利、名利、官本位、经济与实用，体现出“实用主义”意识特征，如果不把这些负面因素去除，不但不利于电视传播，甚至会有损于国家形象。精英文化则容纳更多知识阶层个性化乃至全人类的文化取向，包含中国文化中深层的具有典型意义的审美价值观、哲学价值观和社会价值观，使得中国电视具有典型的中国特色和较高的艺术境界，这样的文化在知识阶层中具有一定的感染力，但需要注意的是，过于具有个人和民族特色的理念容易造成“曲高和寡”的收视效果，只能局限在某些精英阶层中，难以适应市场环境，不容易引起普通受众的共鸣，如某些边缘题材纪录片表现出的所谓后现代、个人化价值取向。有民众自觉性的、健康的、易于接受的文化是适合于中国电视传播。而有民众自觉性的、健康的、易于接受的文化是一种各层次文化的有机结合，即“捍卫基本价值的坚定性和适应时代和潮流的灵活性相结合”，把“高端的精神价值和大众文化的活力相结合”。

（四）统一性和多元性的辨析

对于中国电视来说，是传播统一的信念，建立超越个体的统一文化取向，还是各个阶层的多元的文化取向呢？文化的多元性体现了各个主体的需要，但不易使中国电视形成清晰的整体形象。

社会的进步并不是一个统一的信仰取代特殊、个体信仰的过程，相反，是一个逐渐承认、尊重多元化理念与追求的过程。然而，电视节目也是中国政治、经济和文化形象的重要代表，如果没有核心的、统一的文化取向，中国电视文化会呈现出零散的、相互矛盾的面貌，进而影响国家的文化形象。

电视文化多元性和统一性的辩证统一，类似于亚里士多德论证的水手与船舶的关系以及公民的品德和城邦的善的关系。“作为一个团体中的一员，公民（之于城邦）恰恰好像水手（之于船舶）。水手们各司其职，一为划桨，一为舵工，另一为瞭望，又一为船上其他职事的名称；（船上既按照个人的才能分配个人的职司）每一个水手所应有的品德就应当符合他所司的职分而各不相同。但除了最精确地符合于那些专职品德的个别定义之外，显然还需有适合全船水手共同品德的普遍定义：各司其事的全船水手实际上齐心合力于一个共同的目的，即航行的安全。”① 同理，作为一个国家的影视产品，多元化的诉求也应有统一的大方向。以美国为例，无论是好莱坞的电影、美剧还是真人秀节目，整体上显示出的价值观都不

① ［古希腊］亚里士多德：《政治学》，吴寿彭译，商务印书馆 1996 年版，第 120—121 页。

脱离“独立”“自由”“乐观进取”的方向。此外，从 20 世纪 80 年代的《阿信》到近年来的《白色巨塔》《冷暖人间》，日剧始终贯彻着对“永不放弃”“坚韧”“自我牺牲”的信仰。统一的文化对提升两国影视产品的影响力乃至国家形象起到举足轻重的作用。所以，中国电视文化也需要统一性，不能呈现出混乱的、零散的状态。

当然，统一的文化并不意味着忽视各个价值主体的尊严和人格。现实之中总是存在着不同主体之间的价值差异和冲突。各种不同的观念是每一部作品丰富的个性、独特创造性和戏剧性的保证。所谓强调文化的统一性，并不意味着每一部作品中的理念都绝对一致，也不意味着漠视不同主体多样性的价值表达。

对于中国电视文化来说，统一的面貌是基础，多元化的取向是重要的辅助因素。如果没有统一的价值标准，各个零散的理念也产生不了有意义的“冲突”。美国、日本电视文化中的核心观念是非常明确的，相比之下，中国电视节目缺乏这种文化的整体性，众多节目在整体上传达着零乱的、扭曲的信仰，导致中国电视节目没有能传播让所有人信服的信念。当然，这和中国社会的现实情况有关，但对于中国电视文化来说，提炼出统一信念与理想是非常必要的。

（五）理性层面和感性层面的辨析

文化是一个多层次的体系，它由人与自然、人与人、人与群体、人与政府、人与国家等多元的系统组成。有些文化偏重理性从而显得抽象，例如人和自然的关系——自然观中的“道法自然”“天人合一”的思想，人和群体的关系——群体观中的“和谐”理念。有些文化是偏重于感性而显得具体、易于感知，如对“忠诚”“责任”“正义”的信仰，那么中国电视是要传播理性文化还是感性文化呢?

首先，理性文化体现着中国人对社会、自然的深层哲学思考，但难以转化为直观的视听元素。理性文化有一定的哲学意义，体现出电视节目的文化深度。但是，中国有很多文化较为晦涩，不是对东方哲学深有研究的受众很难迅速理解。执着于此类文化的电视节目即使有相当的文化价值、哲学深度，却难以适应市场环境。因为越是理性的、抽象的价值观，越难以转化为具体、可感知的视听元素。所以，诸如“中庸”“道法自然”“天人合一”之类的理念虽然传达了中国传统文化的核心与精华，但和鲜活的、具有感染力的人物形象和故事主题结合的难度性较大，相比于美国文化倡导的“自由”“个人奋斗”和日本文化推崇的“团队主义、自我牺牲”缺乏可视性。

当然，承载理性、抽象观念的中国电视节目也不乏精品。例如，国产动画片《山水情》，在结尾处少年手抚琴弦，琴声在山川河流间回荡，老琴师在琴声中渐行渐远，消失在云海中，营造出“天人合一”的境界，传达出中国人对人与人、人与自然关系的深层理解。但是，这样的动画片需要受众有一定的东方文化尤其是哲学素养，否则很难真正体会其中的意蕴。中国电视文化应当突出感性层面，而尽量回避晦涩抽象的理性层面。例如，儒、释、道文化对中国电视来说是最为丰厚的文化资源，但应当按照电视艺术的创作规律和受众的接受能力来有所取舍。如果文化中的某些层面深奥难懂，无法很好地契合电视艺术的创作规律，就要尽量舍弃，而有助于塑造鲜活的形象和感人的故事的层面具有可视性，易于感知与理解，是适合中国电视传播的文化资源。

第五章　电视文化创意论

电视文化产业属于文化创意产业中的重要组成部分。创意对于电视文化及其产业发展而言，都具有重要的意义。中国电视自诞生以来，可以说走出了一条不断探索创新的道路。但是，站在当前这种全球化的大的潮流和格局中观察，我们不得不坦诚，中国电视在文化创意的规模、水平上还有很大提升空间，如创意环境营造、创意表达的形成，以及文化版权的保护，等等。

第一节　电视文化创意

一　什么是创意

创意是电视文化产品生产创作的首要和核心问题，同时也是一个广为应用、极为复杂、富有多义性、不断变化，甚至充满矛盾的概念。

（一）创意及其内涵

什么是创意？在英文中有两个相关词语，一是 Originality，意为“创造力、独创性、原创、创见、创举或者奇特”，强调原创的一面；二是 Idea,意为“点子、主意、方法”，既有原创也有创新。而国内对创意的内涵及其阐释同样是众说纷纭，或曰：“创意，就是在平凡的东西上加点不平凡的东西，让人觉得耳目一新。”① 或曰：“创意是综合运用各种天赋能力和专业技术，由现有素材中求得新概念、新表现、新手法的过程。”② 或曰：“什么是创意？我相信它可以被简单地定义为‘有新思想’。一种新的思想必须符合四项标准：个人、原创、有意义、有用处。”③ 或曰：

---

① 陈放、武力：《创意学》，金城出版社 2007 年版，第 11 页。

② 徐威赫、白雪竹：《创意的内涵是智慧的结晶》，《艺术与设计》2009 年第 6 期。

③ ［英］约翰·霍金斯：《对创意产业市长委员会的评论》，石同云译，www. creativelondon. org. uk。

“文化创意是以知识为元素、融合多元文化、整合相关学科、利用不同载体而构建的再造与创新的文化现象。”[①] 总之，一般认为，创意是人类创造性思维的产物，是一种奇妙的灵感与思维过程的结果，是人类智慧的高级体现。

（二）创意理论与策略

国内外有关创意理论也很多，这里简单介绍几种。

1. 魔岛理论

这个理论起源于古代的税收传说，茫茫大海，波涛汹涌，海中岛礁，不可捉摸。当水手们想躲开它时，它偏偏出现了；当水手们想寻找它时，它却迟迟不肯露面，消隐得无影无踪。因此，水手们称这些岛为“魔岛”。实际上，“魔岛”是珊瑚岛，没有珊瑚年复一年的积累是生长不出来的。“魔岛”理论的核心就是：策划的创意和“魔岛”（珊瑚岛）一样，在人类的潜意识中。充足的观察、积累与思考，是“魔岛”浮现的基础。“魔岛”理论还强调“发明”，也就是“现代管理之父”彼得·德鲁克所说的“聪明的创意”，即创意是生成的、独创的，而不是模仿的。[②] 总的来看，“魔岛”理论强调后天的努力和积累，却否认天赋与个人性格的重要性，显得较为片面。

2. 天才理论

与“魔岛”理论的立意角度正好相反，天才理论推崇天才，强调创意是靠天才而获得的。例如，《孙子兵法》《蒙娜丽莎》《最后的晚餐》等都体现了作者超出时代的过人天赋，在他们身上“勤能补拙”的格言并不适应。天才理论认为，创意并不需要苦苦求索，天才的策划家，天生就有这方面的突出才能。但天才理论揭示了创意的部分来源，但这一理论过分强调天生而忽视后天的努力，实际上也是片面的。尤其对于文化创意产业来说，承认天才的重要性，但大多数优秀的创意产品，还是由普通人来完成的。

3. 迁移理论

这种理论认为，创意是一种迁移。所谓迁移，就是用观察此事物的办

---

① 张浩、张志宇：《文化创意方法与技巧》，中国经济出版社 2010 年版，第 1 页。

② ［美］罗伯特·C. 艾伦、道格拉斯·戈梅里：《电影史：理论与实践》，李迅译，中国电影出版社 2004 年版，第 221 页。

法去观察彼事物，就是用不同的眼光去观察同一个现象，就是采取移动视角的办法来分析问题。通过视角的迁移，人们可以很简单地创造出众多新鲜的、交叉的、融合的、异化的、裂变的、创新的事物来。这就是创意产生的成因。自然科学里的转基因研究，社会科学中的交叉学科和边缘学科的出现，实际上都是学者迁移观察的结果。

4. 变通理论

这种理论认为，创意有时候只是“概念的一扭”，只要换一种方式去理解，换一个角度去观察，换一个环境去应用，一个新的创意就产生了。这就是创意的变通理论。例如：用于战争的兵法，经过变通可用于经济，这是一种观念的嫁接；原本属于动物本能的保护色，经过变通，可用于军队的迷彩服，这是功能的变通；同样，知识的用途可以被拓宽，如心理学应用于管理，产生了管理心理学，成为管理者必备的知识；军事谋略应用于商战，使精明的商人懂得韬略；公关策略引入政界，成为竞选的有力武器；等等。事物的用途能交换、转换和传递。改变人的观念与改变事物的用途一样，实际上也是一种能力的改变。以一样的眼光看待不一样的事物，或对一样的事物用不一样的眼光来看待，都是一种功能变通，都能产生新的创意。

5. 元素组合理论

在自然界，元素通过组合可以形成各种各样的新的物质，创意也可产生于元素组合，即策划人可以通过研究各种元素的组合而获取新的创意。这就是元素组合理论。商务策划师不能墨守成规，必须不断尝试和揣测各种组合的可能，并从中获得具有新价值的创意。元素的组合不是简单的相加，而是在原有基础上的一种创造。能够产生创意的元素包罗万象，可以是实际的，也可以是抽象的；可以是现实存在的，也可以是虚构想象的。电视可以论斤出售、冰淇淋可以油炸、外墙涂料可以人喝等，不一而足，都是一些超越常人思维习惯与方向的元素组合。

除了对创意的理论之外，国内外还存在几种比较典型的阐述创意思维过程的策略方法。

1. “三境界”说

王国维在《人间词话》中提出的“古今之成大事业大学问者，必经过三种境界”用三段绝美的宋词极其形象地描述了思维求索“解决方案”的过程：第一境界——“昨夜西风凋碧树，独上高楼，望尽天涯路”，是对目标、对象和环境的高视点、多角度、全方位的观察（搜集）、整理和分析。第二境界——“衣带渐宽终不悔，为伊消得人憔悴”，是根据经验、标准、规律等参照系统对前阶段经过分解列举的各个关联要点进行筛选、判断，是不断地去伪存真、去粗取精的艰辛过程。第三境界——“蓦然回首，那人却在，灯火阑珊处”，是经过不断的探索、比较、验证的思维过程，终于顿悟开朗的创新时刻。王国维的“三境界”说被广泛地运用在很多需要创新的工作领域，不论是学习还是研究，是做行动计划还是设计广告，因为不论任何主体客体，人类思维的行进过程都是相似的。

2. “5W2H”法

所谓“5W2H”法就是分别从七个方面去对策划创新的对象、目标进行设问。既是角度，也是分解创意策划对象的程序。分解这七个方面的英文单词的第一个字母正好是5个W和2个H，所以称为“5W2H”法。这七个方面是：Why——为什么需要创新？What——什么是创新的对象？即创新的内容和达成的目标。Where——从什么地方着手？Who——什么人来承担任务？When——什么时候完成？How——怎样实施？即用什么样的方法进行。How much——达到怎样的水平？或需要多少成本。“5W2H”法能够帮助我们的思维路径实现条理化，围绕目标，理清步骤，有助于在管理中乃至生活中杜绝思维的盲目性、随意性和资源浪费。

3. 行停法

美国创造学家阿里克斯·奥斯本总结整理出的一种设问类型的创新技法。通过“行”（go）——发散思维（提出创造性设想）与“停”（stop）——聚敛思维（对创造性设想进行冷静分析）的反复交叉进行，注重程序，逐步接近所需解决的问题。行停法的操作步骤是：“行”（go）——思考列举与所需要解决的问题相关联的要点因素，“停”（stop）——对此进行详细的分析和比较；“行”（go）——对解决问题有哪些可能用得上的信息，“停”（stop）——如何方便地得到这些信息；“行”（go）——提出解决问题的所有关键点，“停”（stop）——判断确认最好的解决切入口；“行”（go）——尽量找出验证试验的方法，“停”（stop）——选择最佳的试验验证方法……循环往复，直至思维创新达到预期目标，获得成功答案，形成完整的策划方案。

4. 六顶思维帽法

英国剑桥大学的心理学医学博士爱德华·德·波诺，在20世纪80年代发明了“平行思维法”。针对一件具体事情，思维的一个小环节，在同一个时刻，人们在思考时，情感、信息、逻辑、希望、创造力等都要参与到思考之中，人们要同时控制它们。该方法主张：要把情感和逻辑分开，将创造力与信息分开，以此类推。波诺先生形象地把各个概念比作不同颜色的思考帽，戴上一顶帽子代表使用一种思维方式。白帽：纯白，纯粹的事实、数字和信息。红帽：刺目的红，情绪和感觉，包括预感和直觉。黑帽：漆黑，做错误倡导者，否定判断，代表负面因素。黄帽：阳光的，明亮和乐观主义，肯定的，建设性的，机会。绿帽：象征丰收，创造性的，植物从种子里茁壮成长，意动，激发。蓝帽：冷静和控制，管弦乐队的指挥，对思维进行思维。戴上上述不同颜色的帽子，分别从不同的倾向角度去面对问题，得出的结论会有所不同，综合这些思维结果所得出的总结论往往是最好的决策。

5. 头脑风暴法

著名的阿里克斯·奥斯本于1938年发明了著名的头脑风暴法，这是激发人的大脑思维产生创造性设想的一种集体讨论方法，又称BS法。头脑风暴法的具体做法是：围绕某个目标明确的主题，召开一次有10人左右参加的小组讨论会。会议主持人的言辞必须妙趣横生，使场面轻松、和谐，善于引导、激励会议成员积极思考。为了使会议气氛热烈，富有成效，对到会的人员约定四条原则：第一，不允许批评别人提出的设想；第二，提倡无约束地自由思考；第三，尽量提出新奇设想；第四，结合他人的见解提出新设想。主要包括准备、热身、明确问题、畅谈、加工设想五个步骤。通过这五个步骤，先把设想归为明显可行的、荒谬的和介于两者之间的三类，经评价筛选出最佳方案。

二　什么是电视文化创意

1. 文化创意与电视文化创意

电视文化创意，顾名思义，即以电视媒体为载体，以个人创新、创造力为基础，传递一定的文化价值进行的创造活动。电视文化创意属于文化创意的一部分，这体现在，这种创意生产的是电视文化产品，传播了一定的社会文化价值，会对整个社会的精神文化状况产生影响，因此，它属于文化产品的范畴。但另外一方面，电视文化创意在整个文化创意之中，又具有一定的特殊性。我们从以下几个方面对电视文化创意与文化创意的关系进行探讨。

首先，我们可以从产业论，即电视文化创意产业在整个文化创意产业中的重要性来考察电视文化创意。在文化创意产业内部，如果按照国家统计局、文化部、国家新闻出版广电总局等单位的统计分类，可以分为三个圈层。一是文化产业核心层，包括广播电影电视服务、新闻服务、出版发行和版权服务、文化艺术服务，以文化内容的开发为重点。二是文化产业外围层，包括网络文化服务、文化休闲娱乐服务、其他文化服务，以各种文化服务的提供为重点。三是相关文化层，包括文化用品、设备及相关文化产品的生产和销售，以文化产品的制造和营销为重点。可以看出，电视文化创意直接相关电视文化产品，在文化创意产业中间属于龙头地位。

其次，我们可以从电视文化创意的载体，即电视文化产品在文化创意活动中的特殊性来考察电视文化创意。电视这种业态，在文化创意中具有如下特点：

（1）电视文化创意生产的是精神性的电视文化产品，它相较有形的文化产品传播更广，并在一定程度上可被无限复制。

（2）电视文化产品具有视听兼备、及时鲜活的特征，对受众具有强烈的艺术感染力。这对电视文化创意者的综合艺术创作和市场营销能力都提出了很高的要求。

（3）电视文化产品是一种大众传播的文化产品，拥有着一般文化产品所难以企及的受众范围及消费人群，它蕴含着强烈的文化传播力量，会对社会产生强大影响。因此，在创意上必会带有社会意识形态色彩和价值观制约。

（4）电视文化产品具有突出的产业价值。这体现在，首先电视文化产品本身，可以推动相关产品的产业链的发展，进而形成围绕一种文化产品形成的文化产业圈，如“超女”所创造的选秀经济；而另外一方面，由于电视对于社会公众具有强大影响力，它可以带动所在地的经济、文化、政治等多方面，使所覆盖地区的受众逐渐形成一种特色或特性，进而改变地区的面貌，促进地区的社会和谐和经济的发展。从中我们看出，电视文化创意在整个文化创意中，处于综合性、创造性、重要性都比较高的位置。

2. 电视文化创意的内涵

电视文化本身就是一门综合多方面的学科知识所共同组合的领域，电视文化的内涵也较为复杂，具体而言，我们可以试着从创意者、创意生产、创意传播、创意环境这四个角度来把握电视文化创意。

一是从创意的缘起来看，创意的源头和本质是人的创造力。大多创意都是源于富有个人化的、奇妙的、超验性的、非理性的理念和想法，而且往往是独特的，不具有普遍推广性，又深受特定的社会、历史和政治环境的影响。其关键在于把理念、想法或灵感和常规、自觉和人为的表达符号整合成富有创造性的行为，[①] 尤其对于电视这种复合了声像文字的综合艺术，这个整合过程是难以言说的，关乎到人的原创力，甚至有神授之感。例如，我国著名电视剧导演、演员赵宝刚，他拍摄了从20世纪90年代初的《渴望》《编辑部的故事》《永不瞑目》到近些年刚出品的《奋斗》《男人帮》等一系列脍炙人口、家喻户晓的电视剧，多次获得金鹰奖、飞天奖，受到三四代电视受众的喜爱，他对于受众心理的把握与电视剧艺术的掌握都是非常高超的，甚至可以说是罕见的。但我们又不能够过分神秘化这种创意，应该看到的是，电视文化创意的出现，既有偶然性，又有必然性。只有从传媒教育开始就重视对于文化创意能力素养的培训，激发电视文化创意者的能力和创造力，才能够建立一个有高度文化创意能力的队伍，尽可能获得优秀的电视文化创意。

二是从创意表达或生产的角度来看，创意具有独创性。创意常常被解释为那些具有个人色彩、偶然性的想法和灵感的表达，所谓“电光石火，稍纵即逝”“羚羊挂角，无迹可求”，其神秘性、天赋性似乎是与生俱来的。而随着大工业化时代的来临，社会分工和协作越来越细密和紧密，创意的个体性和神秘性变得似乎不再那么举足轻重，而是强调协作和复杂的劳动分工与标准化，美国学者霍华德·贝克和查理德·彼得森等文化社会学家就持这样的看法[②]。早期有关影视文化的创意同样被普遍认为是导演和创作者的个人特质在起着决定性作用，一部影片或电视剧的创意往往源于剧本创作者和导演的个人禀赋和才华，这种看法在20世纪60年代前一直居于主导地位，也就是影视文化历史上所称的作者论。而随着电视的产

---

① Negus, Keith and Pickering, Michael. (2004), *Creativity*, *Communication and Cultural Value.* SAGE Publications. pp. 5 – 6.

② Becker, Howard S. (1982), *Arts Worlds.* Berkeley and London: University of California Press. Peterson, Richard A. (1976), (ed.), *The Production of Culture*, Beverley Hills, CA: SAGE. pp. 7 – 22.

业化，电视创意的创作和生产不仅仅只有个人生产方式，更多的是集体方式，这不仅包括作品制作导演、制作者等多人合作的创意，还包括作品在流通展示过程中受众的再创造，这两者之间互动与张力会影响原创意，带来更新的创意和灵感。比如，现在的一些电视剧根据受众的想法来改变原创意见，有的甚至是制作团队与受众互动中产生的创意。例如，湖南卫视曾经以人们短信投票和网络征求意见的形式来决定片尾男女主角的结局。从另一角度来看，任何独创都离不开其环境的影响，也就是影视创意或生产是一个社会化的过程，会受到组织结构和人员、社会劳动分工的各种参与者、明星制度、与组织密切相关的社会团体以及整个产业的影响，正如罗伯特·艾伦在分析电影史时所言，每个电影的制作实践都有一部社会史①，电视创意的生产实践同样也是一部社会史。它不仅仅是一个节目，一个电视台的事情，更与整个电视文化产业链的建立息息相关。

三是从创意传播的角度来看，理念和想法能否有效传达，也就是创造力对创意的接受问题。这不仅关乎到个人或团体的创造力，还涉及技术支持问题。这是因为电视文化的创意与技术革新密切相关，不同于诉诸文字符号的文学艺术等，电视影像语言及其表达本身就有较高的技术含量。即电视创意往往更多地依赖于技术，同时电视技术的发展会促使创造力对创意的接受与有效传达。优秀的电视创意往往涵盖了多方面的内容，是主体与客体、技术与艺术的结合，是社会文化背景和电视技术的结晶。因此我们在研究电视创意，一定要顾及电视创意背后的技术成因和物质条件。

四是从产生创意环境的角度来看，凡是创意就需要促使其迸发和转化的社会土壤，保护和尊重个人创造力，提供促使创造力勃发的宽松、自由的环境是创意萌发必不可少的条件。比如，欧美发达国家对知识产权的保护都有很详细的法律条文规定和尊重知识产权的社会共识，这是其影视文化繁荣发展的重要缘由之一。即良好的政策环境与有效的制度设计会促进、保护创造力的激发、施展，反之则会成为阻碍或阻滞因素。

3. 电视文化产业中创意的价值

首先，从内容上来看，电视文化创意是电视节目生产乃至电视文化产

① ［美］罗伯特·C. 艾伦、道格拉斯·戈梅里：《电影史：理论与实践》，李迅译，中国电影出版社 2004 年版，第 221 页。

业的核心，也是电视品牌面对竞争，打造品牌的核心竞争力。我们知道，电视节目作为一种特殊的文化产品，它更多体现的是精神性，并可以被无限地观看和复制。因此，与传统产业关注的生产量与流通量不同。电视文化产品是体验性产品和注意力产品，它赖以生存的是受众的注意力，而在目前文化选择繁多，新旧媒体竞争激烈的媒介环境下，电视台要吸引受众的注意力，最根本的途径是打造品牌，而最核心的资源就是独一无二的优秀的电视文化创意。正如肖永亮在《文化创意产业中的电视业态》中指出的“创意产业的核心竞争就是品牌竞争，品牌战略作为发展战略之一，成为电视产业壮大实力、增强活力、提高竞争力的重要途径。品牌是文化创意产业的旗帜，实施品牌战略是发展文化产业的突破口”。优秀的电视文化创意，可以使电视台由小变大，由弱变强，如湖南卫视“电视湘军”的崛起，便是最好的一例。我们知道，湖南的经济文化，固然较西部地区发达，但远逊于东部沿海城市；其电视实力的底蕴，更无法与中央电视台相比拟。在众多省级上星电视台中，湖南卫视属于后起之辈。然而尽管如此，“电视湘军”在全国电视媒体中却能独树一帜，常年占据着仅次于中央电视台的老二位置。其“快乐中国”的口号更是赫赫有名，在省内外拥有的受众势如滚雪球，收视率节节攀升。我们看到，这和湖南卫视长期以来深化内部改革，明确优势，走特色创意发展之路有着密切的关系。例如，湖南卫视的节目经常是敢为天下先，在 1998 年以一档至今仍长盛不衰的《快乐大本营》，几乎可以算作中国真正意义上的电视娱乐节目的滥觞。之后的《玫瑰之约》的婚恋节目掀起了中国电视第一次电视速配的浪潮，2004 年《超级女声》又开启了整个电视乃至媒体的选秀时代，《奥运向前冲》（现改为《智勇大冲关》）使得运动竞技真人秀成为流行风潮等。创新、求变让湖南卫视成为了中国省级卫视的引领者，更带来了可观的经济收益，仅以 2005 年的《超级女声》为例，一档节目就带来了 2000 万的冠名赞助收入、1800 万的贴片广告收入、3000 万的手机短信收入，至于给湖南卫视提供的品牌知名度和忠实受众，更是难以计数。湖南卫视的崛起，雄辩地证明了一点，电视文化产业从核心上看是文化创意产业。创意即资源，创意即价值。

其次，从渠道上看，电视文化创意的产业价值除了其本身以外，还体现出它可以进行多角度、多产业、多渠道的联合开发，具有强大的后续产业推动力。由于电视文化覆盖面广，影响力大，使得其后续产业衍生变得比较容易。通过研究国外的影视文化产业发展历程，我们可以发现一个完整的产业价值链体现在影视生产与传播的前期、中期和后期全过程中，即前期的市场调研、中期的生产流程、后期的延伸开发，它们环环相扣，形成了一个完整的产业价值链。产业价值链的整合、重组和完善是成熟的影视文化创意产业的重要标志。一体化及跨行业的水平和垂直整合，将稀缺的创意通过充分的前期调研予以深化，通过充分的生产流程的分工与合作予以细化，通过多阶段、多窗口、多层次的传播进行充分开发，拓展出诸如主题公园、玩具游戏、新媒介相关产品和服务等衍生产品，并以此构建体系完备、规模巨大和全球化的现代产业群，进而完善产业价值链、降低成本和风险，最大限度地发挥规模经济和范围经济效益。例如，国内著名电视剧《武林外传》即是一个成功的例子，《武林外传》是由北京联盟传媒有限公司制作发行的80集章回体古装喜剧，2006年在中央电视台8套首播，一举引发收视率高潮。随后，北京联盟传媒有限公司对该片进行了深度的文化产业衍生品开发，创立出全新的“武林外传”全产业链商业模式。首先将其改编为网络游戏，不仅开了国内电视剧改编为网络游戏的先河，而且“当年收回成本，现在已经收入了一个亿”[①]。除此之外，北京联盟传媒有限公司趁热打铁，又做了卡通片、动画片、漫画书、手机视频、话剧、川剧、动漫人偶戏，2010年又开始做web2.0的游戏，甚至还生产出相关毛绒玩具和文具及邮票。最后，《武林外传》共衍生出了24种文化产品。《武林外传》的电影版，投入3000万元，获得2.2亿元的票房。投入产出比在2010年526部影片当中排名第一。[②]《武林外传》“一鱼多吃”的创意开发方式，不仅带动了可观的经济效益，而且各个开发互相连接、互相增值，带动的是整个文化产业的发展。这是我国影视业亟须解决的问题，目前我国影视业过多地依靠票房和广告收入，创意的多层次、多窗口拓展严重不足，没有形成上下游贯通和整合的价值链，往往囿于单打独斗、小作坊式的运作，或者是跟风似的进行一窝蜂的产业开发，没有形成严密的产业发展计划，结果往往是创意不仅经济效益没有得到充分的开发，而且还容易被人遗忘。

---

① 王佳：《〈武林外传〉赚钱有一套　产业链多收入一个亿》，大佳网，http://www.dajianet.com/news/2009/1125/71633.shtml。

② 于帆：《一部电视剧引发的全产业链商业模式》，《中国文化报》2011年6月23日。

最后，从影响上看，电视文化创意的水平也直接关系到电视产品能否发挥它的文化传播作用与价值观引导作用。我国的电视文化产品不仅拥有宣传品和产品的双重身份，还承担着对于弘扬优秀文化，引导社会价值观，以及对外文化传播的责任。例如，西方国家的几家大型跨国传媒集团，利用其文化产业尤其是影视产业的压倒性优势，几乎占据了全球的文化市场，在实现规模经济效益和范围经济效应的同时，还熔铸和彰显更多的意识形态和价值理念，以普适的姿态推销本国的价值观。而我国尽管是一个文化大国，但不仅电视出口份额少、影响力和范围小，最重要的是能够彰显民族本土文化魅力、塑造积极正面的国家和民族形象的优秀影视产品极端匮乏。这一点，与我国电视文化创意水平长期处于滞后是分不开的，我国电视一部分节目长期习惯对国外节目的模仿、改编，缺乏中国特色，当出口到原来这些国家的时候当然无法受到欢迎。或是故步自封，将传统文化简单地理解为孤立、刻板的符号概念长期重复，按照既定的商业模式不断重复，表面看上去似乎“中国风”盛行，实际上缺乏的恰恰是对本土文化的深刻理解和反思。其实，中国文化是个内涵丰富博大的综合体，长期以来，中国影视习惯于简单化的角色定位、单一化的主题表达、统一化的文化样式和功利化的评判标准，对业已多元化的影视文化样态缺乏必要的宽容度与鉴赏力。历史话题多，现实话题少；宏大叙事多，个性化叙事少；主流文化多，关注弱势群体、边缘群体的边缘文化少；民族（本土）文化多，国际视野少；商业性大片多，艺术性中小片少。事实上，不仅创新需要创意，弘扬传统同样需要创意，只有重视电视文化创意，增强中国电视作品的核心竞争力，才能够真正将文化大国变为文化强国。将文化资源转化为产业资源，真正增强中国的软实力与国际传播能力。

4. 电视文化创意策略

文化创意产业发展的根本问题在于民族的创新意识。创新是一个民族进步的灵魂，是一个国家兴旺发达的不竭动力。我国电视业的改革与发展应坚持鼓励创新、保护原创，鼓励竞争与融合，克服电视节目同质化倾向，同时通过改革制度和经营模式，探索如何把创意更好地转化为经济效益和社会效益，这是电视业在文化创意方面的社会意义，也是当前在科学发展观指导下的产业前景所在。电视作为文化创意产业发展策略有以下几个方面：

第一，坚持在原创和创新上多下功夫。当今文化创意产业的发展讲求原创与创新，电视作为其中的重要组成部分，更应该在原创与创新上下功夫，摒除文化炒作、文化浮躁的不良风气，绝不能粗制滥造一些以文化产业为名的“文化垃圾”，要与时俱进，开拓创新，以新的内容、新的形式、新的风格来构建我国电视行业美丽的风景线。《垄上行》是湖北荆州电视台一档以服务“三农”为宗旨的电视栏目。自 2002 年 4 月开播以来，收到农民群众 12 万多封来信，接到 7 万多个电话，为农民办了 2 万多件实事，有十几万的农民参与现场节目录制，在我国目前对农电视宣传普遍不景气的情况下，可谓闯出了一片新天地。在新旧媒体竞争日趋激烈的环境中，制作“三农”的节目是有一定风险的，农村题材的节目可能不够娱乐化，没有“眼球效应”，但《垄上行》勇于创新，将无限的创意及创造力融会在节目的制作当中。节目改变了过去静态的、以猎奇心态、居高临下反映农民生活的报道方式，独创融新闻性、服务性、娱乐性于一体，节目与活动相结合，现场报道与演播室播出相结合，常规节目与重点策划相结合的新型节目播出形态，看似不拘一格，实则一招一式、点点滴滴无不贴近农村实际和农民需要。《垄上行》是对农节目模式的新探索，为对农电视的创作铺设了一条新路径，为业界树立了一个好榜样。所以，创意和创造力是一个栏目，甚至整个行业的灵魂，一旦失去了创意，也就失去了自身的特色，失去了生命力。

第二，对电视资源要进行可持续开发和利用。电视节目必须坚持可持续发展的战略思想，体现可持续发展思想是以人类的生存质量和整体发展效益为根本的出发点和归宿点。对电视资源要进行可持续性开发和利用，就要做到对现有资源的利用节约高效；还要不断努力开拓和创造新的电视资源，为先进电视文化的建设、发展和传播提供持久的支持。面对电视节目内容的多层次利用和多形态发布，还应该改善对电视节目内容，即“媒体资产”的管理。目前，全国各级广电媒体拥有的大量音视频资料，是极具价值的媒体资产，它的完好保存、全面管理和充分再利用具有极大的社会效益和经济效益。引入媒体资产管理概念和建立媒体资产管理系统，既有利于降低运行成本，提高工作效率，长期完好保护资料，更能够创造新的商机，是关系到电视资源要进行可持续性开发和利用的战略性行为。

第三，积极打造频道品牌。国家将文化创意产业与“文化精品”战略相联系。这其实已经是一种非常精准的、符合国情的定位，预示着我们要在文化产业发展中坚持走高端路线和精品路线。在新的历史时期，电视必须适应多元化的消费需求，打造精品节目，凸显频道品牌。在注重时尚、关心自然生态、关注娱乐消费等方面创造新的公众消费主题。在电视收视市场激烈竞争的年代，吸引更多受众的愿望是好的，但缺乏个性，永远不会得到受众对频道或者栏目品牌的认同。特别是电视屈就部分受众的“娱乐需求”，改版讨好受众，其实是一种短视行为，频道品牌、精品节目才是电视文化创意产业应有的品质和赢得观众好感的本质东西。

2005 年，中央电视台开始逐步推进由“节目中心制”到“频道制”的改革，这样既可以降低运行成本，又可以增强传播效果，使各种资源在整个频道的范围内得到较好的整合。中央电视台的“频道制”改革是其“频道品牌化”发展的重要组成部分，实行“频道制”管理后，频道栏目要生存就必须坚持电视文化的高品位，以受众为本；必须坚持创新发展的意识，提升节目的思想内涵和文化韵味，打造频道品牌已成为电视人不可推卸的责任。

第四，采取新的营销方式，突出“整合营销”在新的传播环境中，传统媒体竞争激烈，单一的媒体不再是信息源的强势控制者。因而，电视媒体不能再仅沿用“内容为王”的经营理念，而应该关注受众的选择与需求，培育独特的媒体品牌，在纷繁的媒体环境中独树一帜。这就需要“内容为王”与“品牌营销”齐头并进。整合营销传播是一种品牌传播战略，建立在以消费者为导向的理论基础之上，强调通过与利益相关者建立和谐、稳固的关系来塑造品牌。美国著名经济学家唐·E. 舒尔茨在 20 世纪 80 年代就提出了“整合营销”理论，这个理论是创意经济时代的思想力产物。首先，它强调受众至上，满足观众的审美需要；其次，强调规模传播。充分利用各种媒体，运用网络、电视、手机等多种媒体传播。目前，中国电视节目最为成功的案例之一就是《超级女声》，当然，相当多的电视剧也设置了热线抢答剧情题目诸如此类的互动形式，这些方式增强了受众的参与性，提升了产业化进程。电视媒体具有很强的传播属性和社会功能，在以内容创新为本的同时，应充分利用自身资源，将整合传播营销理念和方法应用于电视媒体的营销，将是电视媒体营销创新的突破口。

第五，频道定位与内容产业链形成良性互动。现代电视市场竞争已不仅是单个媒体间的竞争，而是媒体所参与的产业价值链之间的竞争，媒体的竞争优势更多来自产业链的系统协调效率。在内容产业链的控制上，能够结合频道定位和特色把内容经营好，这应该是频道经营的核心竞争力。内容控制的目标是掌控类型资源，形成类型品牌，聚集平台效应。安徽卫视一直致力于研究如何增强并实现对电视剧产业链进行一定程度的介入和控制，从节目购买、编排到宣传推广、覆盖，安徽卫视已经形成一个有效的系统，有一个组织构架在支撑它。总编室、广告中心、广告中心下属的广告公司、节目和频道推广部门等形成了合力，在专业化营销方面摸索出一套经验，初步形成了良好的运作机制。湖南卫视自创的娱乐节目，形成品牌聚集效应，吸引了全国青年受众市场，尤其是2004年后的《超级女声》，把娱乐节目产业链上的受众资源、企业资源、节目资源（由活动和常规比赛两大类组成）、衍生资源等有效统一起来，体现出了专业化运作、精细化营销的特色。

第六，新闻节目资源得到升值。在新闻事件报道的过程中，电视媒体要做到对新闻事件进行深度解读，在了解了事件本身的同时还要对事件进行合理的挖掘和优化配置，努力通过发掘和调动新闻事件前前后后的附加值，使新闻资源的价值得到较大意义上的升值。

第七，高校是文化创意产业的引领者。我国创意人才的培养，受原有教育培训机制的制约，不能适应市场对人才飞速发展的需要，必须尽快变革，创造新的培育机制，培养大批量创意人才，推动我国创意产业的健康高速发展。但是众所周知，培养一个简单的技工容易，而培养一个高级工程师却很难。同样道理，培养一个会制作节目的技术员工很容易，但要培养一个能够做出受人喜爱的电视节目、有创造意识的广电人才却很难。培养电视行业一流的创意人才，增强创意高端人才与团队的集聚，将是电视行业发展与繁荣的关键。但是电视产业人才的培养不是一朝一夕能够完成的，它需要经历长路漫漫的征程。高校是人才的培养基地，肩负着文化创意人才，包括广播电视人才的培养重任。高校本身集产、学、研为一体，汇聚了国内外的专家学者，有着强大的人才优势，高校所具有的人力资源优势使其注定可以在文化创意产业发展中扮演举足轻重的角色，成为文化创意产业的引领者。

第八，新媒体助力电视媒体。新兴传媒产业发展状况令人瞩目：从全球网络经济的崛起到中国IT企业纷纷上市；从手机SP业务高额利润率到网络游戏的空前盛行，全球范围内发生的一切无不昭示着这个产业的无限前景。新媒体是未来发展的一个方向，广播电视、报纸等传统媒体必须搭上新媒体这班车，未来才不会落伍。新媒体的发展日新月异，电视媒体当务之急是采用新技术实现内容、传播模式和价值模式的调整和创新，从而满足新的传播技术下受众的需求。①

第二节　中国电视文化创意的现状和问题

一　中国电视文化创意的发展现状

（一）创意主体

中国电视创意人员队伍包括编辑、记者、主持人在内，已经具备一定的规模。然而这支队伍的质量和整体素质又如何呢？有学者以问卷调查的形式对广电从业者进行了调查。结果发现，总体上看，广电队伍学历结构层次较高（八成以上从业者具备大学本科以上学历），从业年龄短（从业5年以下的占了56%，从业10年以上的只有17%），对工作自主性评价较低（认为较高和很高的不足两成。其中认为较低和很低的分别为28%和16%），职业满意度较低（超过四成从业者对目前职业不满意和很不满意。两者分别为30%和11%，而认为满意和很满意的只有22%，分别为20%和2%）。② 另一份针对“长三角”的媒介从业者和媒介经营者的调查问卷显示，当媒介经营者们被问到“到底紧缺哪些人才、紧缺程度如何？”时表示最紧缺的是策划人才（紧缺指数为－1.4），其次是撰稿人（紧缺指数为－0.4），再次是节目制作人和主持人（紧缺指数为－0.2），制片人也偏少。这些紧缺人才都是复合型、创新型人才，而单纯的操作型人才，如摄像师、播音员并不缺乏。③ 虽然两份报告都不可能全面地对创意人员队伍进行评价，但管窥全豹可见一斑：中国电视从业者中，大多数属于自主性低、满意度低、从业时间短的基层采编人员，有人称之为“电视民工”。而经营者所最需要的、最紧缺的，恰恰就是处于从事电视文化创意工作的核心——高水平、复合型的创意策划人才。

---

① 哈艳秋、桂清萍、张琳：《中国广播电视文化创意产业发展策略研究》，《现代传播》2007年第5期。

② 陆高峰：《广电从业者生态调查报告》，《传媒》2010年第7期。

③ 张芹、姚争：《基于产业化背景的传媒创意人才培养初探——对长三角六城市电视人才现状与需求的调查》，《继续教育研究》2008年第7期。

(二) 创意节目生产和销售

进入2010年，我国已经成为一个电视生产大国。根据国家广电总局统计信息①及《2010年中国电影电视发展报告》的数据，2010年全年生产电视剧436部14685集，动画电视221456分钟，较2009年402部12910集，动画电视17.18万分钟分别增长了13.74%与28.93%。并且已经变为全球第一大电视剧生产国②，在其他电视节目播出和生产总量上，也有了很大进步（见表5-1，表5-2）。

表5-1 **“十一五”期间我国电视节目播出量** （单位：万小时,%）

节目播出时间 / 节目类型	2005年	2010年	增长比例
新闻资讯类	147.21	207.03	40.64
专题服务类	135.14	179.74	33.01
综艺益智类	116.74	139.67	19.65
影视剧类	559.90	727.49	29.94
广告类	148.05	204.71	38.27
总量	1107.04	1458.64	31.76

表5-2 **“十一五”期间我国电视节目生产量** （单位：万小时,%）

节目生产时间 / 节目类型	2005年	2010年	增长比例
新闻资讯类	63.79	71.97	12.83
专题服务类	52.55	64.09	21.96
综艺益智类	38.23	40.78	6.67
广告类	52.48	52.68	0.4
影视剧类	9.35	9.35	基本持平
总计	216.4	238.87	10.38

① 引自国家广电总局统计信息，http://gdtj.chinasarft.gov.cn/showtiaomu.aspx? ID = 5ad10215-97c0-4602-9c1d-3dea1fcbe032及http://gdtj.chinasarft.gov.cn/showtiaomu.aspx? ID = cec3a20a-be18-4c2c-9f54-038fcc8d0377。

② 引自国家广播电影电视总局发展研究中心编《2010年中国广播电视发展报告》，新华出版社2010年版，第63页；《中宣部：我国已成世界第一大电视剧生产国》，新浪新闻，http://news.sina.com.cn/c/2011-02-28/103422026720.shtml。

然而，数量的增长，却无法掩盖目前我国电视节目内容，尤其是创意节目生产和销售的匮乏。总体上看，有以下几个表现。

1. 结构不合理

从电视节目总体播出和生产结构上看，我们可以看到：首先，生产节目增长比例远远跟不上播出的比例，尤其在新闻资讯类和广告类、影视类体现了这一点，这在一定程度上意味着重播比例过重，原创内容较少。其次，在电视节目播出之中，过分倚重影视剧的结构并没有改变（并且影视剧也有很多是重复播出）。并且除了影视剧之外，广告增长也占了一个很大的部分，这直接体现了我国电视广告“过多过滥”的顽疾，更体现了我国电视节目缺乏创新元素，只能够通过增加广告量来增加收入。虽经国家广电总局三令五申，但仍没有本质改变。

2. 内容、题材跟风

这一点我们可以看到，在一部热播剧、热门节目之后，立即会出现大量的同类，甚至抄袭，山寨的内容比比皆是。例如，2010 年自江苏卫视推出了《非诚勿扰》婚恋交友类节目走红之后，立即出现了同类的湖南卫视的《我们约会吧》、浙江卫视的《幸福连连看》、安徽卫视的《周日我最大——缘来是你》、山东卫视的《爱情来敲门》、东方卫视的《百里挑一》。另一种游戏竞技节目，湖南卫视首先借奥运话题，推出了《智勇大冲关》，取得不俗的收视成绩之后，2009 年浙江卫视推出了《冲关我最棒》，安徽卫视推出了《男生女生向前冲》，山东卫视也推出了《爱拼才会赢》。电视剧行业这一弊病更是严重。首先是题材集中，于是有“谍战热”（以《黎明之前》《潜伏》开始的一大批谍战跟风作品）、“幸福热”（央视的《老大的幸福》，北京、广西和新疆卫视播出的《幸福还有多远》，浙江卫视开播的《幸福陷阱》，江苏卫视的《幸福花开》，以及贵州、广西、广东和江西卫视播出的《幸福》）。除此以外，还有“改编热”，利用古典小说的重新改编，重新上演，除了四大名著的重新翻拍，如《新三国》《新水浒》《新红楼》《新西游》，还有改编自电影《一江春水向东流》《我的兄弟姐妹》《搭错车》《向左走向右走》《夜半歌声》《宝莲灯》等，改编自小说的有《尘埃落定》《京华烟云》《我这一辈子》《林海雪原》《吕梁英雄传》《长恨歌》等，甚至连不到 10 年的电视剧也可以重新翻拍，如翻拍《还珠格格》的《新还珠格格》，翻拍《流星花园》的《一起来看流星雨》。有学者在 2010 年国家广电总局公布的影视拍摄许可立项中发现，竟有“5 个关云长、4 个孙悟空、3 个穆桂英、3 条白蛇、3 桌鸿门宴”① 种种内容题材跟风，缺乏创意，一方面是各级电视台应对激烈竞争，试图通过低成本模仿规避风险的结果，另一方面也是我国电视剧至今仍然极度缺乏电视创意人才、创意产品的体现。

3. 缺乏文化核心创意，对外来节目邯郸学步

中国需要向国外优秀的电视节目学习，这是创意发展的必然过程，也是国际文化交流的需要。有人曾经形象地称这是“大陆学港台，港台学日韩，日韩学欧美”，但相当一部分电视策划人，不是“学”而是“抄”，不求自我创新，而满足于对海外的已经成功的电视节目进行借鉴、改编甚至赤裸裸的“山寨”。以电视剧为例，在 20 世纪 80 年代初期，一系列的引进剧、外来剧如《大西洋海底来的人》《成长的烦恼》等，曾经对我国电视剧发展产生重要影响，之后随着我国电视剧的成熟，逐渐退出电视主流。然而，在新媒体和网络视频的冲击之下，人们观看“洋剧”不再仅仅依赖于单一的引进渠道，甚至可以做到与欧美等同时观看。于是国产电视剧除了“韩流”以外，还要受到“欧风美雨”的洗礼。不少电视台开始借助美剧的文化影响进行“山寨”，如号称自己是中国版《兄弟连》的有《远东特遣队》《中国兄弟连》《军人机密》《高粱红了》《滇西 1944》等十数部，模仿《越狱》的《远东第一监狱》《青盲》，模仿《生活大爆炸》《老友记》的《爱情公寓》等，其中《爱情公寓》被指不仅题材类似，甚至不少网友指出，它部分台词、桥段都有浓厚的模仿痕迹。如此模仿、山寨成风的电视剧当然无法在激烈的国际文化产业竞争中立足。《凤凰周刊》在 2011 年 15 期《大陆电视剧出口困局》中尖锐地指出：“据国家广电总局前局长王太华透露，2009 年，大陆电视剧出口额约 2000 万美元。对比韩国在 2005 年就突破了 1 亿美元的出口大关，不得不说，大陆电视剧的出口仍处在一个尴尬的境地。”除了电视剧，其他的电视节目也多多少少带有一些欧美国家成功节目的痕迹甚至照搬。

（三）创意的环境

电视文化创意环境，广义的可以包括整个社会文化中所有可能对电视作品产生影响的环境，而狭义的，就作为“产品”的电视节目而言，这

---

① 范志忠、姜荣文：《2010 中国电视剧产业发展报告》，《浙江师范大学学报》（社会科学版）2011 年第 5 期。

些因素可以主要分为如下几种：消费者的市场环境、电视台及其他制作公司的经济环境，以及宏观的促进电视文化发展的法律与政策环境。

1. 消费者的市场环境

首先，根据国家广电总局的统计信息①，“十一五”末2010年中央电视台节目综合覆盖率96.55%，比“十五”末的92.48%增加4.07个百分点，增幅4.40%，年均增长0.87%。省级电视节目综合覆盖率95.03%，比“十五”末的90.73%增加4.3个百分点，增幅4.74%，年均增长0.93%。根据《中国电视收视年鉴》②，2009年人均收视176分钟，其中收视人群按年龄分最多的人群是45—54岁（217分钟）、55—64岁（247分钟）、65岁以上（253分钟），年龄人群是初中人群（189分钟）和高中人群（179分钟），性别上男（180分钟）略高于女（171分钟）。这证明传统电视市场虽然收视份额依旧，但是其内容和形式已经慢慢让年轻、有文化、有经济实力的消费者失去了兴趣。而这群消费者是引领广电消费由大面积的广播到小范围、互动性的窄播，由传统意义上的大众到追求个性化、专业化的小众发展的主力军。作为例证的是，付费频道的收入正在急速增长。2009年，付费数字电视收入18.17亿元，同比增长了27.83%，网络视频市场总体收入更是达到8.44亿元，同比增长达到95.4%的惊人数字。这都证明了追求媒介创意、精确市场定位，内容为王，而非简单地注重覆盖率和规模，已经成为了未来媒介的主要发展方式。

2. 经济环境

比之国外的同行，中国文化创意产业还存在如下问题：资源挖掘和整合不力，特别是对人力资源的重视不够；资产实力不强，特别是对无形资产关注不够；资金运作不到位，特别是在吸纳社会资金、拓宽融资渠道、丰富与创新融资手段上缺乏稳固而有效的机制体制。

3. 政策和法律环境

应该说，我国政府为了推动文化创意产业发展，在政策上是不遗余力的。中共中央、国务院于2006年1月12日发出了《关于深化文化体制改

---

① 引自广电总局统计数据网站“十一五”时期广播电视发展状况（三），http：//gdtj. chinasarft. gov. cn/showtiaomu. aspx? ID = ab719b38 - c8fb - 4787 - 86a6 - efc741d5b5e6。

② 王兰柱等：《中国电视收视年鉴》，中国传媒大学出版社2009年版，第276页。

革的若干意见》（以下简称《意见》），其中重点对文化产业规制、创意产业发展、政府职能转变都有很大的指导性意义。在《意见》出台之后，各地纷纷根据自身的情况下达对于创意产业的文件和鼓励政策。应该说，对于中国电视文化创意最大的制约，还是在于广电内部，首先是体制改革不够充分，不能够充分调动电视台人员创意的积极性；其次是政策的随意性、变动性，以及意识形态的问题经常使得很多电视创意放不开手脚，只能做低风险、高回报的娱乐节目，造成娱乐节目和电视剧“扎堆”；最后是相关法律不够完善，电视节目的知识产权没有得到充分保护，使得根据成熟电视“跟风”“山寨”的成本与风险远远小于独立构思创意，当然也无法促进中国独立的电视文化创意的产生。

二　中国电视文化创意存在的问题

创意的源头和本质是人的创造力，目前中国电视文化创意产业存在着创意不足这一基本问题，主要体现在创造力激发的屏障、创造力表达的偏执与创造力保护的虚弱三个方面。

1. 创造力激发的屏障

创造力是一种极具个人化的、奇妙的、超验性的、非理性的和独特的理念和想法，同时又蕴含着特定历史文化与时代价值，其迸发需要自由、开放、活跃的环境。审视中国电视文化创意产业的生存环境，影响创造力激发的至少存在三个屏障。

第一，宣传教化屏障。长期以来中国电视过多地、片面地强调刻板的、僵化的宣传教化，很多电视作品忽略了艺术创作本身的规律，简单化地在作品中贴标签、喊口号，泯灭了创造力的激发。

第二，创作观念屏障。很多电视从业者习惯于墨守成规，在创作观念上更多模仿和传承一些固有的理念和方式，视野狭窄，却又故步自封，呈现出封闭保守的状态。没有对国内外多种创作观念充分借鉴、吸收与消化，只是拘泥于狭窄封闭的创作窠臼，这不可能有创造力的迸发。

第三，商业利益屏障。电视是产业，电视产品是商品，但同时也必须要看到电视是特殊产业，电视产品是特殊商品，因为电视蕴含着丰富的文化与精神内涵，对社会的精神文明和文化建设具有重要的影响，社会效益永远应该放在首位来考虑。我们注意到在电视产业化推动的进程中，许多从业者被直接的商业利益所诱惑，为了获利的考虑常常急功近利，甚至唯利是图，这无疑对创造力的激发带来很大损伤。

2. 创造力表达的偏执

如果说创造力激发更多来自于创造主体的外在生存环境，那么创造力的实现则直接体现为创造力的表达。在这方面我们常常陷于某种阶段性偏执状态。

中国电视多年来在创造力的表达上经历了几个阶段：从新中国成立之初到“文革”开始的17年中，主要的借鉴对象是苏联，为政治服务，发挥团结人民和教育人民的宣传作用是主要的目标追求，在表达模式上基本上体现为命题作文的宣传教化模式，“文革”十年则将这种模式推向极致，成为现实政治斗争的舆论工具；改革开放以来，在表达模式上逐渐开始打开国门向欧洲学习，纪实美学的模式成为主要表达模式；20世纪90年代之后，尤其是加入WTO之后，以美国好莱坞为代表的表达模式对中国影视产生了巨大的影响，尤以好莱坞大片的表达模式为甚。我们不否认这其中有不少电视产品在表达上创造了既具有民族特色和时代精神，也具有个人风格的样态和方式，但从整体上看，每个发展阶段的表达都或多或少存在着一些偏执，要么倒向苏联模式，要么倒向欧洲模式，要么倒向美国模式，创造力表达还远远不够充分，尚需继续努力，建构与我们拥有悠久历史文化传统的大国地位相称的创造力表达模式。

3. 创造力保护的虚弱

创造力是人类极为脆弱的稀缺资源，需要有效和完善的法律保护，美英等发达国家有关版权保护的规定和实施机制历史积淀较长、相对完备健全，尤其在影视业版权保护的法规政策较为精细完善。

由于历史的原因，新中国的影视业主要与意识形态宣传的任务紧密相连，计划经济时代对于个体创造力的版权保护尚未纳入视野，如果有版权，那也只能更多地归属于国家和集体。20世纪90年代中后期以来，随着产业市场化的推进，个人创造力的版权和利益的保护日益得到重视，但由于计划经济的传统体制机制和市场化产业化体制机制的对立与冲突，到底如何建立起符合中国国情的版权保护体系，是一个相当令人困惑的难题，是一项摆在我们面前需要逐步完成的、复杂艰巨的任务。

第三节　中国电视文化创意的发展思路

综上所述，创意不足是中国电视文化创意产业建设的基本问题，解决创意不足，就需要从创意人才、创意思维、创意传播和创意环境等多个方面共同发展，全面提升我国电视文化创意的产量、质量和价值量，使我国的电视文化创意真正能够从低水平的重复中走出，摆脱从单打独斗的游击队式、墨守成规的宣传品式，模仿跟风的山寨式，真正生产出高质量的电视文化产品，使我国电视文化产业走上良性发展的道路。

一　营造良好环境，激发创造力

上节已经指出，缺乏创造力是中国电视文化创意建设最大的问题。解决这一问题，首先必须看到，创造力并非一个孤立的问题，而是一个社会文化环境的总体影响下的产物，受到一定条件下政治、经济、文化因素的制约。三个屏障的突破，首先需要的是转变观念，尊重文化产品和艺术创作的本质规律，尊重艺术创造者的独立性与创造性。不将电视文化的文化宣传功能简单当作宣传品看待，更不应该以意识形态的工具性来要求大多数的文化产品，正视电视艺术的多重属性，彻底解放艺术的生产力，创作和生产多样化的艺术产品，以满足多元化的社会需求。其次，弘扬创意文化，建立电视文化创意人才培养机制和长期的文化创意人才培育规划，以政府为龙头，高校为基地，企业与社会组织、文化机构为依托建立多个创意人才实训基地。从青少年抓起，以深化体制机制改革为前提，以适应需要，适应国情、省情为基础，着力培养文化领域的领军人才、掌握现代传媒技术的专门人才、懂经营善管理的复合型人才。最后，媒体内部，要改变既定的电视产品评价模式，不仅仅要收视率，也不仅仅光看广告投放量，更要提高节目本身的品质，准确定位核心受众，进行合理推广，探索多途径的广告盈利方式运作其商业模式。在电视台内部应当引入足够的鼓励扶持机制，给予创意人才以足够的发挥空间。

二　突破固有模式，创新表达模式

需要克服种种偏执，建构与大国地位相称的创造力表达模式。首先，尊重文化和价值观的多样性。改变简单化、统一化的文化生产、评价体系，更多反映和体现多样化、多层次、多角度的题材，增大艺术范围的广度和深度。既要有宏大的历史叙事的传播，又要注重现实性、社会性的普遍问题，怀有深重的反思与人文关怀。其次，跳出狭隘的民族情绪，既不自傲也不自贬，更不故步自封，而是以全球传播的角度，从悠久的民族文化和本土文化中发现和挖掘出具有人类普适性价值的意义与内涵，既保持中国文化的风采和神韵，又超越民族与本土，获得人类共享、全球共赏的普适性文化价值。最后，电视工作者要克服唯市场、唯专业的取向，强化中国电视的文化传播力，进而对国家文化软实力的整体提升做出积极贡献。

三　提升版权意识，完善保护体系

需要克服种种虚弱，建立有中国特色的创造力保护体系。要促进我国电视文化创意产业的快速发展，必须以深化改革为动力，形成完善的文化管理体系、文化法律体系、文化创新体系、公共文化服务体系和现代文化市场体系。近 10 年中，我国坚持文化事业和文化产业协调发展，积极创建以公有制为主体、多种所有制共同发展的文化产业格局，调动全社会力量参与文化建设，积极应用先进科技手段，推进内容创新，加大知识产权保护力度，促进了文化创意产业的发展，提高了文化企业的竞争力和影响力。2008 年，国家颁布《国家知识产权战略纲要》，旨在引导和支持市场主体提升创造、运用、保护和管理包括版权在内的知识产权综合能力，培育市场主体竞争力，进而促进国家经济发展、文化繁荣和社会进步。2011 年 4 月 29 日，中国广播电视协会电视版权委员会成立大会举行，这对于我国提升中国电视业版权整体水平、促进电视行业形成良性竞争、加强合作和交流意义重大。我们希望在此之后，一系列相关的配套措施能够出台，法律法规能够进一步完善，同时电视从业者能够及时进行版权知识的普及与培训，避免抄袭的现象，促进电视文化创意的健康发展。

总的来说，当前中国电视文化创意产业正处于发展的关键阶段，在这一方面我们有足够的优势，也有相当的劣势。从文化积淀上看，五千年文化和十几亿人的才能与智慧都是弥足珍贵的优势所在，而在体制、机制和政策环境，尤其是产业发展方面，我们探索的时间相当短暂，经验和积累不足，这是我们的劣势所在。但近几年随着中国改革开放的不断深入，电视业也在探索与创新中快速成长，逐渐创造出具有中国特色的发展之路，只要我们扬长避短，充分地挖掘、发挥自身的优势，充分地学习、借鉴世界各国的先进经验，弥补自己的劣势，就一定能够促使中国电视文化创意产业又好又快地发展，创造出无愧于时代、对世界产生积极影响的辉煌业绩。

参考文献

著　作

1. 陈庆云编：《公共政策分析》，中国经济出版社 2000 年版。
2. 陈舒平：《儿童电视学》，北京广播学院出版社 2003 年版。
3. 陈放，武力：《创意学》，金城出版社 2007 年版。
4. 邓小平：《邓小平文选》，人民出版社 1993 年版。
5. 高鑫：《电视艺术美学》，北京广播学院出版社 2002 年版。
6. 管文虎：《国家形象论》，成都科技大学出版社 2000 年版。
7. 郭庆光：《传播学教程》，中国人民大学出版社 1999 年版。
8. 国家广播电影电视总局发展研究中心编：《2010 年中国广播电视发展报告》，新华出版社 2010 年版。
9. 国家广电总局：《中国电视剧年度发展报告》，中国传媒大学出版社 2007 年版。
10. 黄会林等：《中国影视美学民族化特质辨析》，北京师范大学出版社 2001 年版。
11. 李怀亮：《当代国际文化贸易与文化竞争》，广东人民出版社 2005 年版。
12. 李景源、陈威主编：《中国公共文化服务发展报告（2007）》，社会科学文献出版社 2007 年版。
13. 宁骚编：《公共政策》，高等教育出版社 2003 年版。
14. 李良荣：《新闻学概论》，复旦大学出版社 2001 年版。
15. 梁启超：《饮冰室合集．专集之四》，中华书局 1989 年版。
16. 林聚贤、刘玉安：《社会科学研究方法》，山东人民出版社 2004 年版。
17. 林语堂：《吾国与吾民》，江苏文艺出版社 2010 年版。

18. 刘成付：《中国广电传媒体制创新》，南方日报出版社 2007 年版。
19. 刘豪兴、朱少华：《人的社会化》，上海人民出版社 1992 年版。
20. 卢现祥：《西方新制度经济学》，中国发展出版社 2004 年版。
21. 孟建等主编：《冲突、和谐、全球化与亚洲影视》，复旦大学出版社 2003 年版。
22. 彭凯平、王伊兰：《跨文化心理学》，北京师范大学出版社 2009 年版。
23. 宋惠昌：《人的发现与人的解放：近代中国价值观的嬗变》，四川人民出版社 2008 年版。
24. 孙晶：《文化霸权理论研究》，社会科学文献出版社 2004 年版。
25. 唐世鼎、黎斌等：《制播体制改革与电视业发展问题研究》，中国传媒大学出版社 2005 年版。
26. 汪晖、陈燕谷主编：《文化与公共性》，生活·读书·新知三联书店 1998 年版。
27. 王惠岩：《政治学原理》，高等教育出版社 2006 年版。
28. 王兰柱等编：《中国电视收视年鉴》，中国传媒大学出版社 2009 年版。
29. 王一川主编：《批评理论与实践教程》，高等教育出版社 2005 年版。
30. 邢虹文：《电视与社会——电视社会学引论》，学林出版社 2005 年版。
31. 晏辉：《现代性语境下的价值与价值观》，北京师范大学出版社 2009 年。
32. 杨世真：《电视艺术原理》，浙江大学出版社 2003 年版，
33. 姚洋主编：《转轨中国：审视社会公正和平等》，中国人民大学出版社 2002 年版。
34. 尹鸿：《跨越百年：全球化背景下的中国电影》，清华大学出版社 2007 年版。
35. 于炳贵、郝良华：《中国国家文化安全研究》，山东人民出版社 2007 年版。
36. 于海：《西方社会思想史》，复旦大学出版社 1995 年版。
37. 张凤铸：《中国电视文艺学》，北京广播学院出版社 1999 年版。
38. 张浩，张志宇：《文化创意方法与技巧》，中国经济出版社 2010 年版。
39. 张骥、刘中民等：《文化与当代国际政治》，人民出版社 2003 年版。
40. 张金马：《政策科学导论》，中国人民大学出版社 1992 年版。

41. 张志君：《全球化与中国国家电视文化安全》，中国传媒大学出版社2006年版。
42. 张子扬：《视境心语》，中国广播电视出版社2003年版。
43. 赵林：《赵林谈文明冲突与文化演进》，东方出版社2006年版。
44. 赵孟营：《跨入现代之门：当代中国的社会价值观报告》，北京师范大学出版社2008年版。
45. 周晓虹：《现代社会心理学》，上海人民出版社1997年版。
46. ［德］马克思、恩格斯：《马克思恩格斯选集》，人民出版社1995年版。
47. ［古希腊］亚里士多德：《政治学》，吴寿彭译，商务印书馆1996年版。
48. ［美］P. K. 博克：《多元文化与社会进步》，辽宁人民出版社1988年版。
49. ［美］爱德华·萨义德：《文化与帝国主义》，蔡源林译，台湾立绪文化事业有限公司2001年版。
50. ［美］保罗·康纳顿：《社会如何记忆》，纳日碧力戈译，上海人民出版社2000年版。
51. ［美］赫伯特·马尔库塞：《单向度的人》，刘继译，上海译文出版社2006年版。
52. ［美］拉里·A. 萨默瓦、理查德·E. 波特：《跨文化传播》，闵惠泉等译，中国人民大学出版社2004年版。
53. ［美］鲁凯克：《人类价值的本原》，自由出版社1973年版。
54. ［美］罗伯特·C. 艾伦，道格拉斯·戈梅里：《电影史：理论与实践》，李迅译，中国电影出版社2004年5月版。
55. ［美］麦克尔·罗斯金等：《政治科学》，林震等译，华夏出版社2000年版。
56. ［美］梅勒文·德弗勒、埃弗雷特·丹尼斯：《大众传播通论》，颜建军等译，华夏出版社1989年版。
57. ［美］尼尔·波兹曼：《童年的消逝》，吴燕莛译，广西师范大学出版社2004年版。
58. ［美］尼尔·波兹曼：《娱乐至死》，章艳译，广西师范大学出版社2004年版。

59. ［美］尼古拉斯·亨利：《公共行政与公共事务》，项龙译，华夏出版社 2002 年版。

60. ［美］塞缪尔·亨廷顿：《文明的冲突与世界秩序的重建》，周琪等译，新华出版社 2005 年版。

61. ［美］托马斯·弗里德曼：《世界是平的》，何帆等译，湖南科学技术出版社 2006 年版。

62. ［美］约瑟夫·奈：《软力量——世界政坛成功之道》，吴晓辉等译，东方出版社 2005 年版。

63. ［美］詹姆斯·安德森：《公共决策》，唐亮译，华夏出版社 1990 年版。

64. ［美］珍妮特·V. 登哈特、罗伯特·B. 登哈特：《新公共服务：服务，而不是掌舵》，丁煌译，中国人民大学出版社 2010 年版。

65. ［英］约翰·汤林森：《文化帝国主义》，李琨译，上海人民出版社 1999 年版。

66. Becker, Howard S. , *Arts Worlds*. Berkeley and London: University of California Press, Richard A. Peterson, *The Production of Culture*, Beverley Hills. CA: SAGE, 1982.

67. Chris Barker, *Cultural Studies*: *Theory and Practice*, London: Thousand and New Delhi: Sage Publications, 2000.

68. Dunn William N. , *Public Analysis*: *An Introduction*, New Jersey: Pearson Education Inc, 2004.

69. Dye Thomas R. , *Understanding Public Policy* (10th edition), New Jersey: Pearson Education Inc. 2002.

70. Easten D. , *the Politcal System*: *An Inquiry into the State of Political Science*, NY: Knopf. 1953.

71. Lasswell H. D. and Kaplan A. , *Power and Society*, N. Y: McCraw – Hill Book Co. , 1963.

72. Negus Keith and Pickering Michael, *Creativity*, *Communication and Cultural Value*, SAGE Publications, 2004.

73. Taylor Lisa and Willis A. , *Media Studies*: *Texts*, *Institution and Audiences*, 1999，北京大学出版社 2004 年影印版。

论 文

1. 陈志强：《非政府组织在构建公共文化服务体系中的作用》，《北京观察》2008 年第 3 期。
2. 程曼丽：《国家形象危机中的传播策略分析》，《国际新闻界》2006 年第 3 期。
3. 丁亚平、卢琳：《好莱坞与中国电影工业——改革开放 30 年的电影、市场与身份想象》，《解放军艺术学院学报》2009 年第 1 期。
4. 范志忠、姜荣文：《2010 中国电视剧产业发展报告》，《浙江师范大学学报》（社会科学版）2011 年第 12 期。
5. 龚虹波：《中国公共政策执行的理论模型述评》，《教学与研究》2008 年第 3 期。
6. 郭艳：《全球化语境下的国家认同》，博士论文，中共中央党校，2005 年。
7. 哈艳秋、桂清萍、张琳：《中国广播电视文化创意产业发展策略研究》，《现代传播》2007 年第 5 期。
8. 何吉：《超越官场浮世绘的道德丰碑——〈评大明王朝 1566——嘉靖与海瑞〉》，《电影评介》2009 年第 2 期。
9. 何兰：《发挥传媒功能 塑造国家形象》，《现代国际关系》2005 年第 10 期。
10. 黄斌：《论大众媒体与中国国家形象的塑造》，硕士论文，暨南大学，2003 年。
11. 李黎：《冷战时期中国媒体上的美国形象》，硕士论文，华东师范大学，2005 年。
12. 刘伟忠：《从公共利益的实现到社会多元利益的均衡——论和谐社会语境下公共政策目标导向的位移》，《理论探讨》2007 年第 3 期。
13. 倪乐雄：《和平崛起与国际文化环境的思考》，《中国社会科学》2004 年第 5 期。
14. 沈卫星：《论全球化与中国文化多样性》，北京师范大学，博士论文，2006 年。
15. 时统宇：《当好中国电视“走出去”的排头兵》，《电视研究》2007 年第 6 期。
16. 童世骏:《当代中国社会价值观状况的背景分析》,载王伟光总主编,潘维、廉思主编《中国社会价值观变迁 30 年》,中国社会科学出版社 2008 年版。
17. 温家宝:《2004 年政府工作报告》,《人民日报》2004 年 3 月 5 日。
18. 许嘉璐、季羡林等:《甲申文化宣言》,《中国青年报》2004 年 9 月 8 日。
19. 杨瑞明:《电视“文化版图”与我国的文化安全战略》,《中国社会科学院院报》2007 年 1 月 2 日。
20. 余培源:《社会主义经济理论与实践》,《中国人民大学报刊复印资料》2004 年第 2 期。
21. 张子扬:《文化版图的固守与拓展——电视人面对 21 世纪的思与虑》,《人民日报》2000 年 3 月 5 日。
22. 仲呈祥:《文化自信的力量》,《求是》2011 年第 7 期。
23. 周星:《论中国电影教化传统与道德表述特点》,《宁夏社会科学》2004 年第 4 期。
24. [德] 约瑟夫·杰弗:《谁害怕“大块头”先生?》,载《国家利益》2001 年夏季刊。